W0172669

Carol Kloeppel wurde 1963 in Hastings, Minnesota
geboren. Nach dem Studium der Kommunikations-
wissenschaften an der University of Minnesota war
sie bei verschiedenen Fernsehsendern als Journalistin tätig.
1990 lernte sie in New York den RTL-Journalisten
Peter Kloeppel kennen, für den sie zwei Jahre später nach
Deutschland auswanderte. Sie heirateten 1993, ihre
gemeinsame Tochter Geena wurde 1996 geboren.

CAROL KLOEPPEL

DEAR GERMANY

EINE AMERIKANERIN
IN DEUTSCHLAND

Aus dem amerikanischen Englisch von
Claudia Geng

BASTEI
LÜBBE
TASCHENBUCH

BASTEI LÜBBE TASCHENBUCH
BAND 60633

1. Auflage: März 2010

For Peter and Geena,
my beloved companions on this German journey,
and for my mother, Barbara Sagissor.

Vollständige Taschenbuchausgabe
der im Gustav Lübbe erschienenen Paperbackausgabe

Gustav Lübbe Verlag und Bastei Lübbe Taschenbuch
in der Bastei Lübbe GmbH & Co. KG

Umschlaggestaltung: ulf henning grafikdesign, München
Titelbild: © Madbox.com/getty-images
Susanne Kracht (Illustration)
Autorenfoto: Oliver Favre
Satz: Dörlemann Satz, Lemförde
Gesetzt aus der Weiss
Druck und Verarbeitung: GGP Media GmbH, Pößneck
Printed in Germany
ISBN 978-3-404-60633-7

Sie finden uns im Internet unter
www.luebbe.de
Bitte beachten Sie auch: www.lesejury.de

Der Preis dieses Bandes versteht sich einschließlich
der gesetzlichen Mehrwertsteuer

INHALTSVERZEICHNIS

In den letzten Jahren hat sich viel verändert. Manche Neuerungen fühlen sich wie ein Lottogewinn an, andere hingegen hätten wir uns lieber erspart.

Fangen wir mit den guten Nachrichten an: Amerika hat einen neuen Präsidenten, Barack Obama, der öffentlich verkündet, dass er den Dialog mit dem Rest der Welt suchen möchte. *Yes we can!* Was für ein Segen für die Amerikaner! Es ist bereits ein gewaltiger Fortschritt, dass wir erstmals einen afroamerikanischen Präsidenten in der Geschichte unseres Landes vorweisen können, aber noch weitaus wichtiger ist, dass er den Weg der Diplomatie und des Gesprächs wählt, um sich in wichtigen Fragen mit allen Beteiligten zu beraten. Schließlich hat kein Land der Welt die Weisheit nur für sich gepachtet und kann wichtige politische Entscheidungen im Alleingang fällen und auch durchsetzen. Außerdem ist es mehr als erfreulich, dass er auch den Ländern versöhnlich die Hand reicht, zu denen bis jetzt weniger gute diplomatische Beziehungen bestehen. Das Bestreben, Konflikte mit friedlichen Mitteln zu lösen, finde ich grundsätzlich begrüßenswert. Und meines Erachtens stehe ich mit dieser Einstellung nicht alleine da: Denn als Obama die US-Präsidentschaftswahl 2008 haushoch gewann, schien die ganze Welt aufzuatmen. Als Amerikanern im Ausland war uns besonders bewusst, wie sehr unser Land in den letzten Jahren weltweit an Ansehen verloren hatte, und wir verhielten uns deshalb lieber möglichst unauffällig. Aber jetzt können auch wir durchatmen. Es hat den Anschein, dass die USA trotz der Fehler der Vorgängerregierung von der Weltgemeinschaft wieder akzeptiert werden. In Europa gibt es sogar Stimmen, die nach einem Obama in ihrem Land rufen.

Ich habe den Eindruck, dass unser Weltbild sich nun wieder stärker an Gemeinsamkeiten orientiert und neue Chancen für ein besseres gegenseitiges Verständnis bietet. Wie Sie alle werde auch ich die weiteren Entwicklungen verfolgen und hoffen, dass die Weichen richtig gestellt werden. Ich verlange nicht, dass die Bundeskanzlerin und der amerikanische Präsident die besten Freunde werden, aber ich hoffe auf eine harmonische Beziehung, geprägt von gegenseitigem Respekt und Vertrauen, und auf eine noch engere Zusammenarbeit beider Länder. Obwohl ich in meinem Buch über die Unterschiede zwischen Deutschen und Amerikanern schreibe, sind die Gemeinsamkeiten doch um ein Vielfaches größer: Wir sind verbunden durch dieselben Wertvorstellungen, die Liebe für unsere Familie und Freunde, die Sorge um Umwelt und Wirtschaft und nicht zuletzt den Wunsch, dass unsere Kinder in einer besseren Welt leben werden.

Einer der Gründe, dieses Buch zu schreiben, war, Verständnis für Neuankömmlinge wie mich hervorzurufen. Es ist allgemein bekannt, dass Deutschland ein erfolgreiches, gut geführtes Land ist, das seinen Bürgern viele Vorteile bietet. Es verfügt über eine herrliche Landschaft, eine lange und interessante Geschichte sowie eine wunderbare Architektur. Ganz zu schweigen von den gemütlichen Kneipen und Restaurants, die man überall findet. Trotzdem: Hilfe! Denn die Vorzüge eines Landes spielen keine Rolle, wenn man sich dort langfristig niederlassen will, aber noch völlig fremd ist und erst mühsam die Sprache lernen und sich mit der neuen Umgebung und den Gepflogenheiten vertraut machen muss – angefangen von den Autobahnen über das Gesundheitssystem bis hin zu den verschiedenen Schulformen. Aus genau dieser Situation heraus entstand vor über fünfzehn Jahren die Grundlage für dieses Buch. Seit jener Zeit haben meine Erfahrungen mich jedoch in mancher Hinsicht umdenken lassen. So singe ich inzwischen Lobeshymnen auf das deutsche Gesundheitssystem. Und das, obwohl meine erste Erfahrung in einer deutschen Klinik der reinste Horror war, was aber hauptsächlich daran lag, dass ich damals noch so gut wie kein Wort Deutsch konnte. Es dürfte schwer sein, eine umfassendere Gesundheitsvorsorge zu finden als die deutsche, und gerade wenn man in ein gewisses Alter kommt und körperlich allmählich abbaut – so wie ich –, weiß man das zu schätzen. Ich könnte sicher ein paar Millionen Amerikaner finden, die überaus glücklich wären über ein Gesundheitssystem wie das in Deutschland.

Seit der Veröffentlichung von *Dear Germany* habe ich viele Reaktionen von deutschen Lesern erhalten, die mir von ihren Anfangsschwierigkeiten als Auswanderer in den USA berichteten, und ich kann ihr Erstaunen und Befremden gegenüber manchen amerikanischen Sitten nachvollziehen. Ich bekam auch Zuschriften von Ausländern, die in Deutschland leben, oder von Deutschen, die eine Zeit lang in Amerika gelebt hatten. Viele dankten mir, weil ich ihnen aus der Seele sprach. Allerdings gab es auch ein paar deutsche Leser, die Anstoß an meinem Buch nahmen. Das bekümmert mich natürlich, denn mein Ziel war es, offen und ehrlich die Erfahrungen während meiner Anfangszeit in Deutschland zu schildern, aus meiner ganz persönlichen Perspektive. Es ist nun einmal eine Tatsache, dass mir manche Dinge anfangs sehr befremdlich erschienen und ich lieber auf Altbewährtes zurückgriff, das mir vertraut war. Wir alle sind das Produkt unserer Erziehung, und der Mensch ist eben ein Gewohnheitstier.

Ich lebe sehr gerne in Deutschland. Meine neue Heimatstadt Bonn habe ich richtig ins Herz geschlossen. Das Flair, die auf Tritt und Schritt erlebbare Geschichte, der Charme der Bewohner und die freundliche Kleinstadtatmosphäre machen diesen Ort zu einer Heimat, wie man sie sich nur wünschen kann.

Aber nun zu den schlechten Nachrichten, die sicher nicht von Bonn ausgingen: Ebenfalls 2008 gab es eine weltweite Finanzkrise von ungekannten Ausmaßen. Es war, als würde die Lotteriegesellschaft sagen: »Tut uns leid, aber wir müssen Ihren Gewinn wieder einkassieren.« Die Dimension der Krise ist gigantisch, und wahrscheinlich wäre es nicht einmal Einstein gelungen, dafür eine mathematische Formel zu finden. Mir ist in dieser Zeit besonders bewusst geworden, dass die Deutschen das Geld zuerst verdienen, bevor sie es ausgeben; sie leben nicht über ihre Verhältnisse. Das ist ein starker Kontrast zu vielen Amerikanern, die Kredit um Kredit aufnehmen. Und nicht nur das: Die Deutschen sind auch eifrige Sparer. Die Amerikaner dagegen haben viel zu lange auf Pump gelebt, statt Reserven zu bilden.

Diese kritische Situation zeigt, dass es keinen Unterschied macht, ob wir zum Frühstück Pfannkuchen mit Ahornsirup oder Käse-Salami-Brötchen essen, denn wir alle profitieren davon, wenn es dem Einzelnen gut geht. Wir sind aufeinander angewiesen, ob wir nun dieselbe Sprache sprechen oder nicht. Da die westlichen Länder so stark miteinander verflochten sind, hoffe ich, dass wir die Finanzkrise bald überwinden und uns gemeinsam den Weg zu einer besseren Welt bahnen können.

Bitte hab Geduld mit mir, *dear Germany*, während ich von Tag zu Tag versuche, dich besser zu verstehen. Ich mache immer noch Fehler, aber ich bemühe mich nach Kräften, so wenige wie möglich zu machen und, wenn es doch wieder passiert, aus ihnen zu lernen. Denn inzwischen habe ich die Schönheit dieses Landes und seiner Bewohner kennen- und liebengelernt.

Fünfzehn Jahre ist es jetzt her, dass ich den großen Sprung wagte – und damit meine ich nicht den Sprung in einen Swimmingpool auf den Bahamas. Nein, ich löste meine New Yorker Wohnung an der Upper West Side auf und kaufte ein One-Way-Ticket nach Köln. Zugegeben, Köln ist nicht gerade das klassische Traumziel amerikanischer Urlauber, da sich weder das Meer noch malerische Alpen noch das Harrods in der Nähe befinden. Aber auch wenn ich nicht in Metropolen wie Paris oder London gelandet bin, ist es für ein Kleinstadtkind aus dem Mittleren Westen Amerikas schon ein großes Abenteuer, auf die andere Seite des Atlantiks überzusiedeln.

Bei meiner Ankunft in Deutschland hatte ich vom Leben hier keine Ahnung, aber ich wollte mir nicht anmerken lassen, dass ich Ausländerin bin. Ich weiß noch genau, wie peinlich es mir war, als ein Taxifahrer in New York mein Kamerateam und mich einmal für Touristen hielt. Seine dahingehende Bemerkung empfand ich als grobe Beleidigung. Nach diesem Vorfall entwickelte ich beinahe so etwas wie eine Paranoia und achtete immer sehr genau auf meine Kleidung, wenn ich das Haus verließ: War mein Stil zu provinziell, war ich modisch nicht up to date? Sah ich aus wie eine Hinterwäldlerin? Ich wollte mich den New Yorkern unbedingt anpassen, um nicht aufzufallen. Genauso ging es mir später in Deutschland.

Das Ausland kam mir immer verlockend vor. Bei aller Liebe für den typischen weißen Palisadenzaun, den Kombi und die Vorstadtsiedlung in meiner Heimat – ich wollte den Rest der

Welt sehen. Deshalb bewarb ich mich mit sechzehn als Austauschschülerin und landete für ein Jahr in einer katholischen Mädchenschule in Neuseeland. Es war meine erste Auslandserfahrung, und, obwohl ich unter schrecklichem Heimweh litt, eine tolle Zeit. Auch dort versuchte ich bereits, mich bestmöglich anzupassen. Beispielsweise durch die Kleidung. Ich trug die Schuluniform der katholischen Mädchenschule, die ich besuchte: Blazer und ein Rock, in dem ich im Winter jämmerlich fror. Aber Hosen waren in der Schule nun einmal nicht erlaubt. Außerdem gewöhnte ich mich daran, im Sommer Flipflops und Röcke zu tragen, weil Shorts und Sneakers nicht angesagt waren. Ein großer Vorteil an Neuseeland war jedoch, dass dort englisch gesprochen wurde. In Deutschland dauerte es lange, bis ich mich sicher genug fühlte, ans Telefon zu gehen, wenn es klingelte. Es hätte ja jemand dran sein können, der nur deutsch sprach.

Ich wollte stets etwas Neues kennenlernen, und so zog ich nach dem Studium zuerst in den Westen nach Los Angeles, dann in den Osten nach New York und schließlich über den großen Teich nach Deutschland. Dort landete ich im Rheinland: Zunächst lebten Peter und ich in Köln, ein paar Jahre später ging es nach Bonn. Ich habe inzwischen eine innige Beziehung zu Bonn aufgebaut. Diese Stadt hat sich in den letzten Jahren sehr positiv entwickelt. Obwohl sie nicht mehr die Hauptstadt Deutschlands ist, zeichnet sich Bonn vor allem durch ein tolles internationales Flair und viele weltoffene, engagierte Leute aus. Die Lage, in der Nähe des Siebengebirges und direkt am Rhein, ist wunderschön und die Innenstadt einfach charmant. Für mich und meine Familie ist Bonn der perfekte Wohnort.

Es gibt Menschen, in Amerika genauso wie im Rest der Welt, die meiden alles Fremde. Sie bleiben am liebsten in ihrer Heimat, wo sie wissen, in welchem Regal im Supermarkt die fettarme Milch steht und wann ihr Lieblingsverein spielt. Wo sie in den Park um die Ecke gehen und ihren Kindern auf dem Spielplatz beim Toben zuschauen, auf dem sie selbst schon als Kind gespielt haben. Wo sie mit der Gewissheit ins Kino gehen können, dass sie die Sprache des Films verstehen werden. Für viele Menschen ist das erstrebenswert, andere drohen an solcher Eintönigkeit zu ersticken.

Ich zum Beispiel brauche regelmäßige Ortswechsel, um Energie zu tanken. In meinem Leben hat es stets Phasen gegeben, in denen ich spürte, dass es Zeit wurde weiterzuziehen. Die *Wanderlust* (Wir benutzen genau dieses Wort im Englischen, obwohl *Lust* dann mehr wie *Last* ausgesprochen wird.) wird immer mehr gefördert, denn die Globalisierung hat zahlreiche Türen aufgestoßen. Wer will, kann in fast jedem Land dieser Erde leben. Und man weiß nie, welchen Menschen man in der Fremde begegnet und wie sie das eigene Leben beeinflussen werden.

Dies führt mich zum wahren Grund für meinen Umzug nach Deutschland. Die kitschigen Details erspare ich Ihnen, denn es handelt sich um eine Liebesgeschichte. Hier die Kurzversion: Wie Sie vielleicht wissen, ist mein Mann Peter ein deutscher TV-Journalist. Wir lernten uns 1990 in Washington D. C. beim amerikanisch-sowjetischen Gipfeltreffen kennen, wo ich für eine Fernseh-Produktionsgesellschaft als Producerin arbeitete. Einige Zeit später bot mir Peter einen Job als Producerin für seinen Haussender RTL an, da dieser ein Auslandsbüro in New York eröffnet hatte. Wir verliebten uns zwar erst später, aber von Anfang an funktionierte die Zusammenarbeit zwischen Peter und mir außerordentlich gut. So gut, dass wir, als Peter schließlich nach Deutschland zurückkehrte, um eine neue Stelle als Nachrichtenmoderator anzutreten, sehr schnell merkten: Wir wollten und konnten nicht ohneeinander leben. Peter flog zurück in seine Heimat, und ich folgte ihm ein halbes Jahr später. Ich war neunundzwanzig, bis über beide Ohren verliebt und verschwendete keinen Gedanken daran, wie mein Leben in Deutschland aussehen würde.

Inzwischen bin ich Mitte vierzig und habe etwa ein Drittel meines Lebens in Deutschland verbracht. In gewisser Weise bin ich hier erwachsen geworden, ein Erwachsenwerden durch Ehe und Mutterschaft. Ich bin in Deutschland heimisch geworden und habe die schönen Seiten des Landes schätzen gelernt. Der gemäßigte Lebensstil und das langsamere Tempo mögen zwar zunächst banal erscheinen, aber sie machen das Leben um einiges leichter als in Amerika. Sonn- und Feiertage zwingen einen dazu, eine Pause einzulegen. Anders als in den USA wird materieller Wohlstand nicht so unverhohlen zur Schau gestellt, dass er Neid und Gier schürt, immer mehr haben zu wollen. Außerdem liebe ich die kleinen, gemütlichen Hotels und Restaurants mit ihrer urigen Einrichtung, die ganz anders als die amerikanischen Hotelketten sind, wo man schon vor dem Einchecken weiß, welche Farbe der Duschvorhang hat.

Das heutige Deutschland ist ein Land mit glänzenden Zukunftsaussichten. Die positive Resonanz, die Angela Merkel als erste Bundeskanzlerin erhält, freut mich sehr. Ich habe sie als intelligente, bescheidene und pragmatische Frau kennengelernt. Ihre Ehrlichkeit, ihre Integrität und ihr guter Wille haben das Ansehen Deutschlands in der Welt gesteigert und hoffentlich dem letzten Zweifler die Augen für dieses Land geöffnet. Aber die Kanzlerin ist nicht die einzige Deutsche, die derzeit einen positiven Beitrag zur Geschichte leistet: Sie befindet sich in guter Gesellschaft mit Benedikt XVI., dem ersten deutschen Papst der Moderne.

Obwohl ich nun schon seit fünfzehn Jahren hier lebe, werde ich immer wieder gefragt: »Und, wie gefällt es dir in Deutschland?« In den ersten Jahren bin ich dieser Frage immer ausgewichen. Wie soll man sie auch beantworten? Wenn man weder die fremde Sprache beherrscht noch mit den kulturellen und sonstigen Besonderheiten eines Landes vertraut ist, kommt man sich manches Mal wie ein Kleinkind vor. Man verwandelt sich von einem selbstständigen, unabhängigen Erwachsenen in einen zappelnden Fisch auf dem Trockenen, der keine Schilder lesen kann, keine vertrauten Lebensmittel im Supermarkt findet, die Radiosprecher nicht versteht und nicht einmal die Rechnungen lesen kann, die ins Haus flattern. Man wird auf die grundlegenden Dinge reduziert und muss von neuem lernen zu leben, und zwar unter völlig ungewohnten Bedingungen. Selbst für abenteuerlustige Menschen kann diese Eingewöhnungsphase bisweilen so schmerzhaft sein wie eine Wurzelbehandlung beim Zahnarzt.

In all den Jahren hier konnte ich beobachten, dass Zuwanderer unterschiedliche Herangehensweisen an das Leben in Deutschland haben. Manche finden alles schlechter als in ihrer alten Heimat und würden am liebsten sofort dorthin zurückkehren: »Ich habe noch anderthalb Jahre! Ich weiß gar nicht, wie ich das aushalten soll!« – »Was, nur anderthalb Jahre? Ich muss noch ganze zwei Jahre aushalten, und meinen Urlaub muss ich auch hier verbringen. Dabei würde ich viel lieber nach Hause fliegen.« Dann gibt es die, die alles an ihrem Gastland schlechtmachen: »Warum werden Getränke hier nicht automatisch mit Eiswürfeln serviert?« Andere schütteln über vieles nur den Kopf: »Wie können die hier Zeitungen mit barbusigen Frauen auf dem Titelblatt verkaufen?« Oder: »Wie können Männer und Frauen gemeinsam in der Sauna sitzen?« Und wieder andere klappern sämtliche Sehenswürdigkeiten ab. Sie besuchen in zehn Monaten mehr Schlösser und historische Stätten als ich in zehn Jahren. Nicht zu vergessen die Schnäppchenjäger, die gezielt nach deutscher Wertarbeit in Form von Weihnachtsschmuck oder Messern suchen und sogar Ausflüge nach Belgien machen, nur um dort antike Möbel zu erstehen.

Manche Zuwanderer kommen mit der deutschen Sprache nicht gut zurecht. Selbst nach zwei, drei Jahren können sie noch keine einfachen deutschen Sätze aussprechen und fühlen sich deswegen auch nicht wohl. Sie sind immer unsicher, ob sie ihr Gegenüber richtig verstanden haben. Das macht den Umgang mit den Einheimischen sehr schwer.

Ich habe in all den Jahren mehrere Anpassungsstadien durchlaufen – allerdings war ich nie so verzweifelt, dass ich mir Gedanken gemacht habe, ob ich Deutschland wieder den Rücken kehren sollte. Inzwischen habe ich mich hier gut eingelebt und bezeichne dieses Land als meine zweite Heimat. Ich lasse mich nicht aus der Ruhe bringen, wenn irgendetwas nicht so glatt läuft, wie ich es mir vorstelle. Das fiel mir auf, als ich vor ein paar Jahren beim Einkaufen unmittelbar nach den Weihnachtsferien zufällig eine amerikanische Bekannte traf: »Typisch, in diesem Land bekommt man garantiert nicht das, was man gerade braucht. Wieso füllen die hier nach den Feiertagen nicht sofort wieder die Regale auf? In Amerika würde so etwas nie passieren. Da herrscht kein Notstand.« Das Seltsame war, dass ihre Worte durchaus ein Körnchen Wahrheit enthielten, aber dieser angebliche Notstand störte mich längst nicht mehr so sehr wie früher. Das Leben spielt sich hier eben nicht wie in Amerika mit Hochgeschwindigkeit ab. In Deutschland nimmt man sich am Wochenende und an Feiertagen Zeit für Familie und Freunde. Mag sein, dass die Arbeit liegen bleibt, aber dafür ist man zusammen und kommt auf andere Gedanken. Meiner Meinung nach ist das eine feine Sache.

Heute ergreife ich deutlich Partei für meine Zweitheimat, wenn ich unfaire oder ignorante Kommentare höre. Wer hätte das noch vor fünfzehn Jahren gedacht, als kaum ein Tag verging, ohne dass ich meinen ganzen Frust, meine Eingewöhnungsschwierigkeiten und meine Hilflosigkeit herausließ? Ich war wie eine Erwachsene, die mit Stützrädern fährt und sich die ganze Zeit darüber aufregt. Ein Glück, dass Peter mich damals nicht vor die Tür gesetzt hat.

Selbstverständlich gibt es auf dieser Welt nicht den perfekten Ort. Keine Rose ist ohne Dornen. Wer in ein fremdes Land verpflanzt wird, hat anfangs allerdings gelegentlich den Eindruck, mehr Dornen abzubekommen, als er verdient hat. Dafür sammelt er jedoch wichtige Erfahrungen, vorausgesetzt, es mangelt ihm nicht am nötigen Durchhaltevermögen. Ich bin dankbar für meine innere Stärke, die mich nicht aufgeben ließ, und für meine Freunde und die angeheiratete Verwandtschaft, die mir das Gefühl gaben, in Deutschland willkommen zu sein. Ich wäre sicher nicht mehr hier ohne das unerschöpfliche Verständnis und sanfte Gemüt meines Mannes, dessen Unterstützung und Humor mir geholfen haben, auf meinem Weg nicht nur die Dornen, sondern auch die Rosen zu sehen. Deutschland ist für mich kein fremdes Land mehr. Ich fühle mich hier genauso zu Hause wie in Amerika.

1 FOLGE DEINEM ROLODEX, WOHIN ES DICH AUCH FÜHRT

Peter und ich sind eigentlich nur wegen meiner Adressenkartei zusammengekommen. Früher war es ziemlich in, ein sogenanntes Rolodex zu besitzen. Inzwischen wurde es von Palm-Pilot, BlackBerry und dem Internet abgelöst, und bald wird es wohl einen Platz im Büroartikel-Museum erhalten. Das ist im Grunde sehr schade, denn ein dickes Rolodex, prall bestückt mit Kärtchen, auf denen lauter wichtige Adressen und Telefonnummern stehen, kann den Besitzer mit Stolz erfüllen. Je dicker die Rolle, desto mehr Kontakte. Ein Rolodex spricht ohne Worte, im Gegensatz zu diesen elektronischen Mini-Spielzeugen, die zu jeder denkbaren Tages- und Nachtzeit fiepen und summen. Diese Dinger finde ich lästig und unpersönlich, und sie werden von Jahr zu Jahr kleiner, egal, wie viele Nummern man darauf abspeichert. Mein Rolodex hingegen wird niemals schrumpfen, und es wird immer einen besonderen Platz in meinem Herzen haben. Schon aus sentimentalen Gründen wird es nie im Museum landen.

Im Jahr 1990, als Peter nach New York zog, um dort das erste Korrespondentenbüro von RTL plus zu eröffnen, suchte er einen Producer. Oder besser gesagt: eine Producerin. Er hatte bereits eine passende deutsche Kandidatin für die Stelle gefunden, doch sein Chef riet ihm, seine Strategie nochmals zu überdenken: »Sie brauchen einen amerikanischen Producer mit einem dicken Rolodex.« Der strategisch gewiefte deutsche Chefredakteur hatte erkannt, dass es von Vorteil war, sich mit den Einheimischen zu verbünden, um Erfolg zu haben. So kam ich ins Spiel, die amerikanische Producerin »mit einem dicken Rolodex«. Dabei hat Peter mich bei unserem kurzen Treffen gar nicht nach meinem Rolodex gefragt. Aber das Exemplar, das ich nach New York mitbrachte, hatte tatsächlich keinen geringen Umfang. Es sollte unserem kleinen Nachrichtenbüro oftmals gute Dienste leisten und indirekt zu einer Verbindung fürs Leben führen.

Im Mai 1990, beim Gipfeltreffen zwischen Bush senior und Gorbatschow in Washington D. C., war ich Peter zum ersten Mal begegnet. Mein damaliger Arbeitgeber Conus, der für die satellitengestützte Nachrichtenübertragung verantwortlich war, hatte mich nach Washington geschickt, um die Berichterstattung für unsere ausländischen Auftraggeber zu koordinieren. Peter sollte vor Ort für seinen deutschen Privatsender über das Gipfeltreffen berichten.

Auf meine Kollegin Patrice machte er sofort Eindruck: »Hast du die grünen Wildlederschuhe von dem Deutschen gesehen? Sogar sein Jackett ist farblich auf die Schuhe abgestimmt.«

Wir amüsierten uns gemeinsam über die scheinbar aktuelle Männermode in Europa. Sie verlieh den deutschen Männern eine gewisse Faszination, bei der selbst die uns bekannten Italiener und Franzosen nicht mithalten konnten. Hier war ein Deutscher mit grünen Wildlederschuhen, der offenbar Wert auf Mode und Eleganz legte.

Ken, unser Chefredakteur vor Ort, hatte dazu seine eigene Meinung: »Wer weiß, vielleicht ist der Typ ja schwul.« Ken hatte viel Sinn für Humor und riss ständig Witze, aber gleichzeitig war er nicht auf den Kopf gefallen, sodass man nie wissen konnte, ob er besser informiert war als man selbst. Kens Bemerkung beschäftigte mich noch eine Weile.

Welches Geheimnis Peter auch immer umgeben mochte, er war jedenfalls richtig nett, und meine forsche Kollegin Patrice lud ihn für den Abend ein: »Wie wär's, wenn Sie sich uns heute Abend anschließen? Es treffen sich eine Menge Journalisten aus der ganzen Welt zum Tanzen, und Sie sind herzlich eingeladen.« – »Tut mir leid, aber ich habe heute Abend bereits etwas vor«, antwortete Peter.

Okay, der Deutsche mit den grünen Schuhen, der womöglich schwul war, hatte etwas Besseres vor, als an diesem Abend mit uns auszugehen. Das erschien uns ein wenig seltsam. Peter war höflich und machte einen netten Eindruck, blieb jedoch distanziert und behielt seine Gedanken für sich. Er erzählte zwar gerne von seiner nächsten Live-Aufnahme oder Redaktionssitzung, aber mehr auch nicht.

Als das Gipfeltreffen sich dem Ende zuneigte und unsere Arbeit in Washington D.C. getan war, bereiteten wir uns alle auf unsere Heimreise vor. So ein politisches Ereignis lockt immer eine riesige Journalistenschar aus der ganzen Welt an. Sie ähnelt ein bisschen einem Bienenschwarm, der für ein paar Tage die Stadt belagert. Am Ende ist man jedes Mal traurig, wieder wegzufliegen und einen leeren Bienenstock zurückzulassen. Beim Auschecken aus dem Hotel traf ich zufällig erneut auf Peter.

Mir war zu Ohren gekommen, dass sein Haussender RTL plus plante, ein Nachrichtenbüro in New York zu eröffnen. Vielleicht war das der Grund, warum mir eine der vernünftigsten Bemerkungen über die Lippen kam, die ich je geäußert habe: »Sollten Sie in New York eine Producerin brauchen, rufen Sie mich an. Es war sehr angenehm, mit Ihnen zu arbeiten. Ich wünsche Ihnen eine gute Heimreise.«

»Ja, danke«, war im Grunde alles, was Peter entgegnete.

Sicher, er war ein wenig zurückhaltend und in sich gekehrt, allerdings blieb er immer freundlich. Für mich war die Möglichkeit, in New York in einem neu eröffneten Auslandsbüro zu arbeiten, hundertmal reizvoller als die, einen weiteren Winter in Minnesota mit Schneeschaufeln und Eisangeln überstehen zu müssen.

Das Unglaubliche geschah: Ein paar Monate später war ich in Manhattan und arbeitete für den womöglich schwulen Mann mit den grünen Schuhen. Dem Rolodex sei Dank.

New York ist in vielerlei Hinsicht sehr europäisch, und ein One-Way-Ticket zum Big Apple ist eine gute Vorbereitung auf ein Leben im Ausland. In keiner anderen amerikanischen Stadt hört man so viele unterschiedliche Sprachen und lernt so viele verschiedene Kulturen kennen. New York öffnet einem wahrhaft die Augen und wimmelt von interessanten Menschen und Orten. Jeder, der schon einmal die Gelegenheit hatte, in New York zu leben, hat zweifelsohne reichlich Erfahrungen gesammelt. Ein Vorteil für Peter – denn selbst mit grünen Schuhen fällt man dort nicht auf. In New York ist alles erlaubt.

Von meinem neuen Arbeitgeber RTL plus hatte ich zum ersten Mal Mitte der Achtzigerjahre gehört, als meine damalige Firma Conus eine dauerhafte Kooperation mit dem Privatsender einging. Ganz nach dem Motto: Minneapolis meets Köln-Müngersdorf.

Zur Vorbereitung auf ein erstes Treffen mit Vertretern des deutschen Privatsenders wurde mir nur gesagt: »Morgen kommen die Deutschen. Vielleicht möchtest du die Gelegenheit nutzen, sie kennenzulernen. Schließlich bist du wahrscheinlich ihr zukünftiger Ansprechpartner. Einer von denen, Joe heißt er, kann Englisch. Er ist, glaube ich, Ire, spricht aber ziemlich gut Deutsch.«

»Wie heißt der Sender?«, fragte ich.

»Er heißt RTL plus.«

»Was soll das *plus* bedeuten?«

»Das ist einfach Teil des Namens.«

»Ach so«, sagte ich, war aber keinen Deut schlauer.

Amerikanische Sendernamen bestehen lediglich aus drei Buchstaben, weshalb ich mit diesem *plus* am Ende nichts anfangen konnte. Plus was? Handelte es sich um eine mathematische Gleichung? Sollte das sexy klingen?

Ich war froh, als die Senderleitung Jahre später beschloss, dass das *plus* überflüssig war. Mir kam es vor, als wäre der Sender erwachsen geworden. Drei Buchstaben – mehr braucht man nicht, wenn man mit den großen Jungs der TV-Branche spielen will.

In New York liefen Peter, frisch gebackener Auslandskorrespondent, und ich, seine Producerin, tagelang mit nichts weiter als einem Handy ausgestattet durch die Straßen. Und das zu einer Zeit, als nicht jeder ein Handy hatte. Wahrscheinlich hielten die Leute uns für Drogendealer oder Buchmacher. Ab und zu, wenn wir uns aufwärmen mussten, legten wir einen kurzen Zwischenstopp in einem Café ein, wo wir unsere Telefonate erledigten und das weitere Vorgehen besprachen.

Unser Büro lag auf der West 57th Street im CBS-Gebäude, war aber noch nicht bezugsbereit. Es war ein seltsames Gefühl, tagsüber obdachlos zu sein und abends in eine warme Wohnung zurückzukehren. Aber nach einigen Wochen konnten wir endlich in unser Büro einziehen und waren danach durch nichts mehr aufzuhalten.

Die Arbeit mit Peter und unserem englischen Kamerateam, Mark und John, war traumhaft. Wir reisten durch das ganze Land und berichteten über alle möglichen Themen, von der Sonnenfinsternis über Hawaii bis zu den Exilkubanern in Florida, nicht zu vergessen so außergewöhnliche Dinge wie Christos Schirme in der kalifornischen Wüste und die Biosphere-Bewohner in Arizona. Es war für uns alle eine aufregende Zeit, und unsere Zusammenarbeit funktionierte hervorragend.

Bis Peter eines Tages seinen Chefredakteur am JFK Airport abholte und auf der Fahrt nach Manhattan ein Angebot von ihm bekam, das er nicht ausschlagen konnte. Er sollte nach Deutschland zurückkehren, um zukünftig die Abendnachrichten zur Primetime zu moderieren. Das war ein riesiger Karrieresprung für ihn.

Obwohl ich es mir zunächst nicht eingestehen wollte, brach es mir das Herz, dass Peter bald fort sein würde, und ich versuchte, meinen Kummer an jenem Abend in einem Lokal namens Memphis zu ertränken. Es war das einzige Mal in meinem Leben, dass ich mich aufgrund von Ananassaft mit Wodka krankmeldete. Und wen musste ich am nächsten Morgen mit dieser peinlichen Nachricht anrufen? Peter natürlich – schließlich war er mein Chef.

Irgendwann nach diesem schrecklichen Abend hatten Peter und ich ein Gespräch, das unser gemeinsamer Freund und Kollege John angeregt hatte. Die Kommunikation von Gefühlen zwischen professionellen Kommunikatoren kann eine große Herausforderung sein. Peter und ich bildeten da keine Ausnahme ... Letztendlich haben wir es jedoch geschafft: Das Ergebnis war eine sechsmonatige transatlantische Fernbeziehung, gefolgt von meinem Entschluss, nach Deutschland zu ziehen.

Zu dieser Zeit beschränkte sich mein Wissen über Deutschland auf den Zweiten Weltkrieg, Kanzler Kohl, das Oktoberfest, die Wiedervereinigung sowie etwas, das Autobahn heißt und wo man mit todesmutigen Geschwindigkeiten rasen darf.

Ich musste auch an die spannenden Geschichten meiner Freundin Jill denken, die dort kurze Zeit als Austauschschülerin verbracht hatte. Eine handelte davon, dass Jill es mit ein paar Freundinnen geschafft hatte, in einem Fast-Food-Restaurant irgendwo in Deutschland an Alkohol heranzukommen. Dummerweise hatte auch ihre aus den USA mitgereiste Lehrerin davon Wind bekommen und die Eltern der Schülerinnen informiert. Schnell verbreitete sich anschließend das Gerücht, dass Schulkinder zum Hamburger in Deutschland Bier kaufen können. Für die Eltern ein Skandal, für uns ein tolles Abenteuer. Ich kann mich auch erinnern, dass Jill mir erzählte, wie die deutsche Gastfamilie ihr jeden Abend etwas zum Naschen aufs Kopfkissen legte. »Damit du was auf die Rippen kriegst«, lautete die Erklärung.

Wären meine Großeltern väterlicherseits noch am Leben, würden sie sicher darüber schmunzeln, dass es ihre Enkelin nach Deutschland verschlagen hat. Sie waren nämlich schweizerischer beziehungsweise deutscher Abstammung – wie so viele Amerikaner. Im Volkszählungsbericht von 2000 gab jeder sechste Amerikaner eine deutsche Abstammung an. Das macht etwa 43 Millionen Amerikaner mit deutschen Vorfahren. Mein Vater erzählte mir, wie seine Eltern sich früher auf Deutsch unterhielten, wenn sie nicht wollten, dass die Kinder etwas mitbekamen. Irgendwann belegte er einen Deutschkurs am College, um diese Geheimsprache zu beherrschen, aber bis auf ein paar Worte hier und da habe ich ihn nie Deutsch sprechen hören. Dafür hörte er zu Hause gerne Blasmusik, auch deutsche Platten, aber das war es dann auch.

Mir dagegen blieb nichts anderes übrig, als mit dreißig Jahren mühsam die deutsche Sprache zu lernen. In diesem Alter waren leider die meisten der leistungsfähigen Hirnzellen, über die Kinder verfügen, in meinem Kopf schon spurlos verschwunden.

Es ist ein sehr seltsames Gefühl, in ein fremdes Land zu reisen, ohne ein Rückflugticket in der Tasche. Als Tourist hat man sowohl einen festen Termin für die Hinreise als auch für die Rückreise. Man weiß, wo und wann die Tour beginnt und endet, man hat ein sicheres Gefühl. Man weiß, dass man zu seinem vertrauten Zuhause und seinen Freunden und in die Umgebung, in der man sich wohl fühlt, zurückkehrt. Man hat einen Job, eine Familie, ein Leben. Fällt aber der Rückflug weg, bleibt ein riesiger leerer Raum ohne akuten Plan, wie das Leben weitergehen soll. Es ist ein bisschen wie ein Sprung vom Zehn-Meter-Brett, wenn man nicht weiß, wie man landet. Ein weiteres Problem hat man, wenn man die Sprache des

Landes nicht beherrscht. Dazu kam in meinem Fall noch die Unsicherheit, in Deutschland nur einen einzigen Menschen zu kennen.

Solch ein Schritt beziehungsweise Sprung ist nichts für ängstliche Gemüter, denn er erfordert Vertrauen, Liebe und einen zähen Durchhaltewillen. Mich hat zwar niemand gebeten, durch den Atlantik zu schwimmen, und doch musste ich den Großen Teich überqueren.

Peter holte mich am Flughafen ab, als ich für immer in Deutschland landete, und wir fuhren in einem kleinen, unbequemen VW Golf zu seiner neuen Wohnung im Herzen von Köln. Er war erst vor einem halben Jahr dort eingezogen, nach seiner Rückkehr aus New York. Es handelte sich um ein schönes, modernes Penthouse, das für meinen Geschmack jedoch alles andere als gemütlich war.

Im Gegensatz zu Firmenangehörigen, die mit ihrer Familie, ihrem gesamten Mobiliar und sonstigen irdischen Besitztümern umziehen, hatte ich sehr wenig mitgebracht. Schließlich wurde mein Umzug von keiner Firma bezahlt.

Es gibt Menschen, die sich aus Sentimentalität von bestimmten Dingen nicht trennen können, und es gibt Menschen wie mich, die praktisch veranlagt sind. Also ließ ich eine antike Kommode, ein Schreibpult, eine kuschelige cremeweiße Couchgarnitur im kalifornischen Stil und einen geflochtenen Frühstückstisch zurück. Peters Wohnung war in kühler Lack- und Metalloptik eingerichtet, darunter ein roter Ledersessel, der aussah wie ein viereckiges Raumschiff, und eine harte anthrazitfarbene Couch.

Mein neues Zuhause war eine Wohnung im vierten Stock ohne Fahrstuhl. Damit wurde ich direkt in die gesunde deutsche Lebensweise des Laufens und Schleppens eingeführt und lernte schnell, dass die Deutschen in diesem Punkt stoisch sind. Selbst Achtzigjährige sieht man zu Fuß einkaufen gehen und Glasflaschen im Wägelchen nach Hause karren, um diese anschließend drei Stockwerke hochzuschleppen, ohne sich zu beklagen. Für jemanden unter dreißig sollten vier Stockwerke daher ein Klacks sein. Und es war auch okay. Bis auf die Wasserflaschen aus Glas und die Campingtische und die Bierfässer für die Dachterrassenpartys. In diesen Fällen wurde das Treppensteigen zum Extremschleppen, das viel Training und ein starkes Herz erforderte. Ich gewöhnte mich rasch an den täglichen Aufstieg zu den Sternen, ganz im Gegensatz zu meinen Besuchern aus Amerika. Sie zählten jede einzelne Stufe und mussten immer wieder Verschnaufpausen einlegen. Die Treppe war das Hauptthema, wenn von unserer Wohnung gesprochen wurde, und sorgte vermutlich dafür, dass sich der Besucheransturm aus den USA in Grenzen hielt.

Körperliche Bewegung ist mir persönlich immer willkommen, und der fehlende Fahrstuhl störte mich nicht annähernd so sehr wie Peters Einrichtung. Ganz besonders der futuristische italienische Raumschiffsessel in rotem Leder, das seltsam anmutende, s-förmige Sofa und der weiße Tisch mit den vier Stühlen, die so bequem waren wie die Holzbänke in einem alten Schulbus, waren mir ein Dorn im Auge. Nicht zu vergessen der ätzende Glastisch auf Rollen und die Vitrine in weißem Lack. Peter liebte seine Möbel, ich hasste sie. Ich dachte, ich sei im Haus von Captain Kirk und nicht in einer behaglichen Wohnung. Es gab kein einziges Möbelstück aus Holz.

»Honey, hier gibt es nichts aus Holz. Zu einem gemütlichen Zuhause gehören Holzmöbel und Kissen und bequeme Sofas.«

»Ich fühle mich hier sehr wohl. Ich stehe total auf die Einrichtung. Besonders auf den neuen roten Ledersessel.«

Aber nicht nur die Möbel, auch die Teppiche ließen sehr zu wünschen übrig. Peter hatte, wie scheinbar auch der Rest der Deutschen, keine weichen, flauschigen Teppiche. In amerikanischen Häusern dagegen findet man solche Exemplare überall. Zwar gibt es dort auch ganz schreckliche Teppiche, Schlingenware aus den Siebzigern und fleckige grüngoldene Läufer, die immer ein bisschen eklig und verwohnt aussehen. Aber wenigstens sind sie dick und weich. Mag sein, dass darin Ungeziefer nistet, doch dafür spürt man seine Fußsohlen nicht, wenn man darübergeht. Auf deutschen Teppichböden kann man Basketball spielen, so hart sind die. Selbst wenn ich so glücklich wäre, dass ich einen Purzelbaum schlagen wollte, müsste ich vorher eine Wagenladung Kissen auslegen, damit sich der Boden nicht wie Asphalt anfühlt.

Meine erste selbst gestellte Aufgabe in meinem neuen Leben in Deutschland war also, unser Zuhause gemütlicher zu gestalten. Das war schwieriger, als ich dachte. Als Auswanderer kann es aufregend, aber leider auch problematisch sein, dass man keine Ahnung hat, wo man was kaufen kann.

Bei meinen Einkaufstouren lernte ich schnell, dass ich auf keinen Fall nach Dingen suchen sollte, die mir aus der Heimat vertraut waren. Das wäre ein fruchtloses Unterfangen gewesen. So gut wie nichts von dem, was ich aus Amerika kannte, gab es in Deutschland. Hätte ich versucht, alles eins zu eins zu kopieren, hätte ich genauso gut den Kopf gegen einen Riesenkürbis schlagen können. Es war schlichtweg nicht möglich und auch nicht ratsam. Ich verfügte leider auch nicht über ein dickes Bankkonto, um alles importieren zu lassen, was ich mir wünschte.

Abgesehen davon, dass ich nicht wusste, wo die richtigen Möbelhäuser zu finden waren, zählt Innendekoration nicht gerade zu meinen Stärken, und ich bin auch nicht sonderlich geschickt in handwerklichen Dingen. Allerdings kann Unzufriedenheit mit der eigenen Wohnsituation ungeheure Kräfte mobilisieren, sodass ich mich ziemlich rasch an die Arbeit machte. Als ersten Schritt nahm ich mir das Schlafzimmer vor, um es grundlegend zu verändern. Es war nämlich inakzeptabel, angefangen bei der Bettwäsche.

»Honey, ich kann in schwarzer Bettwäsche nicht richtig schlafen. Dieses ganze Schwarz im Schlafzimmer ist ziemlich deprimierend.«

Peter antwortete darauf: »Aber was spielt das denn für eine Rolle? Es ist schön dunkel, und zum Schlafen machst du doch ohnehin die Augen zu.«

Ich erkannte, dass meine Aufgabe nicht leicht sein würde, und konzentrierte mich zunächst auf die Fenster – getreu dem Motto: Mehr Licht! Zumindest war Peter einverstanden, Vorhänge in helleren Farben anzubringen.

Dann kam der nächste Hammer. »Wo ist das Oberlaken?«, fragte ich in aller Unschuld.

Bis dahin war mir unbekannt, dass die Deutschen unter einer Daunendecke schlafen. Dadurch erübrigt sich ein Oberlaken – wir Amerikaner nennen das *top sheet* –, das gewöhnlich fest unter die Matratze eingeschlagen wird und den Füßen praktisch keine Bewegungsfreiheit lässt. Unser deutsches Bett hatte nicht einmal eine Untermatratze, um irgendwas festzustecken. Deutsche Betten, auch das musste ich lernen, sind lediglich mit einer Matratze ausgestattet und niedriger als ihre amerikanischen oder englischen Gegenstücke.

»Was meinst du mit Oberlaken?«, fragte mich Peter.

»Das Laken unter der Decke, das unter der Matratze festgestopft wird. Kennst du das nicht aus New York?«

»Doch, schon, aber ich hatte mein eigenes Bettzeug aus Deutschland dabei. Die amerikanischen Betten sind nämlich fürchterlich. Wo ist da der Sinn, wenn die Füße unter einem engen Laken eingezwängt sind, sodass man sich nicht richtig bewegen kann? Das ist schrecklich unbequem. Wenn ich in einem amerikanischen Hotel übernachte, ziehe ich als Erstes das Laken unter der Matratze heraus. Ich verstehe nicht, wie man so schlafen kann.«

Ich fragte mich, was die Zimmermädchen dachten, die sein Bett machten. Wahrscheinlich hielten sie ihn für einen unruhigen Schläfer oder Schlimmeres. Er hätte am Fußende seines Bettes ein Schild anbringen sollen: *Bitte stopfen Sie das Laken nicht fest. Ich bin ein wild schlafender Deutscher.*

Nun, jede Partnerschaft verlangt Kompromisse, und mir wurde klar, dass wir auf die deutsche Art schlafen würden. Das war allerdings nur der erste von vielen Kompromissen, die noch folgen würden. Ich beschloss also, von nun an ein Leben ohne Oberlaken zu führen. Denn was war wichtiger, das Laken oder wer darunter lag?

Nachdem dieser Punkt geklärt war, machte ich mich daran, die hässliche schwarze Bettwäsche zu ersetzen, kam jedoch wieder nicht weit. Ich konnte für unsere Bettdecke nämlich keinen Bezug finden, der groß genug war. Die meisten deutschen Paare schlafen getrennt unter zwei Einzeldecken auf zwei Einzelmatratzen, die nur zusammengeschoben sind. Einen Tag vor meiner Ankunft hatte Peter jedoch eine Decke in Übergröße für uns beide besorgt. Was für ein Mann! Er hatte nicht nur die romantische Version gewählt, sondern gleichzeitig auch die, die für warme Füße sorgt. Jede Frau, die unter kalten Füßen leidet, weiß, dass eine gemeinsame Decke der einzige Weg ist, um warme Füße zu bekommen. Dennoch schien die Größe unserer Bettdecke ziemlich außergewöhnlich zu sein, und eine vermeintlich leichte Aufgabe entpuppte sich als echte Herausforderung.

Die Verkäuferin im Laden zeigte mir eine bescheidene Auswahl von passenden Bezügen, einer hässlicher als der andere. Sie war nicht besonders entgegenkommend, da mein Anliegen offenbar unüblich war. Sie fragte sich sicherlich, welche Menschen schon unter so einer riesigen Decke schlafen. Mit meinem fremden Akzent und meinem abstrusen Wunsch hätte ich auch genauso gut vom fernen Planeten *Strange-Bed* stammen können. Mehrere Versuche und Kaufhäuser und außerirdische Erlebnisse später gab ich auf. Meine Vorstellung von Auswahl und großem Sortiment war offensichtlich zu amerikanisch. In Deutschland hat der Kunde anscheinend ein viel beschränkteres Angebot. Außer bei Würsten. Doch die waren nun wirklich keine Alternative für schwarze Bettwäsche.

Folglich stand bei meiner nächsten Reise nach New York ein Besuch bei ABC, einem Einrichtungshaus in Manhattan, auf dem Programm. Dort wollte ich mich nach passenden Bettbezügen umschauen, um sie mit nach Deutschland zu nehmen.

Die große Hürde beim Laken-Shopping in Amerika bestand darin, die Größe unserer deutschen Bettdecke ins amerikanische System umzuwandeln. Während Amerikaner ihre Betten in Single, Double, Queen- oder Kingsize einteilen, benutzen die Deutschen das metrische System. So schläft eine Person beispielsweise in einem 120 × 200-Bett. Was braucht man sonst noch zu wissen? Schließlich hat man die exakte Angabe, wie viele Zentimeter breit und lang das Bett ist. Doch amerikanische Bettenverkäufer lässt diese Genauigkeit unbeeindruckt. Sie wollen einfach eine Größenbezeichnung wie Single, Double, Queen oder King hören. Und das Ermitteln der Bettgröße ist nur die halbe Miete. Schließlich brauchte ich auch Bezüge für die riesigen deutschen Daunenkissen.

Glücklicherweise gerieten Peter und ich bei ABC an eine äußerst hilfsbereite Verkäuferin. Sie errechnete aus unseren Angaben, dass wir ein Bett der Maße Queensize extragroß hatten, und beriet uns äußerst freundlich bei der Wahl der passenden Bettwäsche. Angesichts des erfolgreichen Kaufs überkam mich Wehmut. Ich dachte: »Koste dieses herrliche Einkaufsvergnügen hier aus, wo die Auswahl groß ist und die Verkäuferinnen deine Sprache sprechen, denn nächste Woche geht es schon wieder zurück nach Deutschland.«

Nach unserer Rückkehr in Köln freuten wir uns sehr darüber, dass die Bettwäsche und die darauf abgestimmten Vorhänge, die wir auch gleich gekauft hatten, tatsächlich passten.

Vielleicht waren die Kissenbezüge einen Tick zu klein für die Kissen, aber ich stopfte sie eben hinein, so gut es ging. Nicht einmal der größte amerikanische Kissenbezug passt für so ein bauschiges Kissen.

Sieht man vom Bettwäschekaufen ab, bin ich inzwischen eine große Befürworterin des deutschen Bettensystems. Meine Eltern sind ebenfalls auf die deutsche Variante umgestiegen und haben Federbetten und riesige Kissen in die Vereinigten Staaten mitgeschleppt. Auch meine alte Schulfreundin Jill aus Minnesota überlegte, ob sie wechseln soll, nachdem sie bei uns zu Besuch war: »Wusstest du, dass in Amerika viele Leute Probleme mit ihren Füßen bekommen, weil sie immer unter dem Laken eingezwängt sind? Ich überlege ernsthaft, ob ich auf das deutsche System umsteigen soll.« Peter lachte sich schlapp.

Also, ihr deutschen Bettwäschehersteller, hört her: Wenn ihr auf dem amerikanischen Markt Erfolg haben wollt, dann preist eure Ware mit dem Slogan *Freiheit für die Füße* an. Vielleicht klappt es ja. Viele Menschen könnten glücklicher leben ohne Oberlaken.

Abgesehen vom Schlafzimmer gab es weitere häusliche Problembereiche. Peters Wohnung zu verändern war nicht gerade eine leichte Aufgabe. Schließlich war dies sein Terrain, sein Land, und ich war nur seine Freundin.

»Honey, in Amerika würde man mich als dein *girlfriend* bezeichnen. Wie übersetzt man das ins Deutsche? Als was soll ich mich bezeichnen, wenn jemand fragt, wie wir zueinander stehen?«

»Na ja, das nennt man wohl Lebensgefährtin.«

»Okay, und was bedeutet das?«

»So etwas wie Partner fürs Leben.«

»Aber Partner fürs Leben klingt ganz anders als *girlfriend*.«

»Ja, mag sein, aber so heißt es eben.«

Für meine Begriffe war ich nur Peters *girlfriend*, was nicht zwingend eine lebenslängliche Beziehung meinte. Zur Bestürzung meiner streng katholischen Eltern war ich nämlich ohne Trauring zu Peter auf die andere Seite des Atlantiks geflogen. Ich hatte nicht einmal den in Amerika so immens wichtigen Status einer Verlobten. Dennoch zog ich mit einem Mann zusammen, und zwar nicht in den USA, sondern Tausende Kilometer entfernt, wo ich nicht gleich zu Mami laufen konnte, wenn irgendetwas schiefging.

Doch zurück zu meiner Baustelle: Im Prinzip gelangen mir nicht viele Veränderungen in Peters Wohnung, sosehr ich mich auch bemühte. Also versuchte ich, mit dem Unausweichlichen zu leben. Schließlich nutzte es nichts, ständig nur über die Umgestaltung der Wohnung nachzudenken. Besser, ich verließ die Wohnung, um mich mit der Stadt vertraut zu machen. Da ich noch keinen Job hatte, nutzte ich jede Gelegenheit, meine neue Heimatstadt zu erkunden.

Mein neues Leben begann damit, dass ich mir einen Faltplan von Köln kaufte und ausgedehnte Spaziergänge durch die Stadt machte. Immer wieder blieb ich an Straßenecken stehen, um mich zu orientieren, denn es wurde zu meiner täglichen Herausforderung, nach Hause zurückzufinden. Nach einiger Zeit war es mir auch nicht mehr peinlich, eine Pause einzulegen, um den Stadtplan zu studieren.

Tag für Tag lief ich also durch Köln. In New York bin ich beinahe täglich von der 80st Street West, wo ich wohnte, zur West 57th Street, wo ich arbeitete, zu Fuß gegangen. Das war eine angenehme Abwechslung zur U-Bahn, und ich spürte damals, wie sehr mir das Laufen im Blut lag. Aber jetzt war ich hauptberuflich unterwegs. Es wurde zu meiner neuen Aufgabe, sämtliche Straßen und Geschäfte von Köln abzuklappern. Ich hatte zwar kein eigenes Geld zum Ausgeben, da ich noch keine Arbeit hatte, aber zumindest wusste ich, wo welche Geschäfte und Restaurants zu finden waren. Von dieser Erfahrung profitiere ich heute noch, wenn es mich in alle möglichen Winkel von Köln verschlägt.

Straßenbahnen fahren zwar auch durch ganz Köln, aber sie auf eigene Faust zu benutzen erforderte mehr Mut, als ich aufbringen konnte. Die New Yorker U-Bahn war nie ein Problem für mich, aber die deutschen Straßenbahnen waren mir fremd und machten mir etwas Angst, ungeachtet dessen, dass sie relativ sauber waren, nicht nach Urin stanken und in den Tunneln keine Ratten darin herumliefen. Die Fahrgäste bewegten sich zügig und machten den Eindruck, als wüssten sie, was sie tun und wohin sie müssen, denn ihr großer Vorteil war, dass sie die deutsche Sprache verstanden.

Es erfordert eine gewisse Tapferkeit, sich in den Alltag einer geschäftigen, belebten Stadt zu stürzen, wenn man keine Ahnung hat, was man tut. Man bekommt das Gefühl, alle beobachten einen und warten, dass man seine Unfähigkeit unter Beweis stellt.

In New York hatte ich noch alles gut unter Kontrolle. Vor allem regelte ich vor meinem Umzug zwei wichtige Dinge: Erstens schloss ich eine Auslandskrankenversicherung ab – auch wenn das nicht meine eigene Idee war, sondern eine deutsche Vorschrift. Die deutschen Behörden erteilen keine einjährige Aufenthaltserlaubnis ohne den Nachweis einer Krankenversicherung. Keine Krankenversicherung, keine Einreise. Keine schlechte Regelung, wenn man bedenkt, wie sehr auch hier das öffentliche Gesundheitssystem kämpfen muss, um sich über Wasser zu halten. Zweitens meldete ich mich für einen Deutsch-Intensivkurs an, der kurz nach meiner Ankunft in Deutschland beginnen würde.

Dieser Kurs fand am Goethe-Institut in Bonn statt. Das bedeutete, dass ich in aller Herrgottsfrühe losmusste, um mit der Bahn zum Kölner Südbahnhof zu fahren und den Zug nach

Bonn zu nehmen. Nach der fünfundzwanzigminütigen Zugfahrt ging ich gewöhnlich zu Fuß vom Bahnhof zum Goethe-Institut. Insgesamt war ich ungefähr eine Stunde unterwegs. Das wäre in Ordnung gewesen, wenn ich nicht gegen dieses scheußliche deutsche Herbstwetter hätte ankämpfen müssen, auf das ich nicht vorbereitet war. Ich komme zwar aus Minnesota, und extreme Wetterbedingungen sind meine Spezialität, doch der sintflutartige kalte Regen und der heftige Wind frühmorgens in der Dunkelheit waren brutal. Mein Regenschirm nützte mir gar nichts, denn der Wind stülpte ihn sofort um. Aus diesem Grund wurden wasserdichte Schuhe und Kleidung meine ständigen Begleiter.

Die anderen Kursteilnehmer am Goethe-Institut stammten aus unterschiedlichen Ländern und Verhältnissen; es waren größtenteils Firmenangehörige, Diplomatenfrauen und Studenten. Unsere Lehrerin erwähnte, dass sie noch vor kurzem Deutsch in Griechenland unterrichtet habe. Meinetwegen hätte sie auch Griechisch in Deutschland sprechen können, da ich ohnehin nur Bahnhof verstand. Es kostete mich große Mühe, mit den anderen Kursteilnehmern Schritt zu halten. Ich war das Schlusslicht. Es spielte keine Rolle, dass ich abends immer fleißig büffelte, um den Anschluss nicht zu verlieren. Offenbar hatte ich zu viele Wissenslücken in Grammatik, wenn nicht sogar zu viele Löcher im Gehirn.

Mir erschien das seltsam, weil alle Kursteilnehmer zu Beginn einen schriftlichen und mündlichen Einstufungstest hatten ablegen müssen und anschließend in verschiedene Kurse eingeteilt wurden. Entweder hatten die Sprachspezialisten einen Fehler gemacht und mich falsch eingestuft, oder mein Gehirn war zwischen diesem Test und dem Kursbeginn geschrumpft.

Unsere Deutschlehrerin war über meine Defizite alles andere als erfreut, und eines Tages brachte sie mich vor der gesamten Klasse zum Weinen. An jenem Morgen hatte ich mich bereits nach dem Aufstehen unwohl gefühlt, aber ich wollte keinen Tag im Goethe-Institut versäumen – aus Angst, noch weiter zurückzufallen. Wir bekamen einen benoteten Test zurück, der meine Lehrerin in dem Glauben bestärkte, dass ich ein absolut hoffnungsloser Fall sei. In einer Lautstärke, dass es die gesamte Klasse hören konnte, machte sie mir mein Versagen klar. Ich kam mir vor wie ein unartiger Hund und kämpfte beschämt gegen die Tränen an. Warum saß ich, eine erwachsene Frau von fast dreißig Jahren, hier in einer alten Villa irgendwo in Bonn und ließ mich von dieser Frau niedermachen? Ich wusste es selbst nicht, aber mein Sprachkurs sollte sowieso bald durch Umstände unterbrochen werden, auf die ich keinen Einfluss nehmen konnte.

Während ich mich wochenlang per Straßenbahn und Zug jeden Morgen um halb sieben zum Deutschkurs in Bonn schleppte, hatte ich das Gefühl, dass irgendetwas mit mir nicht stimmte. Jeder Mensch leidet hin und wieder an mysteriösen Krankheiten und Schmerzen, die besonders bei der eigenen Hochzeit, dem Geburtstag oder dann auftreten, wenn eine lang ersehnte Beförderung oder eine nette Dienstreise nach Paris anstehen. An jenem Abend stand eine Einladung zum Essen bei Peters Schwester und ihrem Mann an, und auch Peters Eltern sollten kommen. Ein Schwiegerfamilie-Kennenlern-Abend also. Keine große Sache, bloß meine zukünftige Verwandtschaft.

Obwohl ich starke Rückenschmerzen hatte und mir obendrein noch übel war, tat ich, was die meisten tun würden: Ich schluckte ein paar Aspirin und nahm mir vor, tapfer lächelnd das Beste aus dem Abend zu machen. Als wir bei Peters Schwester eintrafen, wurden wir sehr liebenswürdig empfangen.

»Möchtest du ein Glas Champagner?«, bot mir Susanne, Peters Schwester, an.

»Oh ja, gerne«, entgegnete ich, obwohl ich insgeheim befürchtete, dass schon ein Schluck von dem Schampus mich außer Gefecht setzen würde. So kam es, dass ich irgendwann zwischen Vor- und Hauptspeise »excuse me, please« sagen musste, auf die Toilette verschwand und meinen gesamten Mageninhalt von mir gab. Ich war sowohl körperlich als auch seelisch am Ende. Peters Familie dachte nun bestimmt, dass er eine Frau aus den Staaten geholt hatte, die nicht nur kein Deutsch sprach, sondern zudem unter einer schrecklichen Krankheit litt, oder, schlimmer noch, die deutsche Küche nicht vertrug.

Doch die zukünftigen Verwandten behandelten mich nicht nur sehr liebenswürdig und herzlich, sondern bestachen an jenem Abend außerdem durch Klugheit und Einfallsreichtum. Susanne und ihr Mann Stefan sind beide Ärzte, und zufällig hatten sie ein paar Urin-Teststreifen im Haus. Andere Menschen bewahren Heftpflaster in ihrem Arzneischrank auf, aber Ärzte sind schon besser ausgestattet.

»Hier, Carol, mach einfach diesen Becher voll, und wir testen anschließend, ob alles in Ordnung ist.«

Ich nahm den Pappbecher samt Teststreifen an mich und verschwand beschämt im Bad. Toll, so ein Arztbesuch beim Abendessen. Zwischen Hauptgang und Nachtisch gab ich Dr. Susanne den Teststreifen zur Analyse. Sie stellte fest, dass ich tagsüber fast nichts getrunken und gegessen hatte, was den Tatsachen entsprach. Dann kam die Diagnose: eine Niereninfektion. Als Nächstes bekam ich irgendeine Medizin und legte mich anschließend hin. Ich konnte den anderen am Tisch ohnehin nicht mehr unter die Augen treten. Mein Auftritt erschien mir wie eine perfekte Anleitung zum Thema, wie man keinen besonders guten ersten Eindruck hinterlässt.

Nach der medizinischen Versorgung durch Peters Familie hätte ich theoretisch wieder mit voller Kraft loslegen können, Deutsch zu lernen, aber dem war nicht so. Als wir wieder zurück in Köln waren, vereinbarte Peter für mich einen Termin bei einem anderen Arzt und versuchte, mir den Weg zur Arztpraxis einzurichten. Das war kein leichtes Unterfangen. Schließlich war ich gerade einen Monat in Deutschland, und Wegbeschreibungen an sich sind schon nicht für Menschen wie mich gemacht, sondern für Menschen mit einem gesunden Orientierungssinn.

Trotzdem machte ich mich zur Straßenbahnhaltestelle auf, löste ein Ticket am Fahrkartenautomaten und stieg in eine Bahn. Verglichen mit der New Yorker U-Bahn, die nur einen Einheitstarif kennt, war das Ticketziehen ziemlich kompliziert, und nirgendwo waren Erklärungen auf Englisch zu finden. Das Einzige, was ich wusste, war, dass ich mein Ticket gleich nach dem Einsteigen zum Entwerten in den Stempelautomaten stecken musste. Ich gab mir selbst eine Eins für die Bewältigung dieser Aufgabe und nahm mit leicht bangem Gefühl und der Hoffnung Platz, an der richtigen Haltestelle wieder auszusteigen und nicht erst an der Endstation. Die Fahrt selbst verlief bis kurz vor meiner Haltestelle angenehm ruhig. Dann beschloss jedoch eine Bahnkontrolleurin, mich in eine leichte Panik zu versetzen.

»Ihren Fahrschein, bitte.«

»Sorry, ick sprecke nikt gut Deutsch.«

»Ihren Fahrschein.«

Ich vermutete, dass sie mein Ticket sehen wollte, und gab es ihr.

»Das ist nicht richtig. Geben Sie mir Ihren Ausweis.«

»Sorry, mein Deutsch ist nikt sehr gut. Do you speak English?«

»Nein, sprechen Sie gefälligst Deutsch.«

Sie nahm wohl an, dass ich nur vorgab, kein Deutsch zu verstehen. Menschenskind, wie gerne hätte ich der Kontrolleurin meine Deutschlehrerin am Goethe-Institut vorgestellt! Die hätte nämlich bestätigen können, dass ich in Deutsch eine totale Null war.

Die Kontrolleurin schickte mich in den hinteren Teil der Bahn, und die anderen Fahrgäste sahen mich neugierig an. Das war für mich ein ganz besonders schlimmes Erlebnis, und ich war froh, dass ich nicht auch noch mit Eiern beworfen wurde.

Wenn ich letzten Endes alles richtig verstanden habe, lag das Problem darin, dass ich fünf Pfennige zu wenig bezahlt hatte. Scheinbar hatte ich aus purer Unwissenheit das falsche Ticket gelöst. Hätte die Kontrolleurin geahnt, dass ich nicht einmal allein aus einem Hotel herausfinde, hätte sie mir vielleicht geglaubt. Wenigstens wurden mir keine Handschellen angelegt. Aber die Kontrolleurin quetschte mich über mein Ziel und mein Vorhaben aus. Nicht, dass es sie etwas anging, aber ich zeigte ihr rasch den Zettel mit der Adresse der Arztpraxis. Erstaunlicherweise verlangte sie von mir keine Nachzahlung, sondern ließ mich irgendwann aussteigen. Nach ihrem Verhör zückte ich meinen zuverlässigen Stadtplan und machte mich schleunigst aus dem Staub mit dem Gefühl, ganz knapp einer Tracht Prügel entkommen zu sein. Gleich darauf hörte ich Schritte hinter mir. Kein Scherz! Die Kontrolleurin folgte mir die Straße entlang. Aber irgendwann wurde es ihr wohl zu langweilig mit mir: Sie kehrte um und ging zurück ins Straßenbahnland.

Mein Besuch beim Arzt war nicht lustig. Aber sind Arztbesuche jemals lustig? Ich ging zum Arzt, weil ich mich krank fühlte, und wurde mit der Diagnose, dass alles in Ordnung sei, wieder nach Hause geschickt. Da dem aber nicht so war, betrieb ich ein bisschen Ärzte-Hopping.

Eine erfahrene Ärztin gab meinem Problem schließlich einen Namen, nämlich Endometriose. Das ist eine Frauenkrankheit, die häufiger vorkommt, als allgemein bekannt ist. Zusammen mit der Diagnose erhielt ich ein Last-Minute-Ticket in den nächsten OP-Saal. Auweia! Es war ziemlich beunruhigend, jemanden mit dem Skalpell an mich heranzulassen, mit dem ich mich so gut wie gar nicht verständigen konnte.

Als Peter abends aus dem Studio kam, brachte er mich direkt ins Krankenhaus. Zu jenem Zeitpunkt ahnte ich nicht, dass die Klinik ihr Geld im Voraus haben wollte. So war das System. Kein Geld, keine Behandlung. Peter musste mehrere tausend Mark bezahlen, bevor man mich aufschnitt. Inzwischen weiß ich, dass meine scheinbar exotische Krankenversicherung die Vorauszahlung erforderlich machte; die Krankenhausverwaltung war einfach skeptisch, ob sie sonst je ihr Geld sehen würde. Zwar war die Londoner Versicherung, bei der ich meinen Vertrag abgeschlossen hatte, vertrauenswürdig und sehr entgegenkommend, aber in Deutschland leider gänzlich unbekannt.

Zu meinem Glück war Peters Schwester Susanne wieder für mich da. Sie nahm zwei Stunden Fahrt auf sich, um bei dem ärztlichen Gespräch vor meinem Eingriff dabei zu sein. Ihre Anwesenheit war, als habe jemand das Licht angeknipst. Sie konnte mir alles ins Englische übersetzen und meine Fragen beantworten. Obwohl Susanne mich zu diesem Zeitpunkt kaum kannte, bemühte sie sich sehr, mir das gesamte medizinische Prozedere verständlich zu machen.

Ich machte die Erfahrung, dass Deutschland ein gut ausgebautes, erstklassiges Gesundheitssystem besitzt, wenn auch nicht gerade Fünf-Sterne-Kliniken. Wahrscheinlich werden so die Kosten niedrig gehalten. Das kleine Krankenhaus auf dem Land, in das ich eingewiesen wurde, war nicht unbedingt auf dem neuesten Stand der deutschen Technik und lockte auch nicht gerade das bestqualifizierte Pflegepersonal an. Ich hatte das Pech, dass ich dort routinemäßig eine schmerzhafte Prozedur über mich ergehen lassen musste.

Wenige Tage nach der Operation betrat eine junge Krankenschwester mein Ein-Stern-Zimmer mit Aussicht und begann, ohne ein Wort an meinen OP-Schläuchen herumzufummeln. Keine Zeit oder Lust für ein Lächeln, geschweige denn für eine Begrüßung, rupfte sie an mir herum, und es fühlte sich an, als würde sie meine Eingeweide herausreißen. Das Kranken-

haus verwandelte sich in eine Folterkammer und die Krankenschwester in meinen schlimmsten Albtraum. Ich versuchte, ihr
durch Brüllen Einhalt zu gebieten, aber vergeblich. Sie ließ
sich nicht beirren. Am liebsten hätte ich ihr gesagt, dass ich
im falschen Film bin. Ich hatte mich nie für die Rolle der hysterischen Patientin beworben.

Als die Krankenschwester von mir abließ und wieder verschwand, bekam ich fast keine Luft mehr. Aus dem Augenwinkel konnte ich Peters Nachrichtensendung auf dem Fernseher
verfolgen, den man in mein Zimmer gestellt hatte. Da Peter
jeden Abend um dieselbe Zeit moderierte, hatte ich zuvor bereits RTL eingeschaltet. Kaum war die Sendung vorüber, sammelte ich meine fünf Sinne, griff zu dem altmodischen Telefon aus den Siebzigern neben meinem Bett und schaffte es mit
letzter Kraft, die RTL-Nachrichtenredaktion anzuwählen.
Wie Superman tauchte Peter in null Komma nichts an meinem
Krankenlager auf. Er musste sofort nach Sendeschluss aus dem
Studio gerannt und mit Höchstgeschwindigkeit zu mir gerast
sein. Allerdings hatte ich vor seinem Eintreffen bereits weitere
Erfahrung in der Rolle der hysterischen Patientin gesammelt.

Als die junge Krankenschwester erneut mein Zimmer betrat, richtete Peter deutliche Worte an sie: »Wenn Sie wieder
einmal eine Patientin haben, die vor Schmerzen schreit, und
Sie können das nicht verstehen, dann halten Sie vielleicht einfach in Ihrem Tun inne und versuchen festzustellen, weshalb
die Patientin schreit. Stellen Sie sich vor, Sie liegen als Ausländerin in einem Krankenhaus und verstehen kein Wort. Wie
würden Sie sich da fühlen?«

Die Schwester, geschockt, dass jemand so mit ihr sprach,
antwortete mit Schweigen. Ich kann mich nicht erinnern, dass
sie danach jemals wieder mein Krankenzimmer betreten hat.
Ich habe sie auch nicht vermisst.

Damals wünschte ich mir einen intravenösen Schlauch, wie
in amerikanischen Kliniken üblich, durch den auf Knopfdruck

ein Schmerzmittel in die Blutbahn gepumpt wird. In meinem Krankenhaus auf dem Land wurde ich stattdessen regelmäßig tagsüber gestört und nachts geweckt, um Spritzen in den Oberschenkel sowie Zäpfchen in den Allerwertesten verpasst zu bekommen. Ich hatte zwar einen hübschen Ausblick auf ein Getreidefeld, aber mehr Hightech und weniger Schmerzen wären mir lieber gewesen. Ich sehnte mich nach einer modernen amerikanischen Klinik oder nach einer modernen deutschen Klinik. Gerne auch mit Blick auf eine Fabrik.

Nach einer Woche Zwangsaufenthalt bat ich die Ärzte, gehen zu dürfen. Am achten Tag wurde ich schließlich wieder in die Freiheit entlassen, zurück in unsere Wohnung in Köln. Wie jeder Frischoperierte verbrachte ich die meiste Zeit auf der Couch und schlief in den ersten Tagen sehr viel. Mein Deutschkurs musste warten. Doch das war nicht weiter schlimm, denn in dieser Angelegenheit entpuppte sich meine Krankheit als ein Geschenk des Himmels. Da ich an die Wohnung gefesselt war, begann ich fernzusehen. Das war beileibe keine schlechte Methode, um den Klang der deutschen Sprache in mein Ohr zu bekommen. Schönen Dank auch, Harry Wijnvoord.

Es mag ein wenig merkwürdig klingen, dass ich die deutsche Sprache ausgerechnet von einem niederländischen Gameshow-Moderator lernte, aber so war es. Harry Wijnvoord moderierte zu dieser Zeit die Sendung *Der Preis ist heiß* (Das kommt bei dem Versuch heraus, einer Spielshow einen sexy Titel zu verpassen!). Es handelte sich um die deutsche Version der amerikanischen Gameshow *The Price is Right*, die gefühlte fünf Millionen Jahre von Bob Barker moderiert wurde. Meine Generation, die Babyboomer, wuchs mit dieser Sendung auf und riet damals immer begeistert mit, wenn es darum ging, den Preis von Lebensmitteln richtig zu schätzen, um ein Auto oder einen Traumurlaub oder wenigstens einen Fernseher zu gewinnen – wenn auch nur in der Fantasie. Da ich mit den Spielregeln vertraut war, konnte ich Harry einigermaßen folgen, der für mein ungeübtes Ohr perfekt Deutsch sprach.

Kurz vor meinem Umzug hatte ich bereits in New York mit einem Berlitz-Deutschkurs begonnen. Ich wollte bei meiner Ankunft in Deutschland fähig sein, wenigstens ein paar Grundbegriffe zu benutzen. Mein Deutschlehrer bei Berlitz war super, und der Veranstaltungsort lag günstig für mich, aber trotzdem nahm ich nur sporadisch an dem Kurs teil, da ich beruflich oft unterwegs war. Weil ich obendrein den Kurs am Bonner Goethe-Institut vorzeitig abbrechen musste, beschränkten sich meine Deutschkenntnisse auf wenige Worte und Sätze, die mir alles andere als selbstbewusst über die Lippen kamen.

Im Nachhinein hätte ich mich dafür treten können, dass ich mich als Vierzehnjährige an der Junior Highschool nicht für den Deutschkurs von Miss Griebel entschieden hatte, obwohl die meisten meiner Freundinnen in dem Kurs waren. Aber ich dachte damals: »Alle belegen Deutsch, ist doch langweilig. Ich wähle Französisch.« Später, an der University of Minnesota, studierte ich sogar ein paar Semester Französisch, was auch keine große Hilfe für meine Eingewöhnung in Deutschland war.

Die einzige andere Fremdsprache, die ich konnte, hatte ich bei meinem einjährigen Aufenthalt in Neuseeland als Teilnehmerin des American Field Service-Austauschprogramms gelernt: Kiwi-Englisch. Aber ein »Good on ya mate!« half mir vielleicht in Australien, jedoch nicht in Deutschland.

Letzten Endes lernte ich tatsächlich Deutsch, ich musste allerdings ganz von vorn beginnen. Meine ausländischen Bekannten, die der Sprache nicht mächtig sind, glauben, dass ich Goethes Sprache fließend spreche.

Einige denken sogar, dass ich Deutsche bin, und ziemlich gut Englisch spreche: »Woher können Sie so gut Englisch? Ich kann keinen deutschen Akzent bei Ihnen heraushören.«

»Ja«, gebe ich dann immer stolz zur Antwort, »mein Englisch ist ganz gut. Ich habe es in Amerika gelernt, wo ich herkomme.«

»Ach, wirklich, Sie sind Amerikanerin?«, lautet gewöhnlich die Antwort. »Und woher können Sie so gut Deutsch?«

Meine deutschen Freunde und Bekannten merken dagegen sehr wohl, dass mein Deutsch noch viele Fehler aufweist, aber sie hören immer großzügig darüber hinweg und korrigieren mich nur, wenn ich nachfrage oder totales Kauderwelsch rede.

Es passiert mir häufig, dass ich ähnlich klingende Wörter verwechsle, sodass sich ein völlig anderer Sinn ergibt. Dies führt entweder zu allgemeiner Verwirrung oder Belustigung oder zu unangenehmen Missverständnissen. Am schwierigsten sind für mich gesellschaftliche Anlässe, auf denen nur Deutsch gesprochen wird. Es ist eine Sache, sich mit deutschen Freunden und Bekannten über das tägliche Leben und die Kinder auszutauschen, aber es ist etwas anderes, sich in einer kultivierten Runde auf Deutsch zu verständigen. So sagte ich zum Beispiel einmal zu einem Kellner: »Nein, danke, für mich keine Hummel.« Es ist eben nur ein feiner Unterschied zwischen *Hummel* und *Hummer*.

Das Bienenvokabular bereitet mir selbst nach fünfzehn Jahren noch Probleme. Erst neulich bat ich ein paar Möbelpacker, ihren Lkw vor unserer Einfahrt wegzusetzen, weil ich wegen eines Notfalls dringend losmusste. Ich erklärte: »Die Schule hat angerufen. Meine Tochter ist erstochen worden. Ich muss sie sofort abholen.« Beim Blick in die Gesichter der Möbelpacker wusste ich, dass ich etwas Falsches gesagt hatte. Ein schlimmer Versprecher. Glücklicherweise war Geena nur von einer Biene *gestochen*, und nicht *erstochen* worden. Ups ...

Nach allem jedenfalls, was dieses gemeine Insekt meiner Tochter angetan hatte, würde ich am liebsten die Wörter *Biene* und *stechen* für immer sowohl aus dem englischen als auch aus dem deutschen Wortschatz streichen.

Mein Mann amüsiert sich allerdings immer wieder prächtig, wenn ich schwierige deutsche Wörter fast, aber eben auch nur fast richtig ausspreche. Wenn ich zum Beispiel *Schornsteinpfleger* sage, oder *Wechselstoff* statt *Stoffwechsel*.

Starker Tobak für mein Gehirn ist das deutsche Zahlensystem. Es kommt mir vor, als würde man rückwärts auf der Autobahn fahren. Seit ich hier lebe, stellt es mich vor Probleme, wenn jemand auf Deutsch eine Telefonnummer herunterrasselt. Es ist schwierig, das Gehirn darauf zu trainieren, rückwärts zu denken. In der englischen Zählweise werden die Zahlen der Reihenfolge nach genannt. Die Zahlenfolge 511-2578 entspricht *five one one, twenty-five seventy-eight.* Im Deutschen werden die Zahlen durcheinandergewürfelt: Zuerst die ersten drei Zahlen, dann die fünfte, dann die vierte, die siebte und die sechste und so weiter, bis ich ganz den Durchblick verloren habe. Ist das sinnvoll? Ich dachte immer, die deutsche Sprache wäre logisch. Oder brauchen die Deutschen so dringend Abwechslung, dass sie dieses Zahlenpingpong betreiben?

Es gab damals eine weitere Rateshow, die jeder kannte und deren pädagogischer Effekt nicht unterschätzt werden sollte, auch wenn darin keine Zahlen auftauchten. Ich spreche von *Riskant*, dem deutschen Pendant zu *Jeopardy*. Das Gute an dieser Show war, dass die Antworten auf dem Bildschirm eingeblendet wurden, während die Mitspieler die passenden Fragen dazu erraten mussten. Wenn man nichts verstand, weil die Mitspieler nuschelten oder zu schnell sprachen oder das künstliche Gebiss wackelte, hatte man als Zuschauer eventuell noch die Chance, die hingekritzelten Antworten auf den weißen Karten zu entziffern. Die Antworten und Fragen waren so kurz, dass selbst Anfänger mit rudimentären Sprachkenntnissen der Sendung folgen konnten. Außerdem wurde hin und wieder nach der Bedeutung eines englischen Begriffs gefragt. Das war die Möglichkeit für mich Sprachanfängerin, den deutschen Mitspielern mal voraus zu sein.

Die vielleicht wichtigste Sendung, um mein deutsches Gehör zu trainieren, waren die Nachrichten. Natürlich muss ich zugeben, dass ich, meiner Beziehung zuliebe, jeden Abend *RTL aktuell* um 18.45 Uhr schaute. Wenn ich in der Sendung irgendetwas nicht verstanden hatte, konnte ich den Moderator hinterher fragen.

»Honey, worum ging es eigentlich am Schluss der Sendung, als die Pandabären gezeigt wurden? Gibt es etwa eine Epidemie oder Nachwuchs, oder was war da los?«

Peters Erklärungen waren höchst aufschlussreich, teilweise sogar höchst unterhaltsam. Die Sendezeit der RTL-Nachrichten ist für amerikanische Begriffe allerdings äußerst ungewöhnlich.

»Sweetie, warum fangen die Nachrichten um Viertel vor sieben an, statt um halb sieben oder zur vollen Stunde? Ist das für die Zuschauer nicht verwirrend?«

»Nein, die sind daran gewöhnt, und außerdem wollen wir vor ARD und ZDF auf Sendung gehen.«

»Aber das macht keinen Sinn«, beharrte ich, »warum beginnen im deutschen Fernsehen die Sendungen nicht zur vollen beziehungsweise zur halben Stunde? Schließlich ist das hier Deutschland, wo alles straff durchorganisiert ist.«

»Nun ja, der Sendebeginn hat sich bewährt. Die Zuschauer haben kein Problem damit.«

»Honey, ihr Deutschen habt merkwürdige Fernsehzeiten.«

Wieder einmal hatte ich seine geliebte Heimat beleidigt, und trotzdem jagte er mich nicht fort …

Abgesehen von der Sendezeit gibt es einen weiteren großen Unterschied zwischen deutschen und amerikanischen Nachrichtensendungen, denn Erstere werden nicht von Werbung unterbrochen. Das begrüßte ich von Anfang an. *RTL aktuell* läuft zweiundzwanzig Minuten ohne Werbung. Da geht man besser vor der Sendung noch mal schnell aufs Klo und zum Kühlschrank, denn es gibt keine Unterbrechung.

Die Abendnachrichten von CBS und anderen amerikanischen Sendern sind eigentlich genauso lang, dauern aber trotzdem eine halbe Stunde, weil mehrere Werbeblöcke dazwischengeschaltet werden. Das stört den Ablauf der Sendung, und man ist mehr oder weniger gezwungen, sich Fernsehreklame anzuschauen. Aber manche Zuschauer wissen es vermutlich zu schätzen, dass sie sich in der Zeit eine Cola oder ein Bier oder irgendein ungesundes Zeug aus der Küche holen können, für das zuvor in der Glotze geworben wurde.

Neben den Nachrichten kämpfte ich mich tapfer durch die deutschen Zeitungen und hoffte darauf, eines Tages in der Lage zu sein, all das zu verstehen, was ich las. Ich konnte mir beim Lesen so viel Zeit lassen, wie ich wollte, und, falls nötig, das Wörterbuch zu Rate ziehen. Im Fernsehen ging es manchmal viel zu schnell, um gedanklich immer folgen zu können. Wie auf der Autobahn, wo man auch nicht die Zeit hat, einen Blick auf die Karte zu werfen und sich kurz zu vergewissern, ob die Richtung noch stimmt. Man nimmt einfach die Ausfahrt, von der man glaubt, sie sei die richtige, und entweder hat man Glück oder Pech.

Mit den anspruchsvolleren deutschen Zeitungen wie der *FAZ* oder der *Süddeutschen Zeitung* war ich anfangs überfordert. Stattdessen las ich täglich den Kölner *Express*: Große Buchstaben, wenig Text und keine allzu komplizierten Satzstrukturen. Das war zwar deftiges Boulevardniveau, aber die *New York Post* ist auch nicht anspruchsvoller. Der *Express* war einfach zu lesen und half mir, mit den kulturellen Besonderheiten in Köln vertraut zu werden.

Ich setzte mir anfangs zum Ziel, wenigstens sämtliche Überschriften zu verstehen. Jeden Tag saß ich in unserer Wohnung an dem gefürchteten weißen Tisch mit den unbequemen Stühlen, bewaffnet mit meinem Deutsch-Englisch-Wörterbuch, dem *Express* und einem Müslibrötchen zur Stärkung. Ich schrieb vermeintlich umgangssprachliche Ausdrücke ab, um Peter später danach zu fragen.

»Honey, was ist ein *kölsche Mädel*? Das steht nicht im Wörterbuch.«

»Oh, *Kölsch* heißen das Bier und der Dialekt, der hier in Köln gesprochen wird, und *kölsches Mädel* meint einfach eine junge Kölnerin.«

Manche umgangssprachlichen Begriffe waren in meinem Wörterbuch nicht aufgeführt, dessen Seiten schon bald stark abgegriffen waren. Immer wenn ich mir einen neuen Ausdruck merken konnte, lichtete sich der Nebel wieder ein kleines Stück.

Ich weiß noch, wie ich zum ersten Mal die Frage »War's das?« verstand, die mir die Verkäuferinnen hinter den Verkaufstheken der Geschäfte immer stellten. Die hatte ich nämlich nicht in meinem Deutschkurs gelernt, doch irgendwann begriff ich, dass im Grunde nur eine Aussage in eine Frage verwandelt und die Reihenfolge der Wörter vertauscht wird. Diese Erkenntnis war zwar nicht gerade mit der Besteigung des Mount Everest vergleichbar, aber ich war trotzdem stolz, wieder ein kleines Geheimnis der deutschen Kultur gelüftet zu haben. Mag sein, dass das Beispiel trivial scheint, aber für mich war diese Frage der Schlüssel zu jeder Käse-, Brot- oder Wursttheke in ganz Deutschland – und damit überlebenswichtig.

Ein bis zwei Monate nach meinem gesundheitlich bedingten Ausscheiden aus dem Deutschkurs am Goethe-Institut war es höchste Zeit, wieder richtigen Unterricht zu nehmen, und so sah ich mich nach einem anderen Intensivsprachkurs um. Dies führte mich zur urdeutschen Einrichtung der VHS, der Volkshochschule. Dort wird Menschen aus allen Bevölkerungsschichten ein breit gestreutes Fortbildungsprogramm zu einem vernünftigen Preis geboten.

Mein Deutschkurs fand in einem alten, hässlichen Gebäude in einem nicht sehr schicken Viertel von Köln, wo ich mich nach Einbruch der Dunkelheit lieber nicht aufhalten wollte, statt. Aber wir hatten einen tollen Deutschlehrer und ein kleines Stück Amerika direkt auf der anderen Straßenseite, eine Filiale von McDonald's. Normalerweise bin ich kein großer Fan von Fast Food, aber es war immer schön, mit den anderen Studenten die Frühstückspause bei Croissants und Kaffee zu verbringen. Es war warm, sauber und eine willkommene Abwechslung zu dem grauen VHS-Kasten.

Mit unserem Deutschlehrer – einem jungen Mann Ende zwanzig – hatten wir das große Los gezogen. Voller Begeisterung lehrte er uns nicht nur die deutsche Sprache, sondern auch die deutsche Kultur. Er war tolerant, kreativ und strotzte vor Energie und guter Laune. Er stellte sich nicht über uns, sondern behandelte uns alle mit großem Respekt. In diesem Kurs lernte ich viel und war mit Spaß bei der Sache. Wo sonst hatte man die Gelegenheit, auf so eine bunte und interessante Mischung von Menschen zu treffen? Der Kurs hatte ungefähr zwanzig Teilnehmer aus ganz unterschiedlichen Ländern. Dort saßen keine Diplomatenfrauen oder Studenten, sondern Asylbewerber und Arbeitssuchende. Darunter waren ein paar Kurden aus dem Iran und Irak. Und eine Bulgarin, die Deutsch lernen wollte, um eine Arbeitserlaubnis zu bekommen, weil sie hier viel mehr verdienen konnte als in ihrem Heimatland. Am Ende war ihr Deutsch gar nicht schlecht, aber sie erhielt trotzdem kein Arbeitsvisum. Eine niedliche Polin wollte ihre Sprachkenntnisse verbessern, weil sie mit einem Deutschen verlobt war und eventuell in Deutschland bleiben wollte. Ich freundete mich mit einer Irin an, die mit einem deutschen Künstler verheiratet war. Sie gehörte zu den ersten englischen Muttersprachlern, die ich in Köln kennenlernte. In der Klasse gab es auch ein paar Türken, für die das Erlernen der deutschen Sprache die Grundvoraussetzung für eine gelungene Integration war. Anfangs saß auch ein Amerikaner in der Klasse, der sich jedoch mit der deutschen Sprache ziemlich schwertat und offenbar auch nicht so sehr auf sie angewiesen war wie der Rest von uns. Irgendwann blieb er ganz weg.

Zwischen den Kursteilnehmern gab es immer wieder hitzige politische Diskussionen und lebhafte Debatten. Bis dahin war ich in meinem Leben noch nie mit Asylbewerbern in Kontakt gekommen, und diese Erfahrung öffnete mir die Augen. Mit großer Leidenschaft und Wut in der Stimme beschrieben die Flüchtlinge die Situation in ihren Heimatländern. Schade, dass unser Deutsch nicht gut genug war, um tiefer ins Detail zu gehen, aber es war auch so hochinteressant.

Aufgrund dieser Gespräche dachte ich zum ersten Mal darüber nach, was es bedeutet, Amerikanerin zu sein, denn im Vergleich zu den Geschichten dieser Menschen waren meine Probleme doch harmlos. Ich konnte nämlich in mein sicheres, wohlhabendes Heimatland zurückkehren, wann immer ich wollte. Ich war nicht nach Deutschland gekommen, weil mir in meiner Heimat Gewalt oder unsichere politische Verhältnisse drohten, sondern allein der Liebe wegen.

Da im Kurs einige Teilnehmer waren, die ein anderes Alphabet gelernt hatten, ging es etwas langsamer voran. Für englische Muttersprachler ist es zehnmal leichter, Deutsch zu lernen, weil die Buchstaben dieselben sind. Aber jemand, dessen Muttersprache Persisch oder Bulgarisch ist, muss sich zunächst mit dem deutschen Alphabet vertraut machen. Daher krochen wir im Schneckentempo voran, bis auch der Letzte den Stoff verstanden hatte. Obwohl ich normalerweise zur Ungeduld neige und es mir nicht schnell genug gehen kann, war ich von der entspannten Atmosphäre und dem gemäßigten Lerntempo sehr angetan. Hier machte es richtig Spaß, Deutsch zu lernen. Auch wenn bei der VHS der Stoff viel langsamer durchgenommen wurde, war es niemals langweilig – dafür sorgten die Kursteilnehmer selbst. Wir waren ein entschlossener Haufen, der bemüht war, seine Stimme im Deutschen zu finden.

Unser mitreißender, junger Deutschlehrer verstand es sehr gut, uns Schülern die Gepflogenheiten seines Landes näherzubringen. So erklärte er uns das deutsche Schulsystem, das sich stark vom amerikanischen unterscheidet. Es ist derart kompliziert, dass man sich auf die Schulter klopfen kann, wenn man alles verstanden hat – vor allem auf Deutsch. Abgesehen vom deutschen Schulsystem besprachen wir auch den Karneval: »Ist jemandem von Ihnen in letzter Zeit aufgefallen, dass man in der Stadt auf seltsam kostümierte Menschen trifft, die ein merkwürdiges Verhalten an den Tag legen? Das sind die Vorboten des Karnevals.« Oder die Vorweihnachtszeit: »Die Adventszeit hat begonnen, und in der Stadt ist wieder Weihnachtsmarkt. Gehen Sie hin, achten Sie auf Besucher, die ein dampfendes Getränk in der Hand halten, und besorgen Sie sich ebenfalls einen Becher davon. Sie brauchen lediglich zu sagen: ›Einen Glühwein, bitte!‹. Der wird Ihnen sicher gut schmecken.«

Eine der frühesten praktischen Übungen, um Deutsch zu lernen, war eine Vereinbarung, die Peter und ich gemeinsam trafen: »Lass uns unter der Woche englisch reden. Da bleibt ohnehin nur der Feierabend, um uns zu unterhalten. Und am Wochenende sprechen wir dafür ausschließlich Deutsch.« Auf diese Weise versuchten wir, samstags und sonntags, wenn wir mehr Zeit zu Hause verbrachten, unsere Gespräche auf Deutsch zu führen. Das war nicht immer einfach.

»Sweetie, ich möchte *Scotch Tape*, *Bisquick*, *Fertilizer* und *Toilet Bowl Cleaner* auf die Einkaufsliste schreiben, aber ich kann diese Begriffe nicht im Wörterbuch finden.«

Statt eine Antwort zu geben, stellte Peter eine Gegenfrage: »Was ist *Scotch Tape*? Und was *Bisquick*?«

Sicher, Peter konnte mich beim Sprechen korrigieren und mir neue Wörter beibringen, aber für manche Sachen gibt es einfach keine richtige Übersetzung.

Wir versuchten trotzdem unser Bestes. Das Ergebnis war, dass mein Mann unter der Woche eine normal intelligente Erwachsene als Gesprächspartnerin hatte und am Wochenende eine stammelnde Idiotin.

In den ersten beiden Jahren in Deutschland fielen mir Unterhaltungen in der Gesellschaft von Einheimischen ungemein schwer. Nach einer Stunde konzentrierten Zuhörens schaltete mein Gehirn allmählich auf Durchzug. Und spätestens nach dem Essen war meine Aufnahmefähigkeit völlig erlahmt. An diesen Abenden fragte ich mich oft, wie diese mehrsprachigen Genies übergangslos und ohne zu ermüden von einer Sprache in die nächste wechseln können.

»Honey, ist heute Abend jemand in der Runde, der Englisch kann?«, lautete damals meine erste Frage vor solchen Anlässen.

Für mich war es immer eine große Erleichterung, wenn jemand dabei war, der meine Muttersprache beherrschte. Wie jeder Sprachanfänger machte ich die Erfahrung, dass man mit höchster Konzentration durchaus einer Unterhaltung in der Fremdsprache folgen kann, doch irgendwann kommt der Punkt, an dem man eine Pause benötigt. Dann beginnt das Gehirn zu streiken, weil es dringend eine Unterbrechung von dem ganzen Gebrabbel braucht, das die anderen für eine zusammenhängende Sprache halten. Zudem möchte ich gerne selbst etwas zur Unterhaltung beitragen, aber das nur in einer Sprache, die ich beherrschte. Irgendwann war ich es nämlich leid, mich wie ein Erstklässler im Körper einer Dreißigjährigen anzuhören.

Wir Amerikaner scheinen uns zwar recht gut in unserer Muttersprache ausdrücken zu können, aber bei Fremdsprachen versagen wir jämmerlich. Während die USA in mancher Hinsicht sehr fortschrittlich sind, tun sich andererseits Bildungslücken auf, die uns, weltwirtschaftlich betrachtet, zurückwerfen.

So setzen amerikanische Geschäftsleute sehr oft stillschweigend voraus, dass der Geschäftspartner aus Übersee Englisch sprechen kann. Ist dies nicht der Fall, versuchen sie in den meisten Fällen, das Verständigungsproblem durch lautes Reden wettzumachen. Außerdem wird der Gesprächspartner schnell als beschränkt abgetan, wenn er nur gebrochen Englisch spricht. Ist das Englisch des ausländischen Geschäftspartners hingegen gut, wird das gerne als ein Zeichen für Intelligenz und Attraktivität gewertet. Dieses Auftreten der Amerikaner ist nicht besonders klug, weil in einem fremden Land nur derjenige Geschäfte machen kann, der dessen Sprache, dessen Volk und dessen Bedürfnisse versteht.

Die Ursache für diese Fremdsprachenmüdigkeit ist bereits im amerikanischen Bildungssystem verankert. Bis heute stellt sich mir die Frage, warum dort nicht berücksichtigt wird, wie wichtig es ist, Fremdsprachen bereits im frühen Kindesalter zu erlernen. Aber es gibt Hoffnung: Bei meiner letzten Reise in die USA kam mir die erfreuliche Nachricht zu Ohren, dass Viertklässler jetzt in manchen Schulen die Möglichkeit haben, Spanisch und sogar Chinesisch zu lernen. Ein erster Schritt in die richtige Richtung.

In Deutschland ist man nicht nur in dieser Hinsicht um einiges weiter als in den USA. Es erstaunt mich immer wieder, wie gut die deutschen Schüler, verglichen mit den amerikanischen, über das Weltgeschehen informiert sind. Oft wissen sie mehr über die amerikanische Geschichte als meine Landsleute. Ich höre immer wieder das Argument, dass amerikanische Kinder nicht so viel über andere Länder lernen, weil Amerika so riesig ist und die restliche Welt so weit weg. Aber eine derartige Einstellung kann uns Amerikanern nur zum Nachteil gereichen.

Schließlich sind wir im globalen Wettbewerb alle aufeinander angewiesen, um gegenseitig von den Kontakten zu profitieren. Die eigentliche Herausforderung besteht darin, dass wir alle uns bemühen müssen, den anderen besser zu verstehen, als dies momentan geschieht. Den Amerikanern würde es guttun, ein größeres Interesse an der restlichen Welt zu zeigen und auch über den eigenen Tellerrand zu blicken. Dadurch könnten Vorurteile durch Wissen ersetzt werden. Und der erste Schritt dazu wäre, unseren Kindern dieses Wissen zu vermitteln und ihr Interesse für die ganze Welt zu wecken. Zum Beispiel durch das Erlernen einer fremden Sprache.

Europäer machten auf mich schon immer einen kosmopolitischeren Eindruck als Amerikaner. Das liegt daran, dass sie im Allgemeinen weltgewandter sind. Europäer beherrschen Fremdsprachen besser, reisen häufiger ins Ausland und leben viel näher an ihren Nachbarländern und anderen Kulturen. Das heißt aber leider nicht automatisch, dass sie dadurch gegenüber den Eigenheiten ihrer Nachbarn auch toleranter sind.

Einmal bekam ich zufällig mit, wie mein ehemaliger deutscher Chef mich eher im Spaß als »unkultivierte Amerikanerin« bezeichnete, weil ich Ketchup zu meinem Rührei bestellte. Ich fühlte mich gekränkt. Essgewohnheiten haben ja nicht gleich etwas mit Kultiviertheit zu tun – das Aussaugen einer Weißwurst zum Frühstück ist ja nun auch nicht gerade ein Beleg für deutsche Hochkultur.

Es war an einem sonnigen Sommernachmittag, als mich der
Zweite Weltkrieg in Deutschland einholte. Mitten im Jahr
2003. Meine Tochter und ich waren einkaufen gewesen, und
wir saßen gemeinsam im Wohnzimmer, als unsere kleine
Pause jäh durch eine laute Stimme unterbrochen wurde.

»Achtung, Achtung!«, dröhnte sie verzerrt durch einen
Lautsprecher zu uns herüber.

Was war denn da los? Ich lief aus dem Haus und sah ein großes Feuerwehrauto in unserer engen Straße.

Der Feuerwehrmann am Megafon sah mich und brüllte in
den Trichter: »Achtung, räumen Sie sofort das Haus. Ich wie-
derhole, räumen Sie sofort das Haus.«

Dann rollte der Einsatzwagen weiter und informierte die
anderen Bewohner unseres Viertels. Ich hatte zwar verstanden, dass wir uns vom Haus entfernen sollten, aber trotzdem
war mir manches noch unklar. Beispielsweise ... warum?

Zum Glück waren ein paar Jungs aus der Nachbarschaft
in der Nähe, die mir diese wichtige Frage beantworten konnten. Ich erfuhr, dass mitten in unserem ruhigen Bonner Viertel eine Bombe gefunden worden war. Vor meinem geisti-
gen Auge sah ich Bilder von Anschlägen auf Botschaften,
Kasernen und Wohnhäuser. Hatte ich vielleicht zu viel
Nachrichten gesehen? Mein Gehirn jedenfalls schaltete auf
Instinkt um, und der sagte: Wer sich in unmittelbarer Nähe
einer Bombe befindet, bringt sich besser erst einmal in Sicherheit.

Unfähig, meine Angst zu verbergen, rief ich meiner damals siebenjährigen Tochter Geena zu: »Schnell, wir müssen raus hier! Bombenalarm!« Meine Kleine, die gerade friedlich mit Lego-Steinen spielte, muss gedacht haben, ich sei verrückt geworden. Leider fällt es mir in solchen Momenten schwer, die Ruhe zu bewahren und die Situation zu erklären. Dafür ist normalerweise Peter zuständig, und der war arbeiten. So bekam Geena einen gewaltigen Schreck. Sie fing an zu weinen, weil sie dachte, unser Haus fliegt gleich in die Luft. Was theoretisch auch passieren konnte. Aber als Erwachsener glaubt man, dass einem selbst so etwas nie geschieht. Trotzdem musste ich mich erst einmal wieder beruhigen, um meine Tochter trösten zu können: »Mach dir keine Sorgen. Wir müssen wahrscheinlich nur so lange aus dem Haus, bis die Polizei die Bombe entschärft hat. Dann dürfen wir wieder heim. Alles wird gut.«

Ich schnappte mir in der Eile nur meine Geldbörse, und wir sprangen ins Auto. Ich wusste nicht, wohin wir fahren sollten, wann wir wieder zurückkommen konnten, was für eine Bombe das war, wo genau sie lag und wen sie treffen sollte. Als ich unsere Einfahrt verließ und direkt um die Ecke eine Ansammlung von Streifenwagen sah, die unsere Straße abriegelte, wurde mir klar: Die Bombe war sicher nicht weit entfernt von unserem Haus. Ich hielt bei einem Polizisten an und bat ihn um Auskunft.

Seine Antwort war überraschend, aber irgendwie auch ein wenig beruhigend: »Es ist eine alte Bombe aus dem Zweiten Weltkrieg, ein richtig großes Kaliber. Sie liegt nur ein kleines Stück von hier, in der Mauerstraße. Wir warten auf den Kampfmittelräumdienst, der die Bombe entschärfen soll.«

»Und wie lange dauert das?«, fragte ich.

»Das wissen wir noch nicht. Sie können aber so lange am Sportpark Pennenfeld unterkommen. Dort haben wir ein Evakuierungszentrum eingerichtet, und Sie erhalten auch die neuesten Informationen.«

Ein Evakuierungszentrum? Meine Güte! Das letzte Mal war ich in einem Evakuierungszentrum, als ich mit einem Kollegen für RTL in Florida unterwegs war, um über den Hurrikan Andrew zu berichten. Die Erinnerung daran jagte mir einen Schauer den Rücken herunter!

Geena und ich fuhren also erst einmal zu dem Sportpark. Währenddessen wirbelten mir unzählige Fragen durch den Kopf: War diese Bombe, die meinen Tag durcheinanderbrachte, von einem amerikanischen Flugzeug abgeworfen worden, also von einem meiner Landsleute? Und warum war sie nicht explodiert? Lagen hier noch andere Bomben herum, vielleicht sogar in unserem Garten unter dem Sandkasten?

In der Turnhalle trafen wir viele ratlose Anwohner. Helfer vom Deutschen Roten Kreuz kümmerten sich um die älteren Menschen, die sie aus den umliegenden Altenheimen oder ihren Privatwohnungen dorthin transportiert hatten. Es war eine provisorische Krankenstation errichtet worden, und überall standen Liegen, auf denen Menschen mit Sauerstoff und anderem medizinischem Brimborium versorgt wurden.

Ich wollte mit meiner Tochter nicht in der Notunterkunft bleiben, wo wir sowieso nicht viel Neues erfuhren. Daher beschloss ich, meine Freundin und Nachbarin Eydie anzurufen. Sie war an diesem Nachmittag mit ihren drei Kindern beim Kieferorthopäden, und ich bezweifelte, dass sie schon von der Bombe wusste. Aber Moment ... ich hatte mein sonst so wertvolles Rolodex zu Hause gelassen. Ganz abgesehen davon, hätte es ohnehin nicht in meine Handtasche gepasst. Mist! Warum hatte ich noch nicht gelernt, Telefonnummern auf meinem Handy zu speichern? Seit wann hinkte ich der modernen Technik so sehr hinterher? Früher koordinierte ich Satellitenübertragungen von Amerika nach Europa! Egal, ich würde eben Peter anrufen und nach der Handynummer von Eydie fragen. Da sie auch Amerikanerin ist, war ich mir sicher, dass sie noch nie von solchen Evakuierungsmaßnahmen gehört hatte, und ich wollte sie notfalls aufklären. Ausgerechnet ich – die Ruhe in Person! Als ich Peter erreichte, war auch er überrascht, von dem Bombenfund zu hören. Bonn, erzählte er mir, war nur sehr selten bombardiert worden. Das einzige größere militärische Ziel in der Gegend war die den meisten Amerikanern bekannte Brücke von Remagen, und die war noch ein gutes Stück von uns entfernt.

Als ich Eydie schließlich erreichte, überlegten wir, was wir in den nächsten paar Stunden mit den Kindern unternehmen sollten. Sie schlug vor, dass wir in einen Park in der Nähe des Rheins gehen sollten, wo es einen Biergarten mit einem Spielplatz gab. Wenn man uns schon mit alten Bomben terrorisierte, dann sollte man zumindest bei Bedarf ein Beruhigungsbier bekommen.

Nach einem weiteren erfolglosen Versuch, etwas Neues im Evakuierungszentrum in Erfahrung zu bringen, fanden Geena und ich uns damit ab, dass die Bombenentschärfung eben so lange dauern würde, wie sie dauerte. Niemand konnte das zeitlich abschätzen.

Im Biergarten tauchten nach und nach andere Mütter aus unserem Bekanntenkreis mit ihren Sprösslingen auf, die wie wir in der Evakuierungszone wohnten. Insgesamt wurde es sogar ein halbwegs gemütlicher Nachmittag. Die Kinder tobten stundenlang auf dem Spielplatz am Rheinufer, und irgendwann erklärten wir das Ganze zu einer Evakuierungsparty. Das Biergartenpersonal hatte alle Hände voll zu tun, die vielen Leute zu bewirten, die ihre Häuser hatten räumen müssen. Bratwürste und Salat, Bier und Fanta wurden in rauen Mengen bestellt. Am Abend saßen wir immer noch draußen, und es wurde merklich kühler. Geena und ich hatten nur Shorts und dünne T-Shirts an, weil es tagsüber so warm gewesen war und wir ursprünglich nicht geplant hatten, so lange aus dem Haus zu gehen. Leider hatte ich in der Hektik nicht daran gedacht, wärmere Kleidung einzupacken. Gegen zwanzig Uhr kam

Peter aus Köln von der Arbeit und gesellte sich zu uns. Er zog als Erstes sein Jackett aus und wickelte Geena darin ein. Das arme Kind war – wie ich – völlig durchgefroren. Dann gingen wir zu seinem Wagen, um nach wärmerer Kleidung für mich zu suchen. Im Kofferraum lag jedoch lediglich seine Sporttasche mit einem ziemlich zerknitterten T-Shirt. Es roch auch nicht gerade frisch, aber in der Not frisst der Teufel Fliegen. Vielleicht sollte man in den Deutschkursen der Volkshochschule auch eine Extra-Lektion zum Thema *Evakuieren – aber richtig* einarbeiten. Eine meiner Freundinnen, die Belgierin ist, muss an solch einem Kurs teilgenommen haben. Sie kam nämlich mit einem gepackten Koffer voller Wäsche zum Wechseln, warmen Pullovern und einer kleinen Mappe mit allen wichtigen Familiendokumenten zu unserem Notaufnahmelager.

Gegen einundzwanzig Uhr wollten Peter und ich uns auf die Suche nach einem Hotel machen, da unser Wohnviertel immer noch abgesperrt war. Es ging das Gerücht um, dass sich die Entschärfung der Bombe noch bis Mitternacht hinziehen könnte. So lange konnten wir nicht im Biergarten bleiben, denn Geena musste am nächsten Morgen zur Schule und Peter zur Arbeit.

Vorher fuhren wir kurz an der Turnhalle vorbei, um Neuigkeiten zu erfahren. Es gab aber keine. Alles wie gehabt. Doch gerade als wir ins Auto steigen und zu einem Hotel fahren wollten, hörten wir eine gedämpfte Explosion. Kurz darauf teilte eine Lautsprecherstimme mit, dass wir in unsere Häuser zurückkehren konnten. Hurra, endlich ein warmes Bett! Als wir in unsere Auffahrt bogen, stand unser Haus unversehrt da. Die Explosion, die wir gehört hatten, stammte von der Entschärfung der Zündkapsel. Die Bombe selbst blieb intakt.

Die Lokalblätter waren am nächsten Morgen schnell vergriffen, aber ich konnte eine Zeitung ergattern. Am Tag der Evakuierung hatte ich nicht richtig mitbekommen, wo genau die Bombe gefunden wurde. Als ich den Polizeibeamten danach fragte, hatte er mir zwar den Straßennamen gesagt, aber damit konnte ich nicht viel anfangen. Doch beim Blick auf das Titelfoto der Zeitung fielen Peter und ich aus allen Wolken. Die Fundstelle lag nur einen Steinwurf von unserem Haus entfernt. Vom Arbeitszimmer im oberen Stockwerk konnten wir direkt auf die Baustelle blicken.

Die Bombe selbst war 1728 Kilogramm schwer und ein englisches Fabrikat Typ HC 4000 LB. Also kam sie wenigstens nicht von meinen Landsleuten ... Sie war bei Aushebungsarbeiten entdeckt worden. Einer der Bauarbeiter hatte den zigarrenförmigen Metallkörper zunächst für einen alten Wasserboiler gehalten. Ein Glück, dass das Ding zu schwer war, um es aus dem Boden zu heben. Als die Arbeiter einen genaueren Blick darauf warfen, wurde ihnen schnell klar, dass es sich bei dem alten Metallzylinder um einen Blindgänger handelte – also eine Bombe, die nicht explodiert war, als sie vor rund sechzig Jahren abgeworfen wurde. Sie verständigten die Behörden, die als erste Vorsichtsmaßnahme ungefähr viertausend Anwohner evakuieren ließen.

Während die Bauarbeiten in den darauffolgenden Wochen auf dem Grundstück weitergingen, hofften wir, dass keine weiteren Erinnerungsstücke aus dem Zweiten Weltkrieg ans Tageslicht befördert würden, und nahmen das Ganze eher fatalistisch. Wie lautet schließlich das alte Sprichwort? Was ich nicht weiß, macht mich nicht heiß! Und wir hatten auch keine Lust, eine Tiefengrabung unter dem Sandkasten anzugehen.

Da ich immer glaubte, in einer friedlichen Gegend zu wohnen, war es ein seltsames Gefühl, daran erinnert zu werden, dass hier früher einmal Kriegsgebiet war. Zwar war Bonn nur ein Nebenschauplatz gewesen, aber anscheinend immer noch wichtig genug, dass die Engländer die Stadt bombardierten. Ich fragte bei den älteren Nachbarn nach, warum hier

Bomben abgeworfen worden waren. Die berühmte Brücke von Remagen ist zwar keine zwanzig Kilometer entfernt, aber für einen Irrläufer war das zu weit. Ich erfuhr, dass die Siedlung früher ein deutscher Beobachtungsposten war, weil sie auf einer Anhöhe lag und einen guten Überblick über das Rheintal bot.

Was mich noch mehr überraschte als die Bombe in unserem Vorgarten waren andere Überreste aus der Zeit des Zweiten Weltkrieges, und zwar die teils tief verwurzelten Vorurteile mancher europäischer Nachbarländer gegenüber Deutschland.

Viele Amerikaner haben sehr romantische Vorstellungen von Europa: Ein Kontinent, wo kleinere und größere Staaten mit Königen, Prinzen und Prinzessinnen friedlich nebeneinander leben. Wo die Menschen in die Oper gehen statt zum Baseball. Wo man ausgefallene Speisen auf silbernem Tafelgedeck zu sich nimmt statt einen Hotdog auf die Hand, von dem Ketchup auf das weiße T-Shirt tropft. Wo schöne Menschen in eleganter Aufmachung in Straßencafés sitzen und Cappuccino trinken. Wo Europäer einfach Europäer sind – eine große, glückliche und kultivierte Familie. Auf der westlichen Seite des Atlantiks wird nicht wahrgenommen, dass es zwischen den einzelnen Ländern in Europa große Unterschiede und unterschwellige Konflikte gibt.

Inzwischen habe ich den Eindruck, dass die Abneigung gegen Deutschland seitens anderer europäischer Staaten stärker ist, als es nach außen hin den Anschein hat. Sicher ist es nicht verwunderlich, dass in den Ländern, die ehemals von den Nazis mit brutaler Gewalt überfallen und besetzt wurden, vor allem bei den älteren, aber auch bei einigen jungen Menschen Vorbehalte gegenüber ihren deutschen Nachbarn herrschen.

Das wurde mir in dem Moment bewusst, als ich zum ersten Mal den deutschen Pass meiner Tochter in der Hand hielt.

Mit ihm kam auch die Verantwortung, Geena als Teil der nachfolgenden Generation über die Vergangenheit aufzuklären und ihr die richtigen Schlussfolgerungen aus der Geschichte zu vermitteln. Gleichzeitig wollte ich ihr auch die Augen für die Erkenntnis öffnen, dass es wichtig ist, einen Menschen aufgrund seines Verhaltens zu beurteilen und nicht nur wegen der Vergangenheit seines Heimatlandes.

Bevor ich nach Deutschland kam, hatte ich, ehrlich gesagt, keine Ahnung davon, dass noch immer einige Nachhutgefechte des Zweiten Weltkrieges ausgetragen werden. Manche Briten zum Beispiel übertragen, angestachelt von Boulevardblättern, den längst gewonnenen Krieg gerne ins Hier und Jetzt. Das zeigte sich auch im Vorfeld der Fußball-Weltmeisterschaft in Deutschland im Sommer 2006. Deshalb machte es sich der seriöse *International Herald Tribune* zum Anliegen, auf den Lauf der Geschichte hinzuweisen, und zwar mit folgender Überschrift: »Hinweis an alle englischen Fußballfans: Der Krieg ist aus.« Wow, dachte ich, musste man ihnen das wirklich noch beibringen? Anscheinend schon. Denn auch der britische Innenminister Charles Clarke bat seine Landsleute, bei einer Reise nach Deutschland nicht ständig den Krieg zu erwähnen, und außerdem wies er darauf hin, dass es alles andere als komisch sei, im Stechschritt zu laufen, dem Schiedsrichter »Sieg Heil« zuzubrüllen oder Deutschen gegenüber das Hitler-Bärtchen unter der Nase zu imitieren. Die Warnung schien durchaus angebracht. Manche Fans aus England, so die Erfahrung, singen bei Spielen gegen Deutschland gerne mal ein Lied mit dem Titel *Ten German Bombers*, in dem es um abgeschossene deutsche Jagdbomber geht, oder sie brüllen *Stand up if you won the war.* Ich konnte das kaum glauben.

Zu unseren Freunden hier in Deutschland zählen Dutzende von Briten, die alles andere als feindlich gegenüber ihrem Gastland eingestellt sind und sich rundum wohl fühlen im Land der Germanen.

Aber auch bei der WM lief schließlich alles glatt. Als die Fans von der Insel aufs Festland kamen, blieb alles friedlich. Und nicht nur das: Nachdem England bei der WM vorzeitig ausgeschieden war, schwenkten viele englische Fans um und unterstützten das deutsche Team. Es gibt also Hoffnung.

Die WM brachte noch eine weitere schöne Erfahrung mit sich: Zum ersten Mal in meinen fünfzehn Jahren erlebte ich in Deutschland ein schwarz-rot-goldenes Fahnenmeer. Wir Amerikaner haben überhaupt kein Problem damit, unsere Nationalflagge am Unabhängigkeitstag an unsere Häuser zu hängen. Auch der Satz »I am proud to be an American« kommt jedem US-Bürger leicht über die Lippen.

Das sieht hier ganz anders aus. Ein deutscher Bekannter sagte einmal zu mir: »Ich kann nicht behaupten, dass ich stolz bin, Deutscher zu sein, denn Stolz hat für mich nichts mit der Nationalzugehörigkeit zu tun. Vielmehr empfinde ich Stolz, wenn ich etwas geleistet habe. Aber trotzdem, ich lebe sehr gerne hier, denn Deutschland ist ein wunderbares Land.« Er drückte auf gewandte Art aus, was vielleicht viele seiner Generation denken.

Trotzdem ist unbestreitbar, dass den Deutschen in Europa ein Stigma anhaftet. Zwar sind wir vor Vorurteilen alle nicht gefeit, ob wir nun aus Amerika oder aus Europa kommen. In Minnesota machen wir uns gerne über die Leute aus unserem Nachbarstaat Iowa lustig. Wer von dort kommt, hat erst einmal das Image, ein eher gut genährtes, dafür aber etwas unterbelichtetes Landei zu sein. Allerdings glaube ich, dass die Deutschen von ihren Nachbarn weitaus kritischer beäugt werden.

Auf meiner Suche nach mehr Informationen über das Bild der Deutschen in Europa stieß ich auf eine Umfrage, an der kürzlich Bürger aus insgesamt neunzehn europäischen Ländern teilgenommen hatten. 27 Prozent vertraten die Meinung, die Deutschen seien die unfreundlichsten Europäer. Das ist nicht gerade die Kategorie, in der man ganz vorne sein möchte. Als Grund nannten die Befragten, dass sie sich von der »lauten Art« der Deutschen gestört fühlten. Und ich dachte immer, in Sachen Lautstärke kommt keiner an uns Amerikaner heran ... Ein klassisches Klischee, nämlich das des fleißigen Deutschen, tauchte auch in der Umfrage auf. Laut 45 Prozent der Befragten seien die Deutschen das tüchtigste Volk in Europa. Die Engländer belegten Platz eins als Nation mit dem größten Humor, und die Niederländer wurden als besonders aufgeschlossen gesehen. Italien und Spanien waren die Gewinner im Beliebtheitswettbewerb. Italien sei zudem das Land, in dem die meisten Europäer am liebsten leben würden. Kein Wunder, wenn man Pizza und Pasta, Rom und Rotwein als Exportschlager zu bieten hat. Was mich aber am meisten erschreckte: 22 Prozent der Europäer gaben an, von allen Nachbarn würden sie die Deutschen am wenigsten mögen.

Eine solche Einstellung ist mir persönlich fremd. In meiner Heimatstadt im amerikanischen Mittelwesten brachte man uns nicht bei, den Deutschen mit Misstrauen oder Abneigung zu begegnen, obwohl sie einmal unsere Kriegsgegner waren und hunderttausende amerikanischer Soldaten in Europa sterben mussten. Natürlich thematisierten wir in der Schule den Holocaust, das nationalsozialistische Unrechtsregime und seinen Niedergang durch die Alliierten. Aber wir lernten auch, dass sich Deutschland seitdem zu einem friedlichen und demokratischen Land entwickelt hat.

Der Umstand, dass Amerika nie von den Deutschen besetzt war und keine Heimatfront hatte, macht es den Amerikanern möglicherweise leichter, die Vergangenheit hinter sich zu lassen und nach vorne zu blicken. Vielleicht hängt deren Einstellung, vereinfacht gesagt, auch damit zusammen, dass die USA als zusammenhängende Nation gerade mal 230 Jahre alt sind.

Die jahrhundertealten Konflikte und Erzfeinde, die sich durch die europäische Geschichte ziehen und viele Länder bis zum heutigen Tag begleiten, kennt man dort nicht.

Es ist kein leichtes Unterfangen, so viele unterschiedliche Kulturen, Sprachen und Ansichten auf dem so dicht besiedelten Kontinent Europa im Gleichgewicht zu halten. Heute leben die europäischen Völker in Frieden mit ihren Nachbarn. Sie haben gemeinsame Werte, und sie sind wirtschaftlich, touristisch, sicherheits- und umweltpolitisch wie auch in vielen anderen Bereichen aufeinander angewiesen. Überbleibsel aus dem Zweiten Weltkrieg wie Bomben und Vorurteile werden hoffentlich in nicht allzu ferner Zukunft verschwinden. Allein schon deshalb, damit ich nicht wieder in einem Evakuierungszentrum lande. Außerdem wünsche ich mir, dass die jüngere Generation der Deutschen, meine deutsch-amerikanische Tochter eingeschlossen, nach ihrem Verhalten beurteilt wird und nicht nach der Geschichte.

Aber genug von Bomben und Klischees – in meiner Anfangszeit in Deutschland hatte ich dringendere Probleme zu lösen! Beispielsweise wie ich von A nach B komme.

Wenn es ein kompliziertes deutsches Wort gibt, das so gut wie
jeder Amerikaner kennt, dann ist es nicht *Bundeskanzleramt* oder
Wirtschaftswunder. Nein, es ist *Fahrvergnügen*. Nicht dass wir es
alle richtig aussprechen können, geschweige denn verstehen.
Aber als Volkswagen es 1989 zum Slogan einer Werbekampa-
gne machte, eroberte das Wort ein ganzes Land in Autobahn-
geschwindigkeit und wurde *the sexy word* für alle Autofahrer.
Auch wenn *Fahrvergnügen* viel verspricht, war es für mich am
Anfang alles andere als ein Spaß, in Deutschland Auto zu fahren. Nach den ersten Eindrücken von Autos, die mit Tempo
220 auf der Autobahn an mir vorbeirauschten, und Fast-Begeg-
nungen der Dritten Art mit anderen Verkehrsteilnehmern in
winkligen, engen Gassen von Dörfern und Innenstädten, traute
ich mich erst mal nur zu Fuß vor die Tür.

Dabei ist Fortbewegung das A und O während der Eingewöhnungsphase in einem fremden Land. Man lernt schließlich nicht viel über seine neue Heimat, wenn man den ganzen
Tag faul auf dem Sofa sitzt. In meiner Anfangszeit in Deutschland wohnten Peter und ich mitten in der Kölner City. Wie in
New York hatte ich auch dort alles direkt vor der Haustür, zu
der ich lediglich ein paar Stockwerke überwinden musste. Es
gab alles, was der Mensch zum Leben braucht – bis auf H&H
Bagels, Zabar's Deli und die *New York Times*.

Für meine täglichen Fußmärsche brauchte ich lediglich
gute Schuhe, einen Regenschirm und eine Sonnenbrille. Mit
dieser Ausrüstung stellte ich mich auf das hiesige Wetter

ein. Es ist ja nicht ungewöhnlich, dass es in der einen Minute noch regnet und in der nächsten dann die Sonne scheint. Die schicken italienischen Lederschuhe ließ ich zu Hause im Schrank stehen, da das in Deutschland so beliebte Kopfsteinpflaster und Pumps meiner Meinung nach einfach nicht zusammenpassen und ich immer mit den Absätzen zwischen den Steinen hängen blieb.

Okay, einige eher modebewusste – man könnte auch sagen: nicht allzu praktische veranlagte – Frauen gehen in Stöckelschuhen durch die Altstadt oder steigen damit sogar aufs Rad. Die sollten mal die Amerikanerinnen sehen, die, wenn auch nur auf dem Weg zur Arbeit, zum Kostüm Turnschuhe tragen!

Ich gehörte jedenfalls nicht zur Stöckelschuh-Fraktion und trug immer Schuhe mit dicken Gummisohlen, damit ich, ohne orthopädische Schäden zu erleiden, auch mal einen halben Tag durch die Gegend laufen konnte. Für Wege, die zu Fuß zu weit waren, nahm ich halt die Straßenbahn, obwohl ich nie ganz sicher war, ob ich wirklich den richtigen Fahrschein gelöst hatte.

Wenn Amerikaner Deutschland besuchen, staunen sie mit großem Amüsement, aber auch Respekt über die vielen Menschen, die hier mit dem Rad unterwegs sind. Und zwar nicht, um sich im entsprechenden Outfit mit Radlerhosen und Velcro-Schuhen sportlich zu betätigen, sondern um sich ganz normal fortzubewegen.

Als mein Schwager Patrick uns einmal besuchte, blieb er bei einem Spaziergang plötzlich wie angewurzelt stehen und sah mich verwundert an.

»Carol, hast du gerade den Mann da gesehen?«

»Ja. Und?«

»Er saß auf seinem Rad und hatte einen Anzug an, mit Krawatte, schwarzen Schuhen und einem Attaché-Koffer auf dem Gepäckträger. Fährt der etwa so zur Arbeit?«

»Klar«, sagte ich, »es ist ganz normal hier, dass Menschen so ins Büro fahren.«

Patrick war beeindruckt. Er hätte sich wie Millionen anderer Amerikaner gar nicht vorstellen können, anders als im Auto zur Arbeit zu fahren.

Das Rad ist aber auch wegen des – besonders im Gegensatz zu Amerika – gut ausgebauten Radwegenetzes ein beliebtes Fortbewegungsmittel. Ich sehe oft Berufstätige mit dem Rad zur Arbeit fahren oder Rentner zum Supermarkt und anschließend schwer bepackt wieder nach Hause. Auch jungen Müttern mit ihren Babys auf dem Rad begegne ich oft. Ein Ehepaar in unserer Nachbarschaft, beide fast achtzig, schwingt sich beispielsweise fast jeden Tag aufs Rad – wenn die beiden nicht gerade wandern gehen. Wirklich bewundernswert, aber nichts Ungewöhnliches hier in Deutschland. Ich finde das im Grunde genommen sehr gut und gesund, auch wenn es manchmal beschwerlich und ungemütlich sein kann. Hinzu kommt, dass die Umwelt geschont wird. Ein weiterer Pluspunkt.

Vielleicht klingt das alles langweilig und belanglos, aber wenn ich diesen Lebensstil mit dem amerikanischen Steig-in-den-Wagen-und-fahr-los-Stil vergleiche, brauche ich nicht lange zu überlegen, was gesünder ist. Auf den ersten Blick hatte ich als Amerikanerin den Eindruck, dass das Leben in deutschen Großstädten sehr unbequem und der deutsche Lebensstil strapaziös ist. Aber unter gesundheitlichen Aspekten betrachtet sind die Deutschen gegenüber den Amerikanern klar im Vorteil. Würden Letztere öfter zu Fuß gehen und mehr schleppen, hätten amerikanische Kleidergrößen vielleicht bald wieder ein Normalmaß. Und das alles zum Nulltarif, ganz ohne komplizierte Magenverkleinerungs-Operationen, Mitgliedsgebühren für ein Fitnessstudio und teure Sportausrüstung. Besser geht es doch gar nicht.

Leider kann man aber nicht alles zu Fuß erledigen. Irgendwann sah ich mich daher gezwungen, eine deutsche Fahrerlaubnis zu beantragen. In den ersten zwei Jahren in Deutschland besaß ich kein eigenes Auto, hatte jedoch einen gültigen internationalen Führerschein. Dafür musste ich lediglich ein Formular ausfüllen und umgerechnet fünfzehn US-Dollar zahlen. Ein Kinderspiel.

Eine Bekannte von Peter und mir, die bei der amerikanischen Botschaft arbeitet, gab mir jedoch eines Tages den Tipp, möglichst schnell einen deutschen Führerschein zu beantragen. Anscheinend war eine Gesetzesänderung bezüglich der Formalitäten geplant. Aber wenn ich den Antrag bald stellen würde, könnte mein amerikanischer Führerschein gegen eine geringe Gebühr einfach umgeschrieben werden, informierte sie mich. So weit, so gut. Zu jener Zeit hatte ich jedoch wieder angefangen zu arbeiten und war sehr beschäftigt. Ich machte mir keine großen Gedanken über die drohenden Folgen und schob die Umschreibung erst einmal auf die lange Bank.

Als ich dann irgendwann bei der amerikanischen Botschaft anrief, um zu fragen, für wann genau die Gesetzesänderung geplant war, teilte mir der Mann am anderen Ende der Leitung mit, dass ich falsch informiert sei: Alles bliebe wie gehabt, und ich könne meinen amerikanischen Führerschein jederzeit umschreiben lassen. Kein Problem, kein Kopfzerbrechen. Gut. Oder besser gesagt, fast gut. Denn ich lernte jetzt meine erste Lektion im Umgang mit Behörden: Glaube niemals uneingeschränkt, was jemand am Telefon erzählt. Es kann nämlich sein, dass er selbst nicht richtig informiert ist oder einfach keine Informationen herausgeben darf. Oder er hat einfach einen schlechten Tag. Wie auch immer, mir machte er jedenfalls das Leben zur Hölle.

Denn zu meinem großen Pech trat die Gesetzesänderung doch in Kraft. Als ich nämlich einige Monate später meinen

Führerschein aus Minnesota umschreiben lassen wollte, wurde er vom deutschen Straßenverkehrsamt nicht mehr anerkannt. Dass ich bereits seit vierzehn Jahren unfallfrei fuhr – davon fast zwei Jahre auf deutschen Straßen und sogar Autobahnen – interessierte nicht die Bohne. Jetzt gab es nur noch eine Möglichkeit, einen deutschen Führerschein zu bekommen: Ich musste einen Sehtest machen, Fahrstunden nehmen und sowohl eine theoretische als auch eine praktische Prüfung ablegen. Außerdem durfte ich wieder mal einen neuen deutschen Fachausdruck lernen: *Lebensrettende Sofortmaßnahmen am Unfallort.*

Ich ärgerte mich nicht nur über mich selbst, weil ich den guten Rat meiner Bekannten nicht rechtzeitig befolgt hatte, sondern auch über die Behörden und diesen bürokratischen Irrsinn. Außerdem hatte ich Angst vor einer weiteren Fahrprüfung, da mir meine erste – mit sechzehn Jahren in Hastings, Minnesota – noch lebhaft in Erinnerung war, weil ich so kläglich versagt hatte.

Damals wollte ich die Prüfung in unserem Familienkombi ablegen, einem dunkelgrünen Oldsmobile Vista Cruiser. Mit Holzapplikationen – und zwar außen, nicht innen. Dieser Wagen hat solch gigantische Ausmaße, dass er in Neuseeland als Leichenwagen eingesetzt wird. Als wir bei der Fahrschule eintrafen, führte der Prüfer zunächst einen Sicherheitscheck an unserem Wagen durch. Dabei stellte er fest, dass einer der Blinker defekt war, ließ mich aber trotzdem zur Prüfung zu. Er sagte mir, ich solle einfach den Arm aus dem Fenster strecken und damit die Richtungswechsel anzeigen. Als hätte ich das für den Fall der Fälle seit Wochen geübt. Schönen Dank auch! Ich brauche wohl nicht zu erwähnen, wie die Prüfung endete ...

Obwohl mich wegen der Führerscheinprüfung bereits Albträume plagten, konzentrierte ich meine gesamte Energie darauf, meine Angst zu überwinden. Doch dann fiel meine amerikanische Freundin Molly bei ihrer ersten deutschen Fahrprüfung durch, und meine Furcht wurde noch größer. Molly, Mitte vierzig, hatte in ihrem ganzen Leben noch keinen einzigen Unfall verursacht und bereits ein gutes Jahr lang auf deutschen Straßen Fahrpraxis gesammelt – und bestand die Prüfung nicht! Ich war schon ein paarmal bei ihr mitgefahren und wusste, dass sie gut und sicher fuhr. Als ich dann noch Gerüchte hörte, dass deutsche Fahrprüfer dazu neigen, Ausländerinnen mittleren Alters beim Test durchfallen zu lassen, war mein Selbstvertrauen am Boden. Ich fragte mich oft, was eigentlich aus dem Fahrvergnügen geworden ist, von dem früher in der VW-Werbung die Rede war.

Doch an wen sollte ich mich wenden? Im Vertrauen auf die amerikanische Politik schrieb ich einen Brief an James Oberstar, den für Minnesota zuständigen Kongressabgeordneten, und bat ihn in dieser Angelegenheit um Hilfe. Vielleicht konnte er ja mit den deutschen Behörden ein Abkommen bezüglich der Führerscheinfrage treffen, vielleicht war so etwas bereits in Arbeit. Ich legte dem Brief einen Ausschnitt aus der *International Herald Tribune* bei, der thematisierte, wie schwierig und kostspielig es für Amerikaner ist, in Deutschland eine Fahrerlaubnis zu bekommen. Mr. Oberstar teilte mir leider nichts Neues mit: »Ich bin zu dem Ergebnis gekommen, dass eine solche Vereinbarung über eine gegenseitige Anerkennung der Fahrerlaubnisse zwischen den Vereinigten Staaten und der Bundesrepublik Deutschland nicht existiert und wohl auch in naher Zukunft nicht geplant ist. Daher rate ich Ihnen, sich an die deutschen Behörden zu wenden und um eine Ausnahmegenehmigung zu bitten. Sie sollten jedoch Verständnis dafür aufbringen, dass US-Bürger, die sich im Ausland aufhalten, die Sitten und Gebräuche des Gastgeberlandes anzuerkennen haben.« *Oh, really?* Wahrlich keine große Hilfe, der Mann.

Kurze Zeit später forderte auch die US-Handelskammer eine Ausnahmegenehmigung für amerikanische Autofahrer in

Deutschland. Eine der Schwierigkeiten bestand jedoch darin, dass Führerschein-Angelegenheiten in die Hoheit der einzelnen US-Staaten fallen und sich folglich jeder Staat einzeln um ein Abkommen mit Deutschland bemühen musste. Letztendlich wurde diese Ausnahmeregelung allerdings nur von einigen US-Bundesstaaten befürwortet, so zum Beispiel von Michigan. Das war kein Wunder, denn dort sind die großen US-Autohersteller General Motors, Ford und Chrysler beheimatet. Sie alle schicken gerne mal Mitarbeiter für ein paar Jahre in ihre deutschen Tochterfirmen. Während dieser Zeit möchte man den Amerikanern auf keinen Fall eines erschweren: Auto fahren. Aus diesem Grund bleibt ihnen die Führerscheinhölle erspart.

Ich dagegen landete genau dort. Nachdem ich bei der Stadt Köln eine deutsche Fahrerlaubnis beantragt hatte (was ich jedoch prompt wieder vergaß, weil ich zu jener Zeit so viel um die Ohren hatte und ständig beruflich unterwegs war), kam eines Tages ein blauer Brief bei mir an. Es war ein Schreiben vom Kölner Straßenverkehrsamt, das mich darüber informierte, dass mein Führerscheinantrag hinfällig sei, da ich keine der geforderten Prüfungen innerhalb der gesetzten Frist abgelegt habe.

Frist? Ich hatte keine Ahnung, dass es eine Frist gab! Wieder einmal hatte ich übersehen, dass ich im Land der Ordnung lebte, und es war einfach nicht in Ordnung, einen amtlich genehmigten Antrag nicht sofort in die Tat umzusetzen.

Ich war so sauer, dass ich am liebsten geantwortet hätte, sie könnten sich ihre Fahrgenehmigung Gottweißwohin stecken. Peter, wie immer die Ruhe in Person, bat mich jedoch, ausnahmsweise auch mal ruhig zu bleiben. Wir (das heißt er) setzten daraufhin ein Entschuldigungsschreiben auf. Als Grund führten wir an, dass ich beruflich im Ausland war, was auch der Wahrheit entsprach, und dass ich mich gleich nach meiner Rückkehr bei einer Fahrschule anmelden würde. Und siehe da: Das Amt hatte tatsächlich ein Einsehen. Meiner Fahrprüfung stand nichts mehr im Wege. Yippppiiieeehh!

Zunächst lernte ich die 999 möglichen Fragen plus Antworten für die theoretische Prüfung. Glücklicherweise konnte ich diese auch in Englisch ablegen. Die Fragen waren aber trotzdem nicht immer verständlich, weil sie in britischem Englisch verfasst waren. Ehrlich gesagt, kam mir das an manchen Stellen wie Niederländisch vor.

Mir fällt zwar keiner der lustigen Begriffe aus den Testbögen mehr ein, doch hier ein Beispiel für britische Autoterminologie: Mein britisches englisch sprechendes Navigationsgerät fordert mich häufig auf, dem *parallel carriageway* zu folgen. Als ich das zum ersten Mal hörte, entgegnete ich der freundlichen britischen Stimme: »Ich würde der Aufforderung ja gerne nachkommen, wenn ich bloß wüsste, was ein *parallel carriageway* ist und wo ich ihn finde.« Inzwischen habe ich herausgefunden, dass die freundliche Stimme damit einfach eine Fahrbahn meint, die im amerikanischen Englisch *lane* genannt wird.

Nachdem ich die Britisch-Übungen schließlich durchgearbeitet hatte, meldete ich mich zur schriftlichen Prüfung an. Ich bekam eine Einladung zum Test, der, wie sich herausstellte, mitten in einem Industriegebiet stattfand. Da ich noch nicht selbst fahren durfte, musste ich den Bus nehmen, was eine weitere Herausforderung für mich war, weil ich mich bisher nur in Zug und Straßenbahn getraut hatte. Doch ich fand das Gebäude relativ problemlos und betrat es mit lautem Herzklopfen. Drinnen war es düster, kahl und entmutigend. Gemeinsam mit vielen anderen Ausländern sowie ein paar deutschen Teenagern wartete ich vor dem Prüfungsraum. Als es losging, stellte ich zuallererst sicher, dass ich den Test auch wirklich in der englischen Version erhielt. Dann nahm ich Platz und fing an. So schnell wie möglich wollte ich es hinter mich bringen, und dann nichts wie raus … Puh, geschafft! Ich gab dem Prüfer meine Unterlagen, der sie mit roter Tinte korrigierte. Zwei Fehler. Fünf durfte man haben. Hurra, bestanden! Ich schwebte aus dem Gebäude, als wäre mir eine ganze Wagenladung Steine vom Herzen gefallen. Draußen holte ich als Erstes mein Handy raus und rief überglücklich Peter und anschließend auch meine Kollegen von CBS in London an, denen ich in den letzten Tagen ständig mit meiner Prüfungsangst in den Ohren gelegen hatte. Als ich auch noch den richtigen Bus zurück erwischte, fühlte ich mich, als hätte ich das Goldene Lenkrad gewonnen.

Allerdings hielt dieses Gefühl nicht lange an, da die schriftliche Prüfung das weitaus kleinere Übel war. Jetzt war der praktische Teil an der Reihe. Das bedeutete, einen Wagen mit Schaltgetriebe zu fahren. Für Amerikaner ist das eine echte Herausforderung, weil 99 von 100 Autos in den USA Automatikwagen sind. Meine deutschen Bekannten dagegen sind größtenteils der Meinung, dass nur eine manuelle Gangschaltung etwas mit richtigem Autofahren zu tun hat. Offenbar haben die Deutschen eine gänzlich andere Auffassung von Fahrvergnügen als wir.

Mir wurde gesagt, dass man, wenn man die Fahrprüfung in Deutschland in einem Wagen mit Automatikgetriebe ablegt, nur Automatik fahren darf. Das fand ich eher unpraktisch und beschloss, es den Einheimischen gleichzutun. Glücklicherweise hatte ich in meinem früheren Leben in den Staaten mal einen Wagen mit Gangschaltung gefahren und wusste zumindest, wie man kuppelt, auch wenn das schon einige Jahre zurücklag.

Die Fahrschule war in der Kölner Innenstadt und mein Fahrlehrer ein junger Mann, der einmal als Austauschschüler in Michigan gewesen war. Das hatte den Vorteil, dass wir uns auf Englisch unterhalten konnten, wenn es auf Deutsch Verständigungsschwierigkeiten gab. Vor meiner ersten Fahrstunde in einer deutschen Großstadt hatte ich ziemlichen

Bammel, aber ich schlug mich wohl ganz gut. Am Ende teilte mir mein Fahrlehrer mit: »Sie brauchen keine weiteren Fahrstunden. Sie können Auto fahren.« Das hätte ich ihm auch vorher sagen können, aber die Bürokratie sah das anders. Dann kam der erlösende Satz von ihm: »Wir werden Sie zur Fahrprüfung anmelden.« Fahrvergnügen, *here I come!*

Zwei Wochen später war der große Tag: die praktische Führerscheinprüfung. Mein Fahrlehrer erwartete mich bereits am Treffpunkt, und kurz darauf näherte sich ein Mann in bayerischer Tracht. Er trug eine Bundlederhose, Kniestrümpfe und einen Tirolerhut mit Gamsbart. Mitten in Köln. Und es war nicht Oktoberfest. Mr. Lederhosen entpuppte sich selbstverständlich als mein Fahrprüfer. Mein Mut sank sofort. Wahrscheinlich war er ein erzkonservativer Bayer, der von Frauen am Steuer wenig hielt. Ich versuchte, mich nicht von ihm aus der Ruhe bringen zu lassen, setzte mich hinter das Steuer, stellte die Spiegel ein und wartete, dass mein Fahrlehrer und der Prüfer zu mir in den Wagen stiegen. Als Mr. Lederhosen auf dem Rücksitz Platz genommen hatte, überprüfte ich extra für ihn nochmals alle Spiegel. Die unnatürliche Stille, die sich im Wagen ausbreitete, nachdem er eingestiegen war, veranlasste mich dazu, die Spiegel ein drittes Mal komplett neu zu justieren. Vielleicht brauchte er einen Beweis, dass ich wusste, wie man die Spiegel an einem Auto richtig einstellt.

Ich nahm an, dass wir auf den zweiten Fahrschüler warteten. Normalerweise werden immer gleich zwei Leute innerhalb einer Dreiviertelstunde geprüft, aber dieses Glück war mir nicht vergönnt. Stattdessen hatte ich mal wieder den Jackpot geknackt: Als einziger Prüfling durfte ich nun fünfundvierzig Minuten auf der Autobahn, abseits der Autobahn, durch Baustellen und enge Kaffs, die nicht für den Autoverkehr gemacht sind, fahren. Und dann die vielen Stoppschilder ... Und das Schaltgetriebe ... Peter hat mir einmal gestanden, dass es kein Vergnügen ist, bei mir im Auto zu sitzen, wenn es sich um einen Schaltwagen handelt. Wahrscheinlich ist dem Prüfer richtig übel geworden.

Mein Fahrlehrer hatte in der Fahrstunde zwar englisch mit mir gesprochen, aber die Prüfung fand auf Deutsch statt: »Fahren Sie links, rechts und dann geradeaus, bitte.« Es war eine große geistige und körperliche Herausforderung, die deutschen Anweisungen in meinem Gehirn zu verarbeiten und an meine Füße auf den Pedalen und die Hände am Lenkrad weiterzuleiten. Im Stillen fragte ich mich, ob es ein schlechtes Zeichen war, dass ich so lange fahren musste, aber da ich den Mann in Bundlederhosen nicht darauf ansprechen wollte, fuhr ich einfach wortlos weiter. Gefühlte einhundert Stunden später kehrten wir zum Ausgangspunkt zurück. Mr. Lederhosen sagte kein einziges Wort, sondern stieg einfach aus und ging weg. Ein seltsamer Kauz. Eine Maß Oktoberfestbier hätte ihn vielleicht aufgeheitert. Er unterhielt sich mit meinem Fahrlehrer, der kurz darauf mit sehr ernstem Gesicht zu mir zurückkehrte. Mein Herz wurde schwer. Dann kam die Erlösung: »Sie haben die Prüfung bestanden.«

Es dauerte eine geschlagene Minute, bis ich den Sinn dieser Worte erfasst hatte. Man stelle sich das vor: 999 Fragen und Antworten hatte ich auswendig gelernt, aber das simple Wort *bestanden* gehörte einfach nicht zu meinem Wortschatz. Der ausdruckslose Blick meines Fahrlehrers war mir keine Hilfe. Ein kleines Lächeln, eine große Flasche Champagner oder ein Tischfeuerwerk wären hilfreich gewesen, aber er machte ein Gesicht wie bei einer Beerdigung oder beim Pokern. Kein einziges Wort darüber, wie gut oder schlecht ich abgeschnitten hatte, kein Kommentar zu meiner Fahrweise. Ich hätte wenigstens erwartet, dass man mir gratuliert oder mir sagt: »Gute Frau, Sie sind eine Gefahr für die Straße!«. Aber nichts dergleichen.

Doch im Endeffekt war mir alles egal: Ich hatte schließlich bestanden. Alles andere war jetzt unwichtig. Ich tanzte den ganzen Weg zur Bushaltestelle und rief wieder Peter und anschließend meine CBS-Kollegen an. Dieses Mal war mir ein mittleres Gebirge vom Herzen gefallen. Die Höllenqualen auf dem Weg zum Führerschein hatten ein Ende. Ich konnte jetzt frei durchatmen, ohne mir jemals wieder Gedanken über die Maximallänge von Lkw-Anhängern machen zu müssen.

Das Erstaunliche an einer deutschen Fahrerlaubnis ist, dass man sie bis an sein Lebensende behält, ohne irgendwelche Nachprüfungen ablegen zu müssen. In den USA muss man alle paar Jahre den Führerschein erneuern und einen Sehtest machen. Ich finde das zwar eigentlich logisch, aber ich bin bestimmt nicht traurig, dass ich mir den regelmäßigen Gang zum Straßenverkehrsamt ersparen kann.

Der einzige Grund, der mich nochmals dorthin führen könnte, wäre, einen neuen Führerschein im Scheckkartenformat zu beantragen. Ich habe nach meiner Prüfung nämlich noch einen aus rosa Labberpapier bekommen, der bei Weitem nicht so schick und praktisch ist wie der neue. Irgendwie hänge ich jedoch an meinem ersten deutschen Führerschein. Er sieht zwar sehr hinterwäldlerisch aus, aber er hat Charme, und ich verbinde viele Erinnerungen mit ihm.

Selbst, als ich endlich im Besitz eines deutschen Führerscheins war, hieß das noch lange nicht, dass ich mich problemlos mit dem Auto durch Stadt und Land bewegen konnte.

Meine erste Erfahrung: Die hiesigen Städte sind einfach nicht für Autos gebaut. Wegen der verschlungenen Straßenführung muss man am Steuer höllisch aufpassen. Außerdem werden Straßen im Gegensatz zu den USA nicht durchnummeriert oder nach den Buchstaben des Alphabets bezeichnet. Das wäre ja viel zu einfach. Stattdessen haben sie Namen wie *Auf der Hasenpfefferkaule* oder *Marienforster Steinweg*. Außerdem wimmelt es geradezu von Durchfahrts- und Abbiegeverboten. Dafür gibt es kaum Wendemöglichkeiten, wenn man sich mal verfahren hat.

Die zweite Erfahrung: Ist man erst einmal irgendwo angekommen, heißt das noch lange nicht, dass die Fahrt schon zu Ende ist. Denn dann geht die Sucherei nach einem Parkplatz los. Die erste Schwierigkeit liegt darin, einen Parkplatz als solchen überhaupt zu identifizieren. Wahrscheinlich ist dafür ein besonderes Gen erforderlich, das ausschließlich bei Deutschen vorhanden ist. Halb auf dem Bürgersteig und halb auf der Straße zu stehen, zum Beispiel, ist in Amerika unbekannt, unerlaubt und unnötig. Wir haben einfach mehr Platz für richtige Parkplätze und brauchen keine halben Sachen. Dann wären da noch die Anwohnerparkplätze. Woher soll man als Ausländer überhaupt wissen, was so ein Anwohnerparkplatz ist? Nicht selten fahre ich mehrfach im Kreis in einem Viertel herum, weil ich einfach nicht sicher bin, ob die freien Plätze wirklich auch für mich frei sind. Von den Leuten, die in zweiter Reihe parken und damit den Verkehrsfluss behindern, möchte ich erst gar nicht reden ...

Die dritte Erfahrung: Es gibt in Großstädten zwar Parkhäuser, aber die wurden offenbar alle nach Plänen der frühen Fünfzigerjahre gebaut, als das Durchschnittsauto ein VW Käfer war. Wie oft habe ich mir gewünscht, einen Smart zu besitzen, um endlich ohne große Kurbelei in ein Parkhaus rein- und auch sicher wieder rauszukommen. Dabei fahre ich noch nicht mal einen Mini-Van, sondern ein Durchschnittsauto. Es muss sich ebenfalls um eine genetische Veranlagung handeln, dass die Deutschen sich, ohne zu klagen, mit Parkbuchten zufriedengeben, die meiner Meinung nach gerade mal Platz für zwei Fahrräder bieten.

Ein größeres organisatorisches Problem stellt die Vorweihnachtszeit dar. In diesen Tagen vermisse ich die amerikanischen Einkaufszentren mit ihren Parkplätzen und ihrem umfassenden Sortiment am allermeisten. Minimale Schlepperei, minimale Entfernungen. Ich werde nie vergessen, dass ich einmal den Fehler machte, zu Weihnachten in einer mittelgroßen deutschen Stadt Koffer für die ganze Familie zu kaufen. Um vom Geschäft zum Parkhaus zu gelangen, in dem mein Wagen stand, musste ich durch die gesamte Innenstadt. Die Koffer hatten zwar Rollen, aber ich konnte sie ja schlecht durch den Straßendreck ziehen. Dann hätte es an Weihnachten schließlich so ausgesehen, als würde ich gebrauchte Koffer verschenken. Also trug ich sie tapfer in der Hand und achtete sorgfältig darauf, jede Berührung des Bodens zu vermeiden. Das war wie früher in den Siebzigern, als man auf den Flughäfen sein Gepäck noch schleppen musste. Maximale Entfernung, maximale Schlepperei. Nie wieder!

Angesichts der Parkplatzproblematik liebäugle ich seit einiger Zeit damit, mir einen kleineren Wagen zuzulegen. Ich stand sogar schon kurz davor, dieses Vorhaben in die Tat umzusetzen, aber immer wenn Besuch aus den USA kommt, sagt man mir, was für ein niedliches kleines Auto ich doch habe. Dabei fahre ich einen Mittelklassewagen. Aber da in Amerika alles größer und breiter ist und dort kein Mangel an großen Parkplätzen herrscht, erscheint mein geliebtes Auto in den Augen meiner Landsleute klein. Wenn ich erwähne, dass ich auf ein noch kleineres Auto umsteigen möchte, ernte ich nur verständnislose Blicke: »Noch kleiner? Geht das denn?« Offenkundig hat noch keiner von ihnen die fahrbaren Untersätze in Rom gesehen. Verglichen damit wirkt selbst der Smart wie ein Riese.

Aber nicht nur die deutschen Städte, sondern auch die Autobahnen erschienen mir sehr gewöhnungsbedürftig. Ich war an das amerikanische Highwaysystem gewöhnt, das sich an den vier Himmelsrichtungen orientiert, und daher kam mir die Beschilderung auf deutschen Autobahnen in meinen Augen zunächst ziemlich unlogisch vor. Hier richtet man sich nämlich nach Städtenamen. Das ist allerdings nur bedingt hilfreich. Wie soll ich denn wissen, ob die berühmte Metropole Olpe, die mir auf der A4 ständig als Fernziel angeboten wird, im Osten oder Westen von Köln liegt (Ihr lieben Olper, sorry, aber auch nach fünfzehn Jahren habe ich nicht herausgefunden, wo sich Eure sicher hübsche Stadt befindet!) – wenn ich doch einfach nur vom Kölner Westkreuz zum Kölner Ostkreuz will. Da es mir bei bewölktem Himmel auch nicht möglich ist, mich nach dem Sonnenstand zu orientieren (was mir allerdings auch bei wolkenlosem Himmel nicht gelingt), weiß ich nie, in welche Himmelsrichtung die Autobahn nun eigentlich führt. Wenn man die geografische Lage der Städte nicht kennt, kann man nie sagen, ob man in Richtung Nord, Süd, Ost oder West unterwegs ist. Viel zu selten, für mich zumindest, stehen auf Hinweisschildern Städte, von denen ich schon einmal gehört habe, wie München oder Hamburg. Stattdessen tauchen oft Namen auf, die sich eher wie eine Wurstsorte anhören, zum Beispiel Nürnberg, Braunschweig oder Cloppenburg.

Wenn ich auf der Autobahn unterwegs bin, habe ich definitiv keine Zeit, einen Blick in den Atlas zu werfen. Darum machte ich es mir zur Angewohnheit, vor längeren Autobahnfahrten wie ein Verkehrspilot eine Art Flugplan zu schreiben: Wann ich auf eine größere oder kleinere Stadt treffe, nach wie vielen Kilometern ich auf eine andere Autobahn wechseln muss, und natürlich die Nummern der Autobahnen. Ich kam mir sehr professionell vor.

Trotzdem landete ich manchmal in Gegenden, die nicht auf meinem Fahrplan standen. Beispielsweise an dem Tag, als ich einen Termin in einer Kleinstadt hatte, die eine halbe Stunde von Köln entfernt war. Wundersamerweise fand ich ohne Probleme dorthin, indem ich der Wegbeschreibung folgte, die Peter mir aufgeschrieben hatte. Für den Rückweg funktionierte das aber nicht mehr. Es war, als müsste ich rückwärtslesen. Nach vierzig Minuten im Glauben, auf dem Weg zurück nach Köln zu sein, bekam ich das untrügliche Gefühl, dass irgendetwas nicht stimmte.

Als ich Peter mit dem Handy anrief, versuchte ich, gelassen zu klingen und meine Panik zu überspielen: »Honey, ich glaube, ich habe mich verfahren.«

»Wo bist du denn?«

»Wie soll ich das wissen?«

»Gibt es irgendetwas Besonderes, das du siehst?«

»Hier tauchen plötzlich lauter Windmühlen auf. Bin ich noch richtig?«

Mit Engelsgeduld versuchte er daraufhin, meinen Standort zu lokalisieren, indem er mir einen Haufen Fragen stellte, und lotste mich schließlich wieder weg von den Niederlanden in Richtung Köln. Beinahe hätte ich die Grenze erreicht, ohne es zu ahnen.

Doch zurück zu deutschen Autobahnen im Allgemeinen. Wenn mich amerikanische Freunde besuchen, loben sie immer die disziplinierte Fahrweise der Deutschen. Diszipliniert vor allem deshalb, weil hier nur links überholt wird und die langsamer fahrenden Autos sich meistens auch brav in der rechten Spur aufhalten. In Amerika ist das grundsätzlich auch so vorgeschrieben, es hält sich nur nicht jeder daran. Ein Grund sind die niedrigeren Geschwindigkeiten, die die Autofahrer deutlich entspannter machen und ihnen die Möglichkeit geben, auf dem Weg ins Büro einen Becher Kaffee zu schlürfen oder einen Muffin zu essen. In Deutschland dagegen ist Geschwindigkeit alles. Ich weiß nicht, wie viele verhinderte Formel-1-Rennfahrer schon mit 220 Sachen auf der linken Spur an mir vorbeigerauscht sind. Oder, was noch schlimmer ist, mir von hinten fast ins Heck rasten, während ich auch nicht gerade langsam mit 150 Stundenkilometern ein anderes Auto überholte. Als mir das zum ersten Mal passierte, wäre ich vor Schreck fast nach links in die Leitplanke gekracht. Seitdem halte ich im Rückspiegel besonders gut Ausschau nach solch militanten Dränglern. Nur wenige Dinge in Deutschland machen mir so viel Angst wie diese Autobahn-Rowdys.

Auch andere, scheinbar übernatürliche Phänomene, führten ausländische Fahrer (mich eingeschlossen) auf deutschen Autobahnen eine ganze Zeit lang zu Verwirrung. Ich weiß noch genau, als ich im Autoradio zum ersten Mal hörte, dass ein Geisterfahrer unterwegs sei. Ich wusste zwar, was *Geist* heißt und auch, was *Fahrer* bedeutet, aber in Kombination ergaben die beiden Wörter für mich keinen Sinn. Die Meldung schien jedoch so wichtig zu sein, dass sogar das laufende Programm unterbrochen wurde. Ich fuhr einfach weiter, weil ich nicht wusste, was das Ganze zu bedeuten hatte.

Erst ein paar Jahre später, als mein Deutsch besser war, verstand ich, was Geisterfahrer wirklich sind. Heute nennt man diese Irrläufer ja eher Falschfahrer, vielleicht auch, um niemanden mehr zu erschrecken als nötig. Wenn ich jetzt also im Radio eine Durchsage höre wie: »Eine Warnung an alle Autofahrer: Auf der A3 Richtung Oberhausen zwischen Königsforst und Köln-Mühlheim ist ein Falschfahrer unterwegs. Bitte fahren Sie vorsichtig, und halten Sie sich äußerst rechts. Wir informieren Sie, sobald die Gefahr wieder vorüber ist!«, dann überprüfe ich sofort, ob *ich* auf der richtigen Seite der Autobahn unterwegs bin. Alles andere wäre nicht nur gefährlich, sondern auch ziemlich peinlich.

Mir wäre nie in den Sinn gekommen, dass man mithilfe von Verkehrsdurchsagen Deutsch lernen kann – aber ich lerne immer wieder dazu. Als ich einmal hörte: »Achtung, Gegenstände auf der A4 Richtung Aachen!«, war ich genauso ratlos wie bei den Geisterfahrern. Was könnte das nur wieder sein? Ich kannte Glühwein-, Reibekuchen- und Bratwurst-Stände. Waren Gegen-Stände genauso groß, und wie kamen die plötzlich auf die Autobahn? Sehr rätselhaft. Abends fragte ich meinen Mann, was das denn zu bedeuten habe.

»Oh«, meinte er, »Gegenstände sind ganz einfach Objekte.«

»Aber warum sagen sie dann nicht *Objekte,* sondern benutzen so ein langes und kompliziertes Wort?«

Darauf hatte er keine wirklich gute Antwort.

Inzwischen werde ich aber nicht nur vor unidentifizierten Gegenständen, sondern auch vor Kühen, Kindern und verschütteter Milch gewarnt ... Das Leben hier wäre nur halb so interessant ohne meine tägliche Dosis an Verkehrsdurchsagen.

Dieses Warnsystem ist eine tolle Sache. In den sonst medial so gut versorgten USA fehlt dieser Service nahezu komplett. Zwar hören die Autofahrer Radio, aber immer zur vollen und halben Stunde aktualisierte Nachrichten und Verkehrshinweise sind die große Ausnahme. In diesem Punkt herrscht in Deutschland Ordnung. Auf die Sekunde genau kommen die Nachrichten und die Staumeldungen. In Amerika schauen die Pendler stattdessen, kurz bevor sie losfahren, ins lokale Frühstücksfernsehen. Da können sie auf einer der zahlreichen Staukameras nachsehen, ob sich an neuralgischen Punkten der Stoßverkehr schon knubbelt oder ob noch freie Fahrt herrscht.

Kaum ein Wort höre ich in Deutschland so oft wie das Wort *Stau.* Man kann ihm nicht entgehen. Ich mache mir immer wieder klar: In diesem Land leben über 80 Millionen Menschen auf einer Fläche, die halb so groß wie Texas ist. Staus sind hier in Deutschland Fakt und gehören zum täglichen Leben. Außerdem dienen sie als beliebte Ausrede. Wenn man sich zu einem Termin oder auf der Arbeit verspätet und einem nichts Besseres einfällt, kann man immer sagen: »Ich stand im Stau.« Diese uralte Ausrede erfreut sich großer Beliebtheit. Ärgerlich ist nur, wenn man wirklich im Stau stand und einem das keiner glaubt.

Nach fünfzehn Jahren in Deutschland habe ich das Gefühl, mich mit der hiesigen Straßenverkehrs-Kultur ganz gut auszukennen. Bis zum heutigen Tage schleierhaft ist für mich aber die deutsche Obsession in Sachen Winter- und Sommerreifen. Natürlich jaulen jetzt alle Reifenhändler auf, aber mal ganz ehrlich: In Minnesota, wo es genauso viel schneit, wie es in Deutschland regnet, haben nicht alle Leute Winterreifen. Was machen die Autofahrer stattdessen? Sie kaufen einen Satz Allwetterreifen, und damit hat es sich. Alle Werbeslogans, mit denen man in Deutschland bombardiert wird, um ja zu jeder Jahreszeit die richtigen Reifen aufzuziehen, wären überflüssig, wenn man sich zu diesem simplen Schritt durchringen würde. Das dachte ich jedenfalls, aber mein Mann sah das anders.

»Honey, ich möchte Allwetterreifen haben! Die bin ich von früher gewohnt.«

»Nein, hier hat man im Sommer Sommerreifen und im Winter Winterreifen. Je nach Saison wird ein Satz Reifen eingelagert. Das ist doch kein Problem.«

»Aber warum kann ich nicht einfach auf Ganzjahresreifen wechseln? Das ist doch viel unkomplizierter.«

»Aber das ist hier nicht üblich. In Deutschland gibt es entweder Sommer- oder Winterreifen.«

»Aha, ich verstehe.« In Wirklichkeit verstand ich es nicht.

Jahre später stellte ich einem Verkäufer in meinem Autohaus dieselbe Frage. Er ging mit mir in sein Reifenlager, zeigte mir die tiefen Furchen auf seinen Winterreifen und erklärte mir detailliert, wie viel besser der Grip auf Schnee mit diesen Reifen sei.

»Aber hier schneit es doch so gut wie nie«, wandte ich ein.

»Stimmt, aber wenn, dann sind Winterreifen einfach unschlagbar«, meinte er.

»Aber ich bin in Amerika durch viele Schneestürme mit meinen Allwetterreifen gefahren und hatte nie ein Problem«, versuchte ich es noch einmal.

»Nein, hier funktioniert das nicht, hier brauchen Sie richtige Winterreifen.«

Ich gab auf.

Im November des folgenden Jahres wollte ich einen Termin für einen Reifenwechsel machen. Ein sauber gekleideter Monteur begleitete mich zu meinem Wagen und erkundigte sich, was daran gemacht werden sollte.

»Nichts Dramatisches, ich möchte nur meine Winterreifen aufziehen lassen. Können Sie das bitte erledigen?«

»Aber Sie fahren doch schon mit Winterreifen.«

»Wie bitte?«

»Ja, das sind eindeutig Winterreifen, die Sie drauf haben. Sind Sie damit etwa den ganzen Sommer gefahren?«

Wie peinlich. Ich muss tatsächlich vergessen haben, im Frühjahr die Sommerreifen aufziehen zu lassen. Von da an bestand ich endgültig auf Ganzjahresreifen.

6 LIEBLING, ICH HABE DAS HAUS GESCHRUMPFT!

Peters und meine erste gemeinsame Wohnung in Deutschland lag in der Flandrischen Straße, einer typisch europäischen Seitengasse, im sogenannten Belgischen Viertel in Köln. Nach der Ankunft in meinem neuen Zuhause war ich froh, dass ich mich bereits in Manhattan an beengte Verhältnisse gewöhnt hatte. Wenn man aus dem weiten Mittelwesten Amerikas nach New York zieht, verkleinert sich der persönliche Lebensraum nämlich beträchtlich. Dort gibt es Apartments, die kleiner sind als die begehbaren Kleiderschränke mancher Shoppingsüchtiger. Daher war ich darauf vorbereitet, in Europa mit weniger Platz auszukommen. Zum Glück! Unsere Wohnung war zwar eindeutig größer als ein begehbarer Kleiderschrank und auch deutlich größer als mein ehemaliges Apartment in Manhattan. Trotzdem kam mir in Deutschland anfangs alles viel kleiner vor. Kennen Sie den Film *Liebling, ich habe die Kinder geschrumpft?* Ich fühlte mich wie im Film *Liebling, ich habe das Haus, den Garten, den Wagen, die Garage, die Waschmaschine, die Straßen und die Milchverpackungen geschrumpft.*

Ein großes Einfamilienhaus mit Garten zu besitzen ist in Deutschland nicht selbstverständlich. Zunächst wunderte ich mich darüber, dass die meisten Menschen hier in Mehrfamilienhäusern wohnen. Schließlich war das Deutschland meiner Vorstellung immer ländlich geprägt: lauter kleine, ordentliche Häuser, die überall in der Landschaft verstreut sind. Die gibt es hier zwar auch, aber nur für einen kleinen Teil der Bevölkerung. Das liegt wohl daran, dass 88 Prozent der Deutschen in Städten und deren Einzugsgebieten leben und der Wohnraum aus diesem Grund begrenzt ist. In Amerika dagegen wohnen die meisten Menschen in Einfamilienhäusern und haben oft sogar einen kleinen Garten.

Dieser Unterschied lässt sich vielleicht durch die unterschiedliche Bevölkerungsdichte der beiden Länder erklären. In Deutschland leben durchschnittlich 231 Menschen pro Quadratkilometer, in Amerika sind es dagegen gerade einmal 30. Die Fläche der gesamten Bundesrepublik entspricht knapp der Größe des US-Bundesstaates Montana und wird von rund 82 Millionen Menschen bevölkert. Wenn ich mir diese Menschenmenge in Montana vorstelle, frage ich mich, wo denn die ganzen Rinder hinsollten …

Bekannte aus den Niederlanden und England klärten mich allerdings darüber auf, dass die Platzverhältnisse in Deutschland, verglichen mit anderen europäischen Ländern, geradezu großzügig sind. Größere Wohnungen, größere Gärten, größere Supermärkte und so weiter. Das führte mir noch einmal mehr vor Augen, wie verwöhnt wir Amerikaner sind, was die Platzverhältnisse anbelangt.

Aufgrund der geringeren Größe von Häusern und Wohnungen ist es nur logisch, dass die deutschen Haushaltsgeräte kleiner als die amerikanischen sind.

Die hiesigen Kühlschränke zum Beispiel sind meiner Meinung nach winzig und erfordern eine gewisse Flexibilität ihrer Nutzer. Durch meinen ersten deutschen Kühlschrank habe ich gelernt, dass ich einen frischen Blumenkohl an dem Tag zubereiten muss, an dem ich ihn kaufe. Andernfalls müsste ich den kompletten Kühlschrank ausräumen, um Platz für ein so voluminöses Gemüse zu schaffen. Noch schlauer ist es allerdings, nur handliches Gemüse wie Bohnen und Möhren zu kaufen. Die passen wenigstens problemlos in den Kühlschrank.

Mittlerweile haben wir glücklicherweise einen amerikanisch dimensionierten Kühlschrank in unserer Küche stehen. Für unsere Besucher aus den USA ist er nichts Besonderes; sie registrieren ihn gar nicht. Aber manche unserer deutschen Gäste bestaunen das Gerät immer wie einen Neuwagen: »Wow, was für ein riesiger Kühlschrank! Wo habt ihr den her?« Ich hätte nie gedacht, dass ich einmal stolz auf meinen Kühlschrank sein würde. Ganz ehrlich: Wer braucht schon einen Porsche, wenn er so einen Kühlschrank hat?

Auch der Backofen ist kleiner, als ich es gewöhnt bin. Das – ich muss es zu meiner Schande gestehen – führte dazu, dass ich in den ersten Jahren in Deutschland das Thanksgiving-Fest ausfallen ließ, obwohl das Erntedankfest für Amerikaner der zweitwichtigste Feiertag nach Weihnachten ist. Der ganze Truthahn, dazu Kürbis-Pie, Pecan-Pie, gefüllter Wirsing, Süßkartoffeln mit geschmolzenen Marshmallows und ich weiß nicht, was sonst noch – ich hätte die Backofentür im Leben nicht schließen können! Okay, ich gebe zu, dass der Backofen nicht das einzige Problem war. Hinzu kam, dass Peter an diesem Feiertag immer arbeiten musste. Und was wäre Thanksgiving schon ohne die berühmte Macy's Thanksgiving Day Parade im Fernsehen? Jammer, jammer.

Daher war ich überglücklich, als wir mit unseren früheren amerikanischen Nachbarn zum ersten Mal gemeinsam Thanksgiving feierten. Außerdem war es sehr vorteilhaft, dass Eydies Mann Greg den bei halb geöffneter Backofenklappe gegarten Truthahn tranchieren konnte, da Peter nicht wusste, wo er das Messer ansetzen sollte.

Doch weg von Thanksgiving, hin zu den praktischen Dingen des Lebens: Waschmaschine und Trockner. Sie haben ebenfalls eine besondere Bedeutung seit meinem Umzug nach Deutschland bekommen. Noch nie habe ich leidenschaftlichere Diskussionen über diese Haushaltsgeräte gehört als hier.

Es ist unglaublich, wie viele Deutsche auf ihre Waschmaschine schwören, und zwar mit Sprüchen wie: »Miele, Miele, sprach die Tante, die jede Waschmaschine kannte.«

Amerikanische Mütter, die es nach Deutschland verschlagen hat, beklagen sich dagegen oft über die unpraktischen deutschen Waschmaschinen und trauern ihren eigenen hinterher. Ich kenne sogar eine Frau, die für ihren zweijährigen Aufenthalt in Deutschland extra eine Waschmaschine samt Trockner aus den USA importieren ließ. Für die Geräte musste zwar zusätzlich ein Transformator angeschafft werden, aber anscheinend konnte die Schmutzwäsche ihrer Familie nur so bewältigt werden.

Für Amerikanerinnen sind vor allem das geringe Fassungsvermögen der deutschen Waschmaschinen und die Dauer der einzelnen Waschgänge problematisch. Meine deutsche Maschine braucht mindestens eine Stunde für die Wäsche, und das ist lediglich das Kurzwaschprogramm. Man kann also nicht nur weniger Wäsche in die Trommel füllen, die Maschine braucht auch länger, bis sie fertig ist. Das macht das Waschen zu einer zeitaufwändigen Angelegenheit, die zudem häufiger erledigt werden muss.

Deutsche, die in den USA leben, sind allerdings auch nicht unbedingt begeistert von den dortigen Maschinen. Ein befreundetes deutsches Ehepaar, das mit seinen kleinen Zwillingen in New York lebt, erzählte mir beispielsweise Folgendes: »Die Babylätzchen werden hier in der Maschine einfach nicht richtig sauber. Wir müssen sie von Hand waschen. Amerikanische Waschmaschinen sind ein Witz.« Diese haben nämlich im Unterschied zu deutschen keine Heizspirale – und damit auch kein Kochwaschprogramm –, sondern sind an die Warmwasserleitung angeschlossen. Das sei nicht heiß genug, um sämtliche Flecken herauszubekommen, und die Wäsche sehe hinterher grau und vergilbt aus, behaupteten meine deutschen Bekannten. Außerdem seien die Waschprogramme sehr kurz, verglichen mit den Marathonläufen deutscher Maschinen: »Wie soll Wäsche denn überhaupt in einer Viertelstunde sauber werden?« Meiner Meinung nach kann man in einer Viertelstunde eine Menge Wäsche auf einmal erledigen. Ruck, zuck.

Sehr erstaunt war ich darüber, dass viele Menschen in Deutschland keinen Trockner haben, sondern die Wäsche zum Trocknen aufhängen. Das hat steife Handtücher und einen großen Berg Bügelwäsche zur Folge. Aber selbst wenn man einen Trockner hat, ist der genauso klein wie die Waschmaschine, und die Wäsche kommt zerknittert heraus. Schätzungsweise verbringen die Deutschen 75 Prozent mehr Zeit mit Bügeln als die Amerikaner. Ich habe sogar gehört, dass manche die Unterwäsche bügeln …

Was im Haus schwierig ist, ist im Garten nicht einfacher. Nachdem ich mich einigermaßen an die deutschen Haushaltsgeräte gewöhnt hatte, waren die Gartengeräte dran.

Mein erster Rasenmäher in Deutschland hätte gut aus einem Antiquitätenladen im hintersten Minnesota stammen können. Dieses Gerät musste man noch mit eigener Muskelkraft anschieben. Das letzte Mal hatte ich so ein Relikt bei meiner neuseeländischen Gastfamilie gesehen. Trotzdem gab ich dem altmodischen Rasenmäher eine Chance, indem ich ihn als Mäher und Fitnessgerät in einem betrachtete.

Zum Glück entdeckte ich kurze Zeit später, dass es in Deutschland auch elektrisch betriebene Rasenmäher gibt. Peter und ich kauften ein Exemplar mit einem grob geschätzt zwei Kilometer langen Kabel, das zum Arbeiten ausgerollt werden musste. Da das Kabel ständig im Weg lag, brütete ich stundenlang über Strategien, wie sich das vermeiden ließe, und zwar ohne dass ich dazu den Rasenmäher loslassen und mich bücken musste. Denn jedes Mal, wenn ich den Sicherheitsbügel am Griff losließ, schaltete sich das Gerät automatisch ab. Irgendwann fragte ich mich sogar, was schlimmer wäre: ständiges Ärgern über dieses lästige Kabel oder Tod durch Stromschlag.

Man kann mir mangelndes Umweltbewusstsein vorwerfen, aber einer der glücklichsten Tage meines Lebens war der, an dem der elektrische Rasenmäher seinen Geist aufgab. Es lag übrigens nicht daran, dass ich das Kabel durchtrennt hätte, was selbst meinem Mann ein paarmal passiert war. Irgendwann war er einfach kaputt, der Mäher – und ich ebenfalls. Das Rasenmähen hatte sich zu einer mühsamen Angelegenheit entwickelt: Kabel abrollen. Kabel ordentlich auf dem Boden auslegen. Darauf achten, dass die Außensteckdose eingeschaltet ist. Immer gut aufpassen und nicht über das Kabel stolpern (Okay, diesen Punkt befolgte ich nicht immer …). Das Kabel von Gras und Dreck befreien. Anschließend wieder aufrollen. Das war mehr als nervig!

Noch an dem Tag, als der Rasenmäher endgültig streikte, fuhr ich zu meinem Lieblingsgartencenter. Da Peter mich nicht begleitete, kam ich auch nicht in Versuchung, beim Kauf auf Eigenschaften wie Geräuscharmut oder Umweltverträglichkeit Rücksicht zu nehmen und wieder bei einem Elektrorasenmäher zu landen. Ich wusste genau, was ich wollte. Denn im Gegensatz zu Peter war ich auf einem Grundstück mit einer großen Wiese aufgewachsen, die regelmäßig gemäht werden musste, und daher mit den Feinheiten des Rasenmähens vertraut. Außerdem war mein Mann sowieso nie der Chefgärtner in unserer Familie, das war und bleibt meine Aufgabe. Wie dem auch sei, seit diesem Tag besitzen wir einen klassischen Benzinrasenmäher, mit dem die Arbeit weitaus leichter fällt und im Handumdrehen erledigt ist.

Selbst mein Mann hat das Gerät mittlerweile mehr oder weniger akzeptiert. Anfangs hatte er noch Bedenken, der Leidtragende zu sein und ständig zur Tankstelle fahren zu müssen, um den Benzinkanister zu füllen. Aber auch das mache ich, und zwar höchstens zweimal im Jahr. Von den Nachbarn gab es auch noch keine Beschwerde wegen Ruhestörung. Immerhin versuche ich, mich an die deutschen Ruhezeiten zu halten!

Falls ich nun den Anschein erweckt haben sollte, dass mein Mann keinen Finger im Garten krümmt, muss ich schleunigst darauf hinweisen, dass Peter der Chefschlepper ist. Bei größeren Gartenprojekten, die ich nicht alleine bewältigen kann, packt er selbstverständlich mit an, und er ist auch derjenige, der die Grünabfälle zur Sammelstelle bringt. Allerdings benutzt er dafür, wie mir aufgefallen ist, lieber meinen Wagen als seinen, was ich an Erde, Laub und diversen toten Käfern im Kofferraum erkenne …

Man muss nicht lange in Deutschland leben, damit einem die verschieden farbigen Mülltonnen auffallen. Das deutsche Trennsystem orientiert sich nämlich an Farben. Eine tolle Sache. In Amerika gibt es nur graue Tonnen, was eigentlich ein bisschen langweilig ist. Außerdem legt man dort auch nicht besonders viel Wert auf Mülltrennung: Als Kinder wussten wir nur, dass Getränkedosen vom normalen Müll getrennt werden, und erst in den Neunzigerjahren sah ich bei meinen Eltern, dass auch Zeitungen und Papier von einem eigenen Müllwagen abgeholt wurden. Das ist nichts im Gegensatz zu der bunten Tonnen-Batterie in Deutschland. Wir haben zu Hause eine *blaue* Tonne für Papier, eine *grüne* für Bioabfälle, eine *gelbe* für Verpackungen mit dem Grünen Punkt und eine *graue* für den Restmüll.

Zusätzlich gibt es noch die regelmäßigen Sperrmüllsammlungen für Sachen, die nicht in den Hausmüll passen. Ich kenne keine bessere Methode, das durchgesessene Sofa mit dem unansehnlichen Schokofleck, die alte Hundehütte oder die versifften Küchenschränke loszuwerden. Im Prinzip handelt es sich sogar um Weiterverwertung in vollendeter Perfektion, denn die Sachen sind meistens schon lange weg, ehe der städtische Sperrmüllwagen kommt. Ich habe in den letzten Jahren beobachtet, dass am Vorabend des Abholtermins auffällig viele Kleintransporter und Fahrzeuge mit Anhänger durch die Wohngebiete fahren. Sobald die Dunkelheit anbricht, geht die Jagd nach ausgemusterten Besitztümern am

Straßenrand los: Menschen springen aus ihren Fahrzeugen, laden die ausgesuchten Stücke auf und sind im Nu wieder weg. Beim letzten Sperrmülltermin dauerte es keine Stunde, bis das Minitrampolin und der alte Zaun verschwunden waren.

Hat in Amerika dagegen ein Sofa sein Leben ausgehaucht oder muss ein alter Tisch weg, ruft man entweder die Heilsarmee oder eine andere wohltätige Organisation in der Hoffnung an, dort einen Abnehmer zu finden. Ein weiterer beliebter Weg, sich von alten Dingen zu trennen, sind die sogenannten *Garage sales*. Dafür wartet man auf ein passendes Wochenende und stellt alles, was wegmuss, mit einem Preisschild versehen in die Garage und die Einfahrt. Um sicherzugehen, dass auch Kunden kommen, setzt man eine kleine Anzeige ins Lokalblatt und malt ein paar Schilder, die auf die Verkaufsaktion hinweisen.

Damit die Müllentsorgung ordentlich abläuft, gibt es den offiziellen Abfallkalender, den jeder Haushalt jedes Jahr in der Weihnachtszeit automatisch erhält und in dem die Daten der Müllentsorgung stehen. Ich freue mich immer sehr auf dieses Heft – wie sicherlich alle Deutschen, die pflichtbewusst ihren Müll trennen. Es garantiert einen netten Nachmittag, an dem man mit der ganzen Familie zusammensitzen und die geschätzten hundertfünfzig Entsorgungstermine im persönlichen Kalender notieren kann. Da die Termine für ein ganzes Jahr im Voraus bekannt gegeben werden, trage ich lediglich *gelb*, *blau*, *grün* oder *grau* an den jeweiligen Tagen ein und fühle mich bestens informiert, welche Tonne ich wann an die Straße stellen muss. Wer möchte, kann die jeweiligen Trennrichtlinien auch noch auswendig lernen. Dann muss man im Zweifelsfall nicht erst nach der Broschüre suchen, in der die genauen Verhaltensregeln für den Umgang mit ausgedienten Weihnachtsbäumen (»Bis spätestens 6.30 Uhr am Gehwegrand bereitstellen!«) oder die Sperrmüllauswahl (»Kein Kleinkram!«) stehen.

Sollte man trotz des Abfallkalenders aus irgendeinem Grund mit den Terminen der Müllabfuhr durcheinanderkommen, kann man sich notfalls an den Nachbarn orientieren. Stehen Mülltonnen vor den Häusern, weiß man, dass diese bald geleert werden. Oder auch nicht. Denn es kann auch passieren, dass Mülltonnen ständig auf der Straße stehen; entweder, weil der Hausbesitzer keine Lust hat, ständig eine Tonne durch die Gegend zu rollen, oder weil im Haus selbst kein Platz für vier Mülltonnen ist. Dieser Anblick ist alles andere als schön. In Amerika haben wir zwar nicht so viele Tonnen wie hier, aber dafür gibt es in vielen Gemeinden die klare Ansage: Mülltonnen gehören in die Garage und nicht auf die Straße vorm Haus.

Die Tonnen-Obsession in Deutschland kann sich unter Umständen sogar zu einem psychologischen Massenphänomen entwickeln, einer Art imperativer Gruppenzwang unter Mülltonnenbesitzern. Dann nämlich, wenn man das Verhalten der Nachbarn als Leitlinie für das eigene Handeln sieht.

»Honey, ich habe in meinem Kalender nichts eingetragen, aber die Nachbarn haben alle ihre gelbe Tonne rausgestellt. Habe ich einen Termin übersehen?«

»Hm. Stell unsere Tonne einfach auch raus. Wir werden dann ja sehen, ob der Müll abgeholt wird.«

Jeder fürchtet nämlich, eine Leerung zu versäumen.

Einer Nachbarin von mir ist genau das passiert: Sie verpasste einmal den Abholtermin für die gelbe Tonne, weil sie ein paar Tage weg war. Da die Leerung nur einmal im Monat erfolgt, musste ihre fünfköpfige Familie anschließend den Verpackungsmüll mit dem Grünen Punkt zwei Monate lang sammeln. Das ist im Hochsommer nicht unbedingt ein Vergnügen – Stichwort Geruchsbelästigung (vor allem dann, wenn man nicht wie jeder gute Recycler die Joghurtbecher und Ravioli-Dosen ausgewaschen hat).

In solchen Fällen hält die Recycler-Gemeinde natürlich zusammen! Glücklicherweise war in unserer gelben Tonne noch Platz, sodass meine Nachbarin ihre zu unserem Haus rüberrollte und wir einen Teil des Inhalts umpackten. Es muss ein interessantes Bild gewesen sein: zwei Frauen, die in einer Auffahrt Müll umladen. In Amerika würde so etwas sicherlich nie passieren!

Ich bin mir auch ziemlich sicher, dass die Müllabfuhr nirgendwo so sehnlich erwartet wird wie in Deutschland. Wir persönlich kriegen es zwar irgendwie immer hin, dass unsere Tonnen bis zum Abholtermin nicht überquellen, aber dennoch achte ich permanent darauf, wie viel Müll wir produzieren. In dieser Hinsicht bin ich eine richtig gute deutsche Bürgerin geworden.

Die wenigsten Menschen in Amerika machen sich so viel Gedanken über den Umgang mit der Umwelt und dem Müll, den sie produzieren, wie die Deutschen. Mittlerweile bin ich jedes Mal aufs Neue schockiert und entsetzt, wie gedankenlos in Amerika mit Abfällen umgegangen wird. Mir ist bewusst, dass es auch Ausnahmen gibt: kleine Gemeinden im ganzen Land, die wahre Weltmeister im Recyceln sind. Selbst einige Großstädte gehen mit gutem Beispiel voran. In San Francisco zum Beispiel haben alle Läden die scheinbar unvermeidlichen Plastiktüten von ihren Kassen verbannt. Aber das sind eben nur Ausnahmen. Mit dem flächendeckenden System in Deutschland ist das keineswegs vergleichbar. Vielleicht bleibe ich ja für immer hier, weil es im ganzen Land so sauber und ordentlich ist ...

Im Grunde genommen ist Deutschland ein wahrer Recycling-Himmel. Manchmal frage ich mich, wieso es noch keinen Recycling-Minister oder einen Feiertag, an dem der Aufstellung des ersten Altglas-Containers gedacht wird, gibt. Hier wird scheinbar alles, bis auf Babywindeln und Hundehaufen, wiederverwertet. Bitte verstehen Sie mich nicht falsch: Ich finde das toll und bin in meiner Familie die beste Recyclerin von allen. Sollte ich irgendwann mal wieder in Amerika leben, dann würden mir vor allem meine bunten Tonnen, die Altglas-Container, die Sperrmüll-Verordnung und das gute Gefühl, etwas für die Umwelt getan zu haben, fehlen.

Ich muss aber zugeben, dass es lange gedauert hat, bis ich in die höheren Recycling-Sphären aufgestiegen bin. Der gesellschaftliche Druck ist nicht zu unterschätzen. Vor einigen Jahren noch wäre ich zum Beispiel nicht auf die Idee gekommen, Joghurtbecher von ihren Deckeln zu trennen oder Verpackungen zu spülen, bevor sie im Abfall landen. Heute muss ich zu meinem eigenen Erstaunen zugeben: Selbst ich stelle bisweilen Nutella-Gläser in die Spülmaschine. Sollte ich aber irgendwann damit anfangen, Erdnussbutterdosen auszukratzen, um möglichst alle Spuren der fettigen Substanz zu beseitigen, dann ist das ein Zeichen dafür, dass ich doch schon zu lange hier bin.

Im Moment ist das allerdings noch nicht der Fall. Dafür mache ich mir oft Gedanken über die Umsetzung des Recyclings. Beispielsweise bei den überall aufgestellten Glascontainern. Es gibt einen Container für weißes Glas, einen für braunes und einen für grünes. Aber was machen zum Beispiel Menschen, die farbenblind sind, wie mein Mann? Was passiert, wenn man eine Flasche in den falschen Container wirft oder sogar den Korken drauflässt? Ist dann der gesamte Recycling-Prozess für die Katz? Und was ist am Gerede der Nachbarn dran, dass sämtliche Flaschen beim Entleeren der Container ohnehin wieder zusammengeschmissen werden? Ich möchte einmal dabei sein, wenn die Container geleert werden, nur um zu sehen, ob dieses Gerücht stimmt. Vielleicht findet die schmutzige Tat aber auch im Schutz der Dunkelheit statt, wenn es keine Zeugen gibt ...

Obwohl mein Umweltbewusstsein in Deutschland geschärft wurde, habe ich die amerikanische Wegwerfmentalität noch nicht ganz überwunden. Ich bin, besser gesagt, ich *war* zum

Beispiel ein großer Fan dieser niedlichen Trinkflaschen eines französischen Mineralwasserherstellers, die man gut zum Sport oder in die Schule mitnehmen konnte. Eines Tages waren sie jedoch einfach aus den Regalen verschwunden.

Ich fragte den Verkaufsleiter des Getränkemarkts: »Wo sind denn die kleinen Trinkflaschen mit dem stillen Wasser? Ich kann sie nirgendwo finden.«

»Die dürfen wir nicht mehr verkaufen. Ist gesetzlich verboten.«

»Wie bitte? Seit wann sind Wasserflaschen gesetzlich verboten?«

»Tja, ich kann nichts dafür. Das hat sich Berlin ausgedacht.«

»Schön und gut, aber Sie verkaufen ja weiterhin aromatisiertes Wasser und Erfrischungsgetränke in ganz ähnlichen Flaschen. Was ist denn damit?«

»Die sind nicht verboten.«

»Aber das ergibt keinen Sinn. Wenn Sie Wasser mit verschiedenen Geschmacksrichtungen und gezuckerte Säfte und Limonaden in solchen Trinkflaschen verkaufen dürfen, warum dann nicht auch nur reines Wasser?«

»Gute Frau, fragen Sie nicht mich, fragen Sie die in Berlin.«

Das war mir zugegebenermaßen etwas zu aufwändig, da es noch immer keinen Recycling-Minister gibt.

Aber nach ein paar Jahren wurde mein Wunsch nach stillem Wasser erhört: Plötzlich standen im Regal wieder kleine Flaschen mit Mineralwasser. Zwar nicht von meiner französischen Lieblingsmarke, sondern von einem deutschen Hersteller. Auf die Fläschchen gibt es sogar Pfand, was das Recyceln noch einfacher macht.

Doch selbst das deutsche Mehrwegsystem mit Pfandrückgabe erfordert jahrelange Übung, und auch ich lernte aus meinen Fehlern. Eines Tages schnappte ich mir beispielsweise unsere wochenlang gesammelten Plastikflaschen und brachte sie in den Laden, um mir mein Pfand zurückzuholen. Von meinen acht Plastikflaschen akzeptierte der Automat für die Flaschenrückgabe allerdings nur drei. Daraufhin fragte ich einen Mitarbeiter, ob der Automat defekt sei. Er warf einen Blick auf meine restlichen Flaschen.

»Nein, die Flaschen nehmen wir nicht an. Die sind nicht von uns. Die müssen Sie in den Laden zurückbringen, wo Sie sie gekauft haben.«

»Meine Güte, ich weiß doch nicht mehr, wo ich in den letzten Wochen überall eingekauft habe. Was spielt das überhaupt für eine Rolle?«

»Nun ja«, begann er seine Erklärung, »der Pfirsicheistee ist pfandfrei, der gehört in die gelbe Tonne. Und die anderen vier Flaschen werden hier nicht zurückgenommen. Sie müssen sie in das Geschäft bringen, wo Sie sie gekauft haben.«

»Aber auf den Flaschen steht, dass ich sie zurückgeben kann und mein Pfand wiederbekomme. Hier steht deutlich *Pfandflasche*. Das heißt: Flasche gegen Geldrückgabe.«

»Schon klar, aber wir nehmen die Flaschen hier nicht an. Versuchen Sie Ihr Glück woanders.«

Das passierte mir nach so vielen Jahren in der Recycling-Schule! Also schleppte ich meine fünf Plastikflaschen wieder nach Hause, ohne zu wissen, wo ich sie loswerden konnte. Mit Ausnahme der einen, die ich in die gelbe Tonne schmiss. Vielleicht sollte ich in Zukunft Protokoll darüber führen, welche Getränke ich wo kaufe, um das Leergut ins richtige Geschäft zurückzubringen.

Zum Glück war ich nicht die Einzige, die da nicht mehr durchblickte, und inzwischen hat Berlin ein neues Gesetz erlassen, nach dem auch andere Läden meine Flaschen zurücknehmen müssen – aber leider nicht alle: Geschäfte mit einer Verkaufsfläche bis zu 200 Quadratmetern sind von der Rücknahmepflicht entbunden. Jetzt müssen wir Verbraucher also auch noch die Ladengröße nachmessen! Was, wenn ich mein Leergut zurückgeben will und der Typ an der Kasse erzählt mir, seine Verkaufsfläche betrage nur 190 Quadratmeter? Ganz nach dem Motto: »Ich bin nicht verpflichtet, Ihre dämlichen Flaschen anzunehmen. Ich habe extra meine Verkaufsfläche verkleinert, um mit diesem Leergutkram nichts zu tun zu haben.« Da wird man ja wahnsinnig!

Ein weiteres schönes Thema sind Bierfässer. Nach einer Feier brachte ich zwei Fünf-Liter-Fässchen und ein paar Pfandflaschen zu einem Getränkemarkt.

»Tut mir leid, aber die Bierfässer nehmen wir nicht an.«

Bevor der Verkäufer ein weiteres Wort sagen konnte, machte ich auf dem Absatz kehrt und fuhr zum nächsten Laden.

»Die Bierfässer nehmen wir zurück, aber nicht die Cola- und Limoflaschen. Die führen wir hier nicht.«

Ich war kurz davor auszuflippen, ließ jedoch nicht locker: »Warum nehmen Sie die Cola- und Limoflaschen nicht an, sondern nur die Bierfässer? Ich war gerade bei der Konkurrenz, die die Bierfässer nicht zurücknehmen wollte, sondern nur die Plastikflaschen. Warum ist das denn so kompliziert?«

Der Verkäufer schüttelte nur bedauernd den Kopf und entgegnete, Berlin sei schuld.

Nachdem ich wenigstens die Bierfässer losgeworden war, wies der Verkäufer mich noch darauf hin, dass diese ab sofort aus dem Sortiment genommen würden: »Eine neue Änderung der Getränkeverordnung. Uns sind die Hände gebunden. Das haben wir Berlin zu verdanken.«

Dabei habe ich Berlin immer gemocht …

Einen großen Vorteil hat die ganze Recycling-Manie: Wenn ich über das Land und durch die Dörfer fahre, fällt mir sofort auf, wie nett und sauber es überall ist. Deutschland ist ein wirklich schönes Land, und es macht Spaß, all die kleinen Dörfer zu erkunden. Dabei hatte ich vor einiger Zeit ein ganz besonderes Recycling-Erlebnis ohne bunte Tonnen, Altglas-Container oder Pfandflaschen. Und zwar auf einem Friedhof.

Wie ich beim Thema Recycling ausgerechnet auf Friedhöfe komme? Vor Kurzem besuchten Peter und ich mit meinem Schwiegervater das Grab eines Verwandten. Der Friedhof am Stadtrand von Frankfurt würde jeden Hobbygärtner vor Neid erblassen lassen: Jedes Grab war schöner hergerichtet als das nächste, geschmückt mit Blumensträußen und kunstvollen Gebinden, mit mehrmals oder immer blühenden Gewächsen, mit Efeu und was man sich sonst noch alles vorstellen kann. Solch ein Grabschmuck ist in den USA nur an wenigen Tagen üblich, und dann wird er auch schnell wieder weggeräumt.

Mein Schwiegervater zeigte uns die unauffällig in die Natur integrierten Vorrichtungen, in denen Gießkannen gelagert werden; über das gesamte Friedhofsgelände verteilt gab es mehrere Wasseranschlüsse und Gießkannendepots, um den Besuchern die Grabpflege zu erleichtern. Er machte uns auch auf ein verwahrlostes Grab aufmerksam, an dessen Grabstein eine gelbe Notiz befestigt war.

»Was steht da drauf?«, wollte ich wissen.

Mein Schwiegervater erklärte: »Das ist eine Mitteilung für die Pächter, dass das Grab nach Ablauf einer Frist eingeebnet und wieder vergeben wird, falls sich niemand mehr darum kümmert.«

Dies ist wohl eine ganz besondere Form von Recycling …

Einer der ersten Sätze, die ich in Deutschland gelernt habe, war: »Ist alles in Ordnung?« Anfangs dachte ich, dass diese Frage in etwa mit dem englischen »Is everything O. K.?« vergleichbar ist. Aber ich habe gelernt, dass viel mehr dahintersteckt als die Erkundigung, ob es einem gut geht. Ich weiß, dass die Deutschen viel Wert auf diese Frage legen, weil ich sie mindestens ein Dutzend Mal am Tag höre.

Aber das ist erst der Anfang der deutschen Ordnungsliebe. Es hat mich überrascht und mir fast ein bisschen Angst gemacht, als ich herausfand, dass es sogar ein Ordnungsamt gibt, das die Einhaltung der Ordnung überwacht. Hilfe!

Als Neuling in diesem Land kann man ziemlich viel falsch machen. Zum Beispiel, wenn man zu viel Lärm zwischen dreizehn und fünfzehn Uhr macht, den Rasen an einem Sonntag mäht oder sich in der Öffentlichkeit unmoralisch benimmt – was auch immer das heißen mag.

Beobachtet dieses Ordnungsamt jede meiner möglicherweise falschen Bewegungen? Woran erkenne ich diese Leute? Tragen sie eine Uniform wie die Polizei? Und rufen meine Nachbarn dort tatsächlich an, wenn sie sich von meinem Rasenmäher oder anderem Lärm gestört fühlen?

Oh ja, das passiert tatsächlich. Amerikanische Freunde von mir bekamen an einem Sonntagnachmittag einmal Besuch vom Ordnungsamt, weil – und jetzt kommt's! – der Nachbar sich vom Lärm ihrer im Garten spielenden Kinder belästigt fühlte.

Sollte in Amerika jemand bei der Polizei anrufen und sich über Lärm von kleinen Kindern beschweren, dann wäre die Antwort mit Sicherheit: »Ma'am, Kinder machen nun mal Krach, wenn sie spielen. Das ist normal.«

Doch wir sind in Deutschland, und manchen Menschen hier scheint Ordnung alles zu bedeuten. Auffällig ist, dass vor allem die ältere Generation ein großes Bedürfnis danach hat. Zumindest entspricht das meiner persönlichen Beobachtung.

Ärgerlich ist nur, dass ich merke, wie mein eigenes Ordnungsbedürfnis von Jahr zu Jahr wächst. Mit Chaos und Unordnung, Dreck und unvollendeten Projekten komme ich nur schlecht zurecht. Vielleicht war das ja schon immer so, aber erst jetzt ist es mir bewusst geworden. Manchmal ist es eben schwer, sich seine Macken einzugestehen.

Allerdings gibt es Menschen, die viel schlimmer sind als ich. Neulich wies mich im Supermarkt ein betagter Herr darauf hin, dass ich mich mit meinem Einkaufswagen auf der falschen Seite des Ganges befand.

»Junge Frau, Sie stehen falsch hier.«

»Wie bitte?«, erwiderte ich leicht verwirrt, weil ich dachte, ich hätte ihn vielleicht falsch verstanden.

»Sie müssen sich mit Ihrem Einkaufswagen rechts halten«, klärte er mich weiter auf.

»Ich dachte, das gilt nur für die Autobahn«, erwiderte ich.

»Wir sind hier in Deutschland«, kam es zurück, »und in Deutschland gilt der Rechtsverkehr. Überall.«

Darauf fiel mir nichts mehr ein, und ich schob meinen Wagen davon. Auf der rechten Seite. Möglichst weit weg von diesem Herrn. Wahrscheinlich hatte er früher mal beim Ordnungsamt gearbeitet.

Genauso wie die alten Herren im Tennisclub, in dem ich früher regelmäßig spielte. Die hatten die Angewohnheit, die anderen Spieler darüber aufzuklären, wie man die Sandplätze ordentlich bewässert und in welchem Winkel man den Wasserschlauch zu halten hat. Einer dieser Besserwisser fühlte sich eines Morgens in seinem Ordnungsempfinden erheblich gestört, weil er dachte, mein Tennispartner und ich würden auf dem falschen Platz spielen.

»Dieser Platz ist gesperrt, und gerade hing hier auch noch ein Schild. Warum spielen Sie dann hier?«

»Wenn wir ein Schild gesehen hätten, hätten wir den Platz sicherlich nicht betreten«, sagte ich.

»Aber das Schild war eben noch da. Wo ist es jetzt hin?«

Ich war kurz davor zu sagen: »Ich habe es heimlich nach Hause geschmuggelt und über meinem Bett aufgehängt, und dann bin ich auf diesen Platz gegangen, nur um Ihnen auf die Nerven zu fallen.«

Was glaubte der Kerl denn? Dass ich dieses *Gesperrt*-Schild heimlich in meine Tennistasche gesteckt habe, damit ich auf dem einzigen geschlossenen Platz der ganzen Anlage spielen kann? Für solche Fanatiker kann es nie ordentlich genug sein. Und wenn es nichts zu bemängeln gibt, saugen sie sich einfach etwas aus den Fingern, um sich selbst reden zu hören.

Während diese Art von Ordnungsfanatismus im Grunde genommen noch amüsant ist, muss irgendwann auch mal Schluss sein. Nämlich dann, wenn es um Kinder geht.

Ich selbst liebe das Lachen von Kindern, weil es mir ein beruhigendes Gefühl gibt und ein Zeichen von neuem Leben, Hoffnung und Zukunft ist. Daher war ich wie vom Donner gerührt, als sich ein paar Leute in einem nahe gelegenen Ortsteil, überwiegend ältere Mitbürger, zusammentaten und Unterschriften gegen die Benutzung eines Anwohnerspielplatzes in den Abendstunden sammelten. Offenbar empfanden sie den lauten Kindertumult als Zumutung. Sie forderten, das Schulhofgelände nach Unterrichtsende abzuschließen. Die Begründung war, dass wenigstens zum Feierabend mehr Ruhe und

Ordnung herrschen solle. Schließlich könnten sich die Kinder doch woanders austoben.

Aber der Glaube an Recht und Ordnung kann noch weiter gehen und geradezu groteske Formen annehmen, vor allem, wenn sich eine Behörde auf eine gute deutsche Ver-Ordnung stützen kann.

In unserer Nachbarschaft hatte eine Mutter für ihren Sohn bei der Stadt Unterstützung beantragt, weil seine Grundschule nur über einen langen und gefährlichen Fußweg erreichbar war.

Die Verordnung zu diesem Thema besagt: Hilfe gibt es für einen Fußweg von mehr als zwei Kilometern. Also musste die Länge der Wegstrecke festgestellt werden. Dafür zog ein städtischer Angestellter mit der Mutter und einem Messrad los, vermaß den Schulweg und kam von Tür zu Tür auf genau 2004 Meter. Hurra, dachte die Mutter. Doch der pfiffige Angestellte machte an der Schule ein bislang unbenutztes und dauerhaft verschlossenes Hintertor ausfindig, maß die Strecke bis dahin noch einmal ab, und siehe da: Schon war der Schulweg nur noch 1967 Meter lang und damit laut Schülerfahrkostenverordnung nicht mehr förderungswürdig. Der zuständige Leiter des Schulamtes zuckte nur mit den Achseln und erklärte: »Wir sind an die Vorgaben gebunden.«

Ordnung muss eben sein.

Wo es aber ganz sinnvoll wäre, für ein bisschen mehr Ordnung zu sorgen, dort versagt der Ordnungssinn. Zum Beispiel in Schwimmbädern, wo die Einhaltung einiger Regeln die Sicherheit, vor allem von kleinen Kindern, deutlich verbessern könnte.

Einmal war ich an einem warmen Sommertag mit Geena im Freibad, als ein paar halbwüchsige Kids die Rutsche benutzten, ohne abzuwarten, dass meine gerade mal sechs Jahre alte Tochter, die zuvor gerutscht war, aus der Gefahrenzone geschwommen war.

Was passierte? Drei Jungs landeten direkt auf ihr. Ich fischte mein leicht lädiertes Kind aus dem Wasser – von einem Bademeister war weit und breit nichts zu sehen. Naiv, wie ich war, sagte ich den Teenagern, wie gefährlich ihr Verhalten war. Sie lachten mich nur aus. Als ich den Bademeister schließlich gefunden hatte, entgegnete der mir nur: »Und was erwarten Sie jetzt von mir? Was soll ich tun?«

In fast allen öffentlichen Schwimmbädern in Amerika gibt es viel strengere Kontrollen. Oben auf der Plattform der Rutsche sitzt immer ein Bademeister, um den Ansturm zu kontrollieren, und die Rutschwilligen müssen ausreichend lange Abstände einhalten. Darüber hinaus ertönt in amerikanischen Freibädern sowie an Stränden jede Stunde ein lauter Pfiff: eine Aufforderung an alle, kurz aus dem Wasser herauszukommen, damit überprüft werden kann, ob jemand fehlt.

Das vielleicht drastischste Beispiel für das *Fehlen* jeglicher Ordnung ereignete sich kürzlich an einer Grundschule irgendwo in Deutschland: Die Lehrerin kam in das Klassenzimmer und hatte einen Hund dabei (was laut Schulordnung bestimmt nicht erlaubt war). Die Kinder stürmten nach dem ersten Klingeln in die Klasse und sahen den Hund. Sie setzten sich auf ihre Plätze und benahmen sich wie immer – mit Ausnahme eines kleinen Mädchens. Das sagte seiner Lehrerin, dass es allergisch auf Hunde reagiere und einen Asthmaanfall bekomme, wenn sie sich mit diesen Tieren in einem Raum aufhalte. Und was meinen Sie, wie die Lehrerin reagiert hat? Sie schickte *das Kind* aus dem Klassenzimmer! Jawohl, Fiffi durfte bleiben, während das neunjährige, asthmakranke Mädchen einsam in ein leeres Klassenzimmer verbannt wurde. Ohne Begleitung, ohne Aufsicht.

Doch damit nicht genug. Nach Unterrichtsschluss verließen die Lehrerin, der Hund und die Schüler das Gebäude. Die

Lehrerin schloss den Haupteingang ab. Allerdings hatte sie eine Kleinigkeit vergessen. Nämlich das neunjährige, asthmakranke Mädchen. Die Kleine wurde einfach eingeschlossen und blieb alleine in der Schule zurück. Irgendwann begann das Mädchen, vor lauter Angst um Hilfe zu schreien, aber niemand hörte es. Erst eine Stunde später, als die Kleine schon völlig panisch war, wurde sie gefunden und befreit. Der Hund hatte währenddessen wahrscheinlich an der frischen Luft gespielt.

Der Vater des Mädchens stellte fest, dass seine Tochter durch diesen Vorfall einen Schock erlitten hatte, und beschwerte sich beim Rektor der Schule. Was denken Sie, welche Konsequenzen das für die Lehrerin hatte? Eine Suspendierung? Eine Abmahnung? Nichts von alledem. Der Rektor erwiderte auf den Vorwurf lediglich: »So was kann doch jedem von uns mal passieren. Die Kollegin hat doch nur etwas vergessen.« Da fragte ich mich: Seit wann ist ein Kind denn ein *Etwas*?

Nachdem ich diese Meldung einigermaßen verdaut hatte, ging ich in den Garten, um den Rasen zu mähen. Natürlich nicht, ohne vorher auf die Uhr geschaut zu haben. Schließlich gibt es in Deutschland die Ruhezeitenregelung – auf die ich aber gut und gerne verzichten könnte. Bis zum heutigen Tag kann ich es nicht fassen, dass neben der Sonntagsruhe in diesem Land von Montag bis Samstag zwischen dreizehn und fünfzehn Uhr auch noch Mittagsruhe zu herrschen hat. Ein von oben verordnetes Mittagsschläfchen für alle.

Als ich in einem Onlinelexikon das Wort *Mittagsruhe* nachschlug, bekam ich unter anderem diese Erklärung: »In Deutschland kann die Mittagsruhe im Mietvertrag, in der Hausordnung oder durch eine kommunale Gefahrenabwehrverordnung geregelt sein.« Wow, allein das Wort *Gefahrenabwehrverordnung* lässt mir Angstschauer den Rücken hinunterlaufen. Wer traut sich schon, gegen so etwas zu verstoßen? »Denn«, so hieß es weiter in dem Lexikon, »hartnäckige Verstöße können von den zuständigen Ordnungsbehörden als Ordnungswidrigkeit verfolgt werden.«

Nur ist es leider so, dass zwischen dreizehn und fünfzehn Uhr die optimale Zeit zum Rasenmähen für mich wäre. Vor der Mittagspause hat es nämlich meistens keinen Sinn, weil das Gras noch zu feucht ist. Nach der Mittagspause muss ich meine Tochter von der Schule abholen, ihr eine Kleinigkeit zu essen machen, bei den Hausaufgaben helfen, und dann will sie zum Spielen in den Garten. Hin und wieder fordere ich mein Glück heraus und beginne erst kurz vor eins zu mähen und überziehe natürlich jedes Mal ein bisschen. Bis jetzt haben zwar weder das Ordnungsamt noch die Polizei an meiner Tür geklingelt, aber dennoch lebe ich in Angst.

Eines Tages kam es, wie es kommen musste: Peter und ich erhielten eine Beschwerde. Glücklicherweise nicht von offizieller Seite. Schuld daran war allerdings nicht der Rasenmäher, sondern mein Mann.

Peter wollte in seiner knapp bemessenen Freizeit einen Weg in unserem Garten anlegen. Dazu bearbeitete er Holzbohlen mit einem Gummihammer. Es war ein herrlicher, sonniger Tag, aber – er hätte es wissen müssen – ein katholischer Feiertag.

Plötzlich geschah es. Eine Stimme sprach zu uns: »Halten Sie gefälligst die Ruhezeiten ein! Heute ist Feiertag!« Keine Sorge, es war nicht Gott. Es war nicht einmal Moses, sondern lediglich unsere Nachbarin, die hinter einem Busch zu hören war und meinte, uns zurechtweisen zu müssen. Zunächst fragten Peter und ich uns, ob wir die Sache überhaupt ernst nehmen sollten. Muss man sich nicht zeigen, wenn man eine Beschwerde vorzubringen hat? Wir kamen resigniert zum Schluss, dass Peter besser aufhörte zu klopfen, um den nachbarschaftlichen Frieden nicht zu stören.

Damit auch Ausländern ein guter Einstieg in das ordentliche Leben in Deutschland ermöglicht wird, erhalten die Neuankömmlinge von ihren Arbeitgebern oft eine Broschüre, in der auf viele Besonderheiten schriftlich hingewiesen wird, meist unter dem Stichwort *Sitten und Gebräuche*. Darin findet man Auszüge aus Verhaltensratgebern internationaler Unternehmen. Ein paar neu zugezogene ausländische Freunde haben mir diese Broschüre gezeigt, die ich sehr nützlich fand.

Darin stand zum Beispiel: »An Sonn- und Feiertagen ist es gesetzlich verboten zu arbeiten. Dies schließt auch Fahrzeugpflege, Reparaturarbeiten oder Rasenmähen ein. Letzteres ist zudem auch werktags zwischen dreizehn und fünfzehn Uhr untersagt.« Verstanden, das kannte ich schon. Auch beim Autowaschen gab es etwas zu beachten: »Es ist erlaubt, Fahrzeuge auf Privatgrundstücken zu waschen, nicht jedoch im öffentlichen Straßenraum.« In Ordnung, aber Vorsicht!, nicht an Sonn- und Feiertagen. Selbst den zwischenmenschlichen Beziehungen wurde Beachtung geschenkt. Hier der Hinweis zur Kussetikette: »Unter Freunden ist es üblich, sich mit einem Kuss rechts und links auf die Wange zu begrüßen.« Heißt das, man wird vom Ordnungsamt verwarnt, wenn man nur eine Wange küsst? Oder: »Ein- bis zweimal im Jahr erhalten Sie Besuch vom Schornsteinfeger. Dieser benötigt Einlass ins Haus, um die Heizungsanlage und den Schornstein zu warten. Sie müssen ihn seine Arbeit machen lassen, dazu sind Sie gesetzlich verpflichtet. Einen Schornsteinfeger erkennt man an seiner schwarzen Berufskleidung.«

So sehr meine deutschen Freunde über diese Ratschläge lachen, so hilfreich sind sie für uns Zugezogene. Männer mit schwarzen Klamotten und merkwürdigen Gerätschaften über der Schulter wären für mich sonst ein Grund, meine Haustür schnellstens wieder zuzuknallen. Der einzige Schornsteinfeger, der mir bis dahin untergekommen war, tanzte im Film *Mary Poppins* über die Dächer von London.

Auch wenn Einrichtungen wie das Ordnungsamt oder allzu penible Ordnungswächter keine Freudentänze bei mir hervorrufen, sehe ich nach all den Jahren im deutschen Streben nach Ordnung auch Vorteile. Das tägliche Leben läuft in geregelten Bahnen ab, die Menschen leben in Frieden, und es ist bewundernswert sauber. Aber Ordnung braucht auch Sinn, ein bisschen Fingerspitzengefühl und Humor, wenn sie gut funktionieren soll.

Außerdem hätte ich da noch einen Wunsch: Vielleicht könnte das deutsche Ordnungsamt ja auch mal an den kanarischen Stränden für Ordnung sorgen. Dort liegen nämlich immer viele nackte deutsche Rentner herum. Und das ist doch wirklich kein ordentliches Verhalten?!

»Daddy, Daddy, guck mal unten am Strand. Da ist ein alter Mann, der hat gar nichts an«, sagte meine kleine Tochter eines Tages im Urlaub.

»Hm, wahrscheinlich hat er seine Badehose vergessen«, entgegnete mein Mann, der nie um eine Antwort verlegen ist.

»Oh«, sagte Geena. Sie war damals noch in dem Alter, in dem man eine solche Antwort seines Vaters einfach hinnimmt.

Nur gut, dass sie diese Frage ihrem Vater gestellt hatte, denn im Gegensatz zu meinem Mann war ich sprachlos. Seine Gelassenheit bewahrte mich jedoch davor, vor Schreck zu einer Salzsäule zu erstarren. Stattdessen musste ich laut lachen. Mir wurde nämlich genau in diesem Moment bewusst, dass meine Tochter nicht wie ich im prüden Minnesota aufwachsen würde, wo man in der Öffentlichkeit seine Kleidung anbehält. Nein, sie würde im viel freizügigeren Deutschland groß werden. Hier findet FKK weitaus größere Akzeptanz als in den USA.

Obwohl ich nun lange Jahre in Deutschland lebe, bin ich selbst, was FKK angeht, noch sehr amerikanisch eingestellt. Ich finde es mehr als befremdlich, dass Leute nackt an einem öffentlichen Strand rumlaufen. Besonders dann, wenn sie in einem fremden Land Urlaub machen und mit ihrem Verhalten die Sitten und Moralvorstellungen der Einwohner missachten. In vielen Ländern ist FKK nicht gern gesehen, in manchen sogar verboten.

Wie beispielsweise in den USA. Ich war schon an vielen amerikanischen Stränden an der Ostküste, an der Westküste und in Florida, und ich habe dort nicht einen einzigen Menschen gesehen, der sich nackt oder auch nur oben ohne sonnte. Das ist für mich viel angenehmer, denn es gibt keine Überraschungen wie diesen splitternackten Siebzigjährigen, den meine Tochter erspäht hatte.

Gut, man könnte jetzt einwenden, dass die Wet-T-Shirt-Wettbewerbe in Daytona Beach während der Semesterferien im Frühjahr extremer sind als blanke Brüste. In dieser Zeit kommt man sich dort als Durchschnittsbürger aber wie auf einem anderen Planeten vor, angesichts der hormongeschwängerten Atmosphäre, die unter den Studenten herrscht. Irgendwann kehrt jedoch auch in Daytona Beach der Alltag wieder ein, und die T-Shirts der Frauen bleiben trocken.

Meine Tochter und ich begegneten unserem ersten deutschen Anhänger der FKK-Kultur übrigens nicht an einem Strand in Deutschland. Der Mann gehörte zu einer Gruppe deutscher Touristen, die ihre Vorliebe für hüllenloses Sonnenbaden auf den Kanaren auslebten.

Früher wusste ich so gut wie nichts über die Kanarischen Inseln. Aber in Deutschland lernte ich schnell: Was für Amerikaner Sonnenziele wie Florida, Mexiko oder die Bahamas, sind für die Deutschen die Kanaren. Manche bringen ihre Badesachen dorthin mit, andere eben nicht. Peter, Geena und ich waren schon öfters dort, aber natürlich mit Badehose und Badeanzügen!

Ich erschrak, als ich auf die deutsche Nudistenkolonie stieß. Die paar nackten Gestalten an einer abgelegenen Ecke am Strand ähnelten übrigens nicht im Entferntesten Heidi Klum oder George Clooney. Stattdessen handelte es sich überwiegend um ältere Herrschaften, die mir die Auswirkungen der Erdanziehungskraft und den Verlust der Körpersäfte vor Augen führten. Schnell wurde mir klar: Nackt bedeutet nicht automatisch sexy.

Was mich am Anblick der FKK-Anhänger in diesem Moment besonders entsetzte, war der Umstand, dass sie praktisch direkt neben unserem familienfreundlichen Hotel lagen. Wahrscheinlich bin ich im Vergleich zu vielen Deutschen prüde, aber ich konnte es einfach nicht fassen, dass Menschen am Strand ungeniert ihre Hüllen fallen ließen und sich unter die Familien mit ihren Kleinkindern mischten. Meiner Meinung nach gibt es Anblicke, die sollte man empfindlicheren Gemütern ersparen.

Im Grunde hätte mich das alles nicht überraschen dürfen. In meiner Zeit als Sprachanfängerin las ich schließlich regelmäßig den Kölner *Express*. Diese Zeitung war zwar eine willkommene Sprachlernhilfe, aber sie bildete jeden Tag auch ein neues *Girl auf Seite eins* ab, das statt der neuesten Mode viel Haut zeigte. Diese jungen Frauen irritierten mich jeden Tag aufs Neue, denn ich hatte den Eindruck, dass die Frauen aufgrund dieser Freizügigkeit Respekt und Achtung einbüßten.

Meine Mutter und Tante reagierten geradezu entsetzt, als sie bei ihrem ersten Deutschlandbesuch diese Boulevardblätter zu Gesicht bekamen. Ich nahm mir daraufhin vor, beim Besuch meiner amerikanischen Verwandten solche Zeitungen aus dem Haus zu verbannen und bei gemeinsamen Unternehmungen einen möglichst großen Bogen um jeden Kiosk zu machen. Ich fürchtete, meine Mutter könnte glauben, dass ich in einem Land von lauter Sexbesessenen lebe. Bis heute habe ich mich noch nicht einmal getraut, ihr von Peters großem Interview für den *Playboy* zu erzählen ...

Meine Reaktion auf die Nackedeis hat sich im Laufe der Jahre verändert. Anfangs war es mir äußerst peinlich, mit so vielen nackten Brüsten und Hintern in der Presse und im Fernsehen konfrontiert zu werden. Inzwischen bin ich etwas gelassener geworden. Mir bleibt ja auch nichts anderes übrig, als sie zu tolerieren. Aber meine eher konservative Erziehung lässt mich der überall präsenten Nacktheit immer noch distanziert gegenüberstehen.

Diese Distanz ist auch in den USA weit verbreitet, und ich finde, dass die Rechte der Frauen dort besser geschützt sind. Es gibt zum Beispiel sehr strenge Gesetze in Bezug auf sexuelle Belästigung am Arbeitsplatz, während das in Deutschland manchmal eher locker gehandhabt wird.

Das erlebte ich, als ich einmal an einer Redaktionssitzung teilnahm, bei der mir ein Kollege mit einer Krawatte gegenübersaß, auf der eine nackte Frau abgebildet war. Der Schlips war ein Scherzartikel und schien die übrigen Anwesenden kaltzulassen. Mir dagegen kochte das Blut, während ich vierzig Minuten lang diese dämliche Krawatte anstarren musste. Für meine Begriffe war das nicht nur ein höchst unprofessionelles Auftreten, sondern auch eine Beleidigung der weiblichen Kolleginnen. Ich fühlte mich jedenfalls in meiner persönlichen Würde gekränkt und nahm mir insgeheim vor, dem Kollegen vorzuschlagen, diese Krawatte an Weiberfastnacht zu tragen, wenn die wilden Frauen mit ihren Scheren zur Krawattenjagd anrücken.

Besonders merkwürdig kommt mir auch heute noch die Erotikmesse vor, die einmal jährlich in Bonn stattfindet. Für diese Messe wurden im letzten Jahr in der ganzen Stadt Werbeplakate aufgehängt. An Stoppschildern und neben Ampeln, an denen man vorbeifahren musste, wenn man Kinder zur Schule bringen wollte. Auf den Plakaten war eine Frau in eindeutiger Pose abgebildet.

Der Sohn einer amerikanischen Freundin fragte: »Mami, was macht die nackte Frau da auf den Postern?« Die älteren Mädchen begnügten sich meist mit dem Kommentar »voll ätzend«. Wie die Jungs im Teenageralter reagierten, kann man sich leicht vorstellen.

Während die Plakataktion noch in vollem Gange war, besuchte ich mit einigen amerikanischen Müttern und Kindern, die zum ersten Mal in Deutschland waren, ein Fast-Food-Restaurant. Zufällig lag auf der Theke eine Sonderausgabe der *Bild*-Zeitung. Auf der Titelseite war eine üppig ausgestattete junge Frau ohne Oberbekleidung zu sehen, während neben ihr Hamburger und Pommes frites über den Tresen wanderten.

Viele Teenie-Jungs in Minnesota wären wahrscheinlich äußerst erfreut darüber, kostenlosen Anatomie-Unterricht beim Erwerb eines Burgers zu erhalten.

Die amerikanischen Mütter waren eher entsetzt.

»Mom, was macht die nackte Frau neben unserem Tablett?«

»Gute Frage«, lautete die Antwort meiner Bekannten, die rasch versuchte, die Kinder von der Theke wegzulotsen.

Später fragte sie mich, die Möchtegern-Kulturdolmetscherin für verstörte Ausländer bei ihrem ersten Deutschlandbesuch: »Warum legen die dieses Schmuddelblättchen ausgerechnet in einem Laden aus, wo sich ständig Kinder aufhalten? Was denken die sich nur dabei?« Auf diese Frage konnte ich ihr keine Antwort geben. Interessant dabei ist: Wäre ich dort mit deutschen Freundinnen gewesen, hätte ich gar nicht auf diese Zeitung reagiert. Aber in Begleitung meiner amerikanischen Freundinnen und ihrer Kinder, fühlte ich mich fast schon gezwungen, genauso entsetzt zu reagieren wie sie.

Für mich ist es immer noch gewöhnungsbedürftig, dass man in Deutschland in der Sauna und in Dampfbädern üblicherweise auf Badekleidung verzichtet. Vor allem das oft gehörte Argument, dass es unhygienisch sei, dort Badebekleidung zu tragen, verstehe ich nicht. Mein Badeanzug ist hygienisch, denn schließlich wasche ich ihn regelmäßig. Wie dem auch sei, die meisten Saunagänger begnügen sich mit einem Handtuch zum Adams- beziehungsweise Evakostüm. Man könnte dies als eine Herausforderung für fortgeschrittene Zuwanderer betrachten, mit der ich allerdings überfordert bin.

Auch die Freizügigkeit in öffentlichen Badeanstalten hat mich schon oft erschreckt. Zum Beispiel, als ich an einem heißen Sommertag mit einem deutschen Ehepaar und unseren Kindern einen Ausflug ins Freibad machte. Wir suchten einen Platz unter einem schattigen Baum und breiteten die Decken auf der Wiese aus. Da ich bereits meinen Badeanzug trug, konnte ich mir den Gang zu den Umkleidekabinen sparen. Ähnliches dachte wohl auch der Familienvater, als er mir den Rücken zudrehte und plötzlich sämtliche Hüllen fallen ließ.

»Du lieber Himmel!«, schoss es mir durch den Kopf. Ich war fassungslos, mein Gesicht lief rot an, und ich drehte mich rasch weg, während ich verstohlen um mich blickte, um zu sehen, ob uns jemand beobachtete. Gott behüte, dass meine Landsleute oder meine englischen Bekannten mich hier mit einem nackten Mann sahen. Wie hätte ich ihnen das erklären sollen? Wieder einmal blieben alle um mich herum locker, während ich innerlich aufgelöst war und meiner Tochter am liebsten die Augen zugehalten hätte.

Der ganzen Welt hätte ich am liebsten die Augen zugehalten, als ich eines Tages zufälligerweise in den zweifelhaften Genuss des vielleicht provokantesten Musikclips aller Zeiten – abgesehen von Madonnas Videos – kam. Es hatte den Anschein, als würden bekleidete Menschen Sex miteinander haben, und der Songtext passte zu diesem Konzept. Am meisten störte mich dabei, dass dieser Videoclip aus Amerika kam.

Wie sollte ich meinen europäischen Freunden glaubhaft von der konservativen Einstellung der Amerikaner erzählen, wenn diese gleichzeitig für die Jugend solche Musikvideos produzierten und in der Welt verbreiteten? Ich war ratlos. Wer war denn nun eine größere Gefahr für die Gesellschaft: mein deutscher Bekannter, der sich unauffällig seine Badehose anzog, oder Videoclips, in denen spärlich bekleidete Tänzer sich so aufreizend wie möglich bewegten und von Sex sangen?

In gewisser Weise macht es mich traurig, wenn ich solche Musikvideos mit eindeutigen Hinweisen auf sexuelle Handlungen sehe. Ich kann nicht verstehen, dass es erlaubt ist, sie zu produzieren und zu senden. Vielleicht bin ich wirklich sehr konservativ, aber ich finde, dass die Clips entwürdigend für Frauen sind, indem sie sie lediglich als Objekte darstellen.

Lange Zeit hielt ich mich für den prüdesten Menschen in ganz Deutschland, bis ich an einem besonders heißen Sommertag einem Taxifahrer begegnete, der mich eines Besseren belehrte. Aus irgendeinem unerfindlichen Grund begann der Fahrer, sich über die Sommerkleidung der Frauen aufzuregen. Ich checkte rasch meine Kleidung, um mich zu vergewissern, dass ich nicht gemeint war. Aber in diesem Moment wurde mir klar, dass eine Kultur der Freizügigkeit nicht von jedem anstandslos akzeptiert wird, ja sogar abstoßend wirken kann. Plötzlich erschien mir meine Prüderie weniger abwegig.

Die meisten deutschen und europäischen Frauen kleiden sich figurbetonter und gewagter als die amerikanischen. In den USA zieht sich die Damenwelt viel konservativer an, präsentiert längst nicht so viel Haut und favorisiert bequeme Kleidung.

Als ich mich schon einigermaßen damit abgefunden hatte, dass die Deutschen ein besonders freizügiges Volk sind, machten Peter, Geena und ich einmal einen Wochenendausflug an die niederländische Küste. Nach einer Radtour wollten wir am späten Nachmittag in das Wellenbad unseres Familienhotels gehen.

Bevor wir die Halle betraten, bemerkten wir an der Glastür eine Notiz mit folgendem Wortlaut: »Liebe Besucher, ab achtzehn Uhr ist das Schwimmen nur ohne Badebekleidung gestattet.«

Fassungslos machte ich meinen Mann auf den Hinweis aufmerksam: »Honey, hast du das kleine Schild gelesen? Das kann doch nur ein Scherz sein, oder?«

»Nein«, sagte er, »anscheinend bleibt uns noch eine knappe halbe Stunde, bevor wir uns alle ausziehen müssen!«

Das hätte sicherlich ein besonderes kulturelles Erlebnis werden können, aber wir hatten für halb sieben schon eine Verabredung zum Abendessen. Zum Glück bekleidet, wie ich erleichtert zur Kenntnis nahm.

In der Schweiz erlebten wir ebenfalls eine Überraschung. Peter, Geena und ich flogen zunächst nach Zürich, um von dort aus mit einem Leihwagen in die Berge zu fahren. Nachdem wir das Gepäck im Kofferraum verstaut hatten, stieg ich auf der Beifahrerseite ein. Dort lag ein großer Umschlag auf dem Sitz. In der Annahme, es seien Hinweise zu unserem Mietwagen, riss ich den Umschlag auf und zog den Inhalt heraus. Es handelte sich um eine Ausgabe des *Playboy*.

Ich fiel aus allen Wolken und rätselte noch lange, warum man so ein Give-away in einen Mietwagen legte. Anscheinend fand der Mietservice, wer einen Wagen mit Allradantrieb miete, müsse ein Mann sein, und wer ein Mann sei, hätte stets Bedarf nach Damen ohne Oberbekleidung.

Sollte jetzt der Eindruck entstanden sein, dass ich noch immer mit der deutschen Körperkultur auf Kriegsfuß stehe, dann wäre das übertrieben. Im Gegenteil, ich verliere scheinbar immer mehr den Bezug zu meinem eigenen kulturellen Hintergrund. Ich dachte zwar immer, die amerikanischen Maßstäbe wären fest in mir verankert, doch da täuschte ich mich wohl.

Während eines Sommeraufenthalts in Minnesota besuchten mein Mann und ich mit unserer damals dreijährigen Tochter einen öffentlichen Strand an einem kleinen See. Wir planschten mit Geena im Wasser, bauten Sandburgen und buddelten Löcher. Hinterher war unsere Tochter von Kopf bis Fuß voller Sand. Bevor wir aufbrachen, zog ich Geena den Badeanzug aus und trug sie ins Wasser, um den Sand von ihr abzuspülen.

Oh je, großer Fehler! Der Bademeister auf seinem Hochsitz hatte mich erspäht und blies in seine Trillerpfeife. Vor Schreck ließ ich fast mein sandiges Kind fallen. Zu meiner großen Verlegenheit zeigte der Mann mit dem Finger auf mich und rief mir zu, dass es nicht erlaubt sei, Kinder nackt im Wasser zu baden. Auf einmal kam ich mir in meinem eigenen Land fremd vor. Scheinbar kannten alle die Regeln, nur ich nicht. Ich kam mir wie eine Gesetzesbrecherin ohne Anstand vor.

Auch meine alten Schulfreunde in Amerika bemerkten in diesem Jahr, dass ich immer europäischer wurde: Als ich sie an einem heißen Sommertag besuchte, wollten wir uns einen gemütlichen Nachmittag machen, während die Kinder im Planschbecken spielen konnten. Ich hatte Geenas Badesachen mitgenommen, wohl wissend, dass amerikanische Kinder, egal, wie klein sie sind, niemals nackt herumlaufen. Als wir bei meinen Freunden ankamen, zog ich Geena einen Badeanzug an, damit sie mit den anderen Kindern im Wasser herumtollen konnte. Die Kinder, ungefähr ein Dutzend an der Zahl im Alter von zwei bis sieben Jahren, vergnügten sich mit dem Gartenschlauch, füllten Luftballons mit Wasser und spielten damit in dem kleinen, aufblasbaren Planschbecken.

Kurze Zeit nach unserer Ankunft zog Geena jedoch ihren Badeanzug aus. Ich zog ihn ihr wieder an. Das hielt aber nicht lange vor. Daraufhin versuchte ich es mit einem anderen, trockenen Badeanzug, doch dasselbe Spiel wiederholte sich. Irgendwann gab ich schließlich auf und ließ sie nackig herumspringen, wie sie es von zu Hause im Garten gewohnt war.

Das war der Punkt, an dem meine Freundin bemerkte: »Du liebe Zeit, kann es sein, dass ihr euch europäische Sitten an- gewöhnt habt?«

Na, bitte, dachte ich schmunzelnd, vielleicht bin ich ja doch nicht so verklemmt ...

Kinder mit Eltern unterschiedlicher Nationalitäten übernehmen von dem einen Elternteil dies, von dem anderen das. Sie haben dabei oft ein besseres Gespür als die Erwachsenen, dass es im Leben nicht um den *einen* richtigen oder falschen Weg geht, nicht um das »so, wie Amerikaner es machen, ist es gut«, sondern lediglich um unterschiedliche Herangehensweisen. Mag sein, dass diese Kinder eine vielschichtigere Persönlichkeit entwickeln, denn sie vereinen zwei Kulturen in sich und werden zu kleinen, höchst anpassungsfähigen Chamäleons. Von solchen Kindern, die in zwei Kulturen aufwachsen, gibt es bereits viele in Deutschland. Meine Tochter Geena gehört dazu.

Als sie geboren wurde, lebte ich bereits dreieinhalb Jahre in Deutschland und war bereit, mich nach dem Abenteuer Auswanderung in das Abenteuer Kindererziehung zu stürzen.

Ich selbst war von der strengen Erziehung des amerikanischen Mittelwestens geprägt, als ich hierherkam. Das war nicht verkehrt, denn schließlich lebt in Minnesota ein sehr solider Menschenschlag. Die Leute sind aufrichtig, freundlich, tüchtig und lebenslustig. Aber in Minnesota hat man auch sehr genaue Vorstellungen davon, wie man Kinder erzieht, und das äußert sich nicht nur darin, dass Kleinkinder nicht nackt baden sollten.

Ich nahm an, dass sich die deutsche Art der Kindererziehung von der amerikanischen in einigen Punkten unter scheiden würde und war daher neugierig, was ich hier über Kinder, Erziehung und was sonst noch dazugehört lernen sollte.

Meine ersten Erfahrungen als Mutter in Deutschland waren rundum positiv. Einen besseren Arzt als Dr. Heuschen hätte ich nicht finden können, und die Krankenschwestern auf der Entbindungsstation des Krankenhauses der Augustinerinnen in Köln waren richtig klasse.

Das Gesundheitssystem in Deutschland sorgt glücklicherweise dafür, dass Mutter und Kind sich nach der Geburt erst einmal erholen dürfen. Ich blieb nach der Kaiserschnittentbindung eine Woche im Krankenhaus, denn man ließ mich mit meinem Baby erst nach Hause gehen, als ich mich wieder halbwegs normal fühlte.

So etwas ist nicht selbstverständlich. In Amerika sind Geburten eine Sache von ein paar Tagen. Eine meiner besten Freundinnen aus Minnesota bekam ihr Baby ungefähr zur selben Zeit wie ich, ebenfalls per Kaiserschnitt. Die OP verlief reibungslos, aber bereits nach drei Tagen wurde sie mit ihrer kleinen Tochter aus dem Krankenhaus entlassen. Sie hatte keine andere Wahl, denn die amerikanischen Krankenversicherungen sind der festen Überzeugung, dass drei Tage genügen, damit sich eine Mutter von einem Kaiserschnitt erholt.

Die Wirklichkeit sieht aber oft ganz anders aus: Kaum war meine Freundin zu Hause, kam es zu Komplikationen, weil sie einfach zu schnell wieder mit ihrem normalen Leben beginnen musste. Für sie hieß es nun: Zurück ins Krankenhaus.

Für deutsche Mütter wird besser gesorgt, auch wenn es darum geht, sich Zeit für ihren Nachwuchs zu nehmen. Das ist ein großer Vorteil, und ich bin froh, dass ich meine Tochter hier zur Welt bringen konnte. Und das war erst der Anfang!

Noch heute bewundere ich die großzügigen Regelungen zu Mutterschutz, Erziehungsurlaub und anderen Familienrechten in Deutschland, vom Anspruch auf Kindergeld mal ganz zu schweigen.

In Amerika ist man davon weit entfernt. Dafür spricht allein die Tatsache, dass die USA neben Australien das einzige industrialisierte Land in der Welt sind, das keinen bezahlten Mutterschutz kennt. Die Mütter haben dort lediglich einen gesetzlichen Anspruch auf zwölf Wochen Babyurlaub mit Jobgarantie, und selbst diese Regelung wird nur in größeren Firmen angewandt. Da das volle Gehalt während dieser Zeit nur in Ausnahmefällen gezahlt wird, sparen Frauen ihre gesamten Urlaubstage und sonstigen Ansprüche auf freie Zeit auf, damit sie in der Babypause wenigstens etwas Geld bekommen.

Auch Kindergeld ist in Amerika unbekannt. Wenn das Baby drei Monate alt ist, müssen die Eltern, wenn sie beide berufstätig sind, eine Kindertagesstätte finden und selbst bezahlen, bis das Kind fünf Jahre alt ist und in die Schule kommt.

Angesichts dieser eher harten Regelungen kann ich nicht verstehen, wenn die Deutschen sich über zu niedriges Kindergeld beschweren oder der Meinung sind, man müsste noch mehr Freizeitgarantien und größere Arbeitsplatzsicherheit bekommen.

So wichtig es ist, die gesetzlichen Grundlagen für das Kinderkriegen festzuschreiben, so klar muss man auch sagen, dass solche Gesetze leider fehlen, wenn es um den anstrengenden Alltag mit Babys geht.

Weder die Deutschen noch die Amerikaner haben ein Patentrezept für Babys, die die ganze Nacht hindurch schreien. Die Babys hierzulande sind wie überall auf der Welt: Sie trinken, machen Bäuerchen, weinen und schreien, wann sie wollen.

Der Standardratgeber für schlaflose Eltern war und ist *Jedes Kind kann schlafen lernen*. Peter und ich liehen uns das Buch von Freunden, aber leider hat es unser Leben nicht entscheidend verändert. Hätte unser Baby den Ratgeber selbst gelesen, hätte es vielleicht die Theorie verstanden und beherzigt. Diese Hoffnung gaben wir aber schnell auf. Der beste Trick, um Geena zum Schlafen zu bringen, stand ohnehin in keinem Buch.

Wie Peter und ich irgendwann herausfanden, war die Lösung des Problems die *Doonst-up-zoogs-how-ba* oder – auf gut Deutsch – die Dunstabzugshaube. Es war das längste deutsche Wort, das ich ganz schnell auswendig lernte. Denn es war wichtig, unserem deutschen Babysitter zu erklären, was für eine segensreiche Nebenwirkung diese technische Errungenschaft hatte: Wenn mir nichts mehr einfiel, um mein Kind zu beruhigen (ganz zu schweigen von mir), legte ich die Kleine in den Buggy und schob sie in die Küche, wo ich das *Doonst-ab-zoogs-Dingens* anschaltete. Das monotone Geräusch wirkte sofort beruhigend auf Geena, deren Augen immer schwerer wurden und schließlich zufielen.

Natürlich war die *How-ba* ungefähr so laut wie ein Hochgeschwindigkeitszug, aber bis heute gibt es keine Anzeichen, dass meine Tochter einen Hörschaden davongetragen hat. Außerdem freute ich mich darüber, dass die schicke Dunstabzugshaube in unserer Küche endlich auch einen vernünftigen Zweck erfüllte, statt einfach nur dekorativ von der Decke herunterzuhängen.

Doch nicht nur bei Schlafproblemen halfen Hausmittel. Ich lernte schnell, dass deutsche Eltern lieber auf altbewährte Heilmittel statt auf die konventionelle Medizin zurückgreifen, wenn ihre Kinder krank sind. Meiner Meinung nach ist das sehr interessant und auch sehr gut.

Was macht man zum Beispiel, wenn das Baby eine Kolik hat? Ich weiß zwar nicht, zu welchem Mittel in Amerika bevorzugt gegriffen wird, aber in Deutschland wurde mir geraten, meinem Kind regelmäßig ein Fläschchen Fencheltee mit einem Schuss Apfelsaft oder einer Messerspitze Traubenzucker zu geben, weil dies die Verdauung und den Magen-Darm-Trakt anrege. Deutsche Mütter dürften das für ganz normal halten, aber für mich war es eine großartige Entdeckung. Geena trank begeistert ihren Fencheltee, es war ihr Lieblingsgetränk bis zum Kindergartenalter.

Wenn ich amerikanischen Bekannten von diesem Zaubertrank erzähle, wundern sie sich immer darüber, dass Babys in Deutschland Tee trinken. Es ist für sie besonders schwer vorstellbar, dass ein Baby Geschmack an Fenchel findet. Das kann ich gut nachvollziehen, aber Geena hat dieser Tee geholfen und geschmeckt.

Die große Auswahl an Heilbädern gefällt mir auch sehr gut. Die kennt man in Amerika nämlich nicht. Inzwischen habe ich mich aber so daran gewöhnt, dass ich mich frage, was ich heute ohne das klassische Erkältungsbad machen würde. Für ein Kind mit Schnupfen und Husten gibt es kaum etwas Angenehmeres, und auch als Mutter habe ich ein besseres Gefühl, leichte Krankheiten mit pflanzlichen Mitteln zu bekämpfen als mit der chemischen Keule.

Ganz ohne Medikamente geht es dann aber doch nicht. Wie alle Eltern mussten auch Peter und ich schnell lernen, dass ein Kleinkind nicht nur viele Besuche beim Kinderarzt, sondern auch in der Apotheke bedeutet. Deutsche Apotheken waren für mich am Anfang eine ganz besondere Erfahrung.

In Amerika gibt es alle möglichen rezeptfreien Medikamente in ganz normalen Drogeriemärkten. Und zwar in frei zugänglichen Regalen, sodass man in Ruhe suchen und dann einfach nehmen kann, was man braucht. Hat ein Kind Fieber oder Husten, dann kann man als Mutter zwischen einem Dutzend verschiedener Säfte auswählen, die in unterschiedlichen Geschmacksrichtungen zu haben sind. Man sollte nur wissen, ob der kleine Patient zu Hause lieber Kirsch-, Pfirsich- oder Traubengeschmack mag. Die Mütter finden dort immer das passende Medikament, ohne mit einem Apotheker zu reden.

Ich fand es in Deutschland eher lästig, dass ich jemandem erklären musste, was mit meinem Kind los war. Erschwert wurde die Sache dadurch, dass ich ständig neue Vokabeln wie *Zäpfchen, Hustenmittel, Juckreiz, fiebersenkendes Mittel, Übelkeit, Erbrechen, Schmerzmittel* oder *Wundheilsalbe* lernen musste. So ein grippaler Infekt war für mich jedes Mal ein gutes Zungenbrecher-Training.

Bei meinen Apotheken-Ausflügen habe ich auch festgestellt, dass verschiedene Geschmacksrichtungen bei Medikamenten für deutsche Kleinkinder uninteressant sein müssen. Anders kann ich mir nicht erklären, dass die Apotheker eigentlich nie wissen, wonach ein Husten- oder Grippemittel schmeckt. Sie sagen sich wohl: Hauptsache, es wirkt!

Diese Erfahrung machte ich, als ich für Geena ein Fiebermittel besorgen wollte.

»Ich kann Ihnen dieses Präparat empfehlen«, sagte die Apothekerin zu mir und stellte eine Schachtel auf den Tresen.

»Okay. Ist das das Einzige, das Sie haben? Gibt es keine Auswahl?«

»Sie haben nach einem Fiebermittel für Kinder gefragt, und hier ist eins. Es hilft sehr gut.«

»Aha. Welchen Geschmack hat es denn? Meine Tochter ist nämlich sehr wählerisch, und sie weigert sich, etwas zu trinken, das nach Lakritze schmeckt.«

»Das weiß ich nicht. Auf der Schachtel steht das nicht drauf.«

Damit wollte ich mich nicht zufriedengeben.

»Können Sie vielleicht mal auf dem Beipackzettel nachsehen?«

Die Apothekerin befolgte meinen Vorschlag und sah sich den Beipackzettel an.

»Hier steht leider nichts von einer Geschmacksrichtung. Aber es ist ein Fiebermittel, so wie Sie es wollten.«

Ich versuchte es ein letztes Mal: »Haben Sie vielleicht einen anderen Sirup mit Geschmack? Meine Tochter ist in diesem Punkt *wirklich* sehr anspruchsvoll.«

Die Frau hielt mich bestimmt für eine Verrückte, deren Hauptsorge war, ob die Medizin ihrem Kind gut schmeckte, und eine seltsame Mutter.

Was ich – neben der grundsätzlich kompetenten Beratung – sehr an deutschen Apotheken schätze, ist der Lieferservice. Ich habe schon mehrmals erlebt, dass mir eine Apotheke ein Medikament in wenigen Stunden besorgt und sogar nach Hause geliefert hat, wenn sie es nicht vorrätig hatte. Dieser Service ist besonders hilfreich, wenn man ein krankes Kind hat und nicht gut von daheim wegkann.

Damit die Kinder erst gar nicht krank werden, so habe ich als frisch gebackene Mutter in Deutschland gelernt, geht man mit dem Kind mindestens eine Stunde am Tag spazieren. Meine Schwiegermutter machte mir klar: »Das Kind muss an die frische Luft.« Eine Stunde war das tägliche Mindestpensum.

Bewusst wurde mir der Frische-Luft-Druck allerdings erst, als ich hörte, wie mehrere Frauen über eine andere Mutter lästerten, die dieses Soll nicht erfüllte. Wenn ich mich nicht täusche, sollen Babys durch ausgiebige Spaziergänge abgehärtet und an jede Witterung, ja, an das Leben selbst gewöhnt werden.

Ich erfüllte jedenfalls meine Pflicht und ging täglich eine Stunde lang mit Geena spazieren, ob bei Regen oder Sonnenschein. Dabei achtete ich immer darauf, dass ich eine weiche, kuschelige Schaffelldecke für meine Kleine dabeihatte, sie warm genug angezogen war und bei Regen nicht nass wurde. Ich weiß zwar nicht, ob meine Tochter durch die Ausflüge an der frischen Luft abgehärtet wurde, aber dafür verlor ich meinen Schwangerschaftsspeck.

Als Geena alt genug war, brachte ich sie in eine Krabbelgruppe. Anfangs dachte ich, diese Gruppe wäre dazu da, dass die Kinder miteinander spielen können. Aber jeder, der selbst Kinder hat, weiß, dass die Realität anders aussieht. Vielmehr ist es so, dass die Kleinen sabbernd auf dem Boden herumkrabbeln und Bazillen austauschen, während die Mütter die Stunde damit verbringen, Baby-Erfahrungen auszutauschen.

Während die anderen Mütter sich aktiv einbringen konnten, war ich die Einzige, die die deutschen Spiele und Lieder nicht kannte. Was war aus *Round and round the garden, like a teddybear* oder *eye-winker, nose-smeller, chin-chopper, chin-chopper, chin-chopper* geworden? Das sind die Reime, mit denen wir in den USA die *toddler*, unsere Krabbelbabys, bei Laune halten. Ich kam mir in der Krabbelgruppe absolut fehl am Platze vor. Ich war erleichtert, als mein Mann mir gestand, sich dort genauso unwohl zu fühlen wie ich, nachdem er einmal für mich eingesprungen war.

Zum Glück begann ich kurze Zeit darauf wieder zu arbeiten, und von da an ging die Tagesmutter mit Geena in die Krabbelgruppe. Die deutschen Kinderlieder habe ich trotzdem gelernt – durch den jeder Mutter wohlvertrauten Kinderliedersänger Rolf Zuckowski.

Nachdem Geena laufen gelernt hatte, war es an der Zeit, zum Spielplatz zu gehen, damit sie ihre ersten kulinarischen Erfahrungen mit Sand machen konnte.

Während sie dort spielte, konnte ich beobachten, wie deutsche Eltern ihren Nachwuchs erziehen. Dabei fiel mir auf, dass viele deutsche Eltern strenger mit ihren Kindern umgehen als wir Amerikaner. Ich hörte häufig barsche Worte, wie zum Beispiel »Steh auf, dir fehlt nichts!«, in Situationen, in denen ich eine Umarmung und ein paar tröstende Worte angemessener gefunden hätte. Vielleicht war das Verhalten der deutschen Eltern auf dem Spielplatz Teil des Konzepts, Kinder bereits im frühen Alter dahingehend zu erziehen, sich durchzusetzen, selbstständig zu werden und auf sich selbst aufzupassen.

Ein deutscher Vater erzählte mir, dass er seine Jungs bereits im frühen Kindesalter daran gewöhnt hatte, von den Eltern getrennt zu sein. Er sagte: »Schließlich werden unsere Kinder später einmal flügge und verlassen irgendwann das Elternhaus, und da kann es nicht schaden, sie früh genug darauf vorzubereiten.«

Natürlich finde ich auch, dass Kinder zur Selbstständigkeit erzogen werden sollten, aber ich glaube, Amerikaner legen mehr Wert darauf, den Jüngsten eine angenehme und sorgenfreie Kindheit zu ermöglichen, und rücken die Erziehung zur Selbstständigkeit erst später in den Mittelpunkt.

Für das deutsche Konzept des Sichdurchsetzens gibt es im Englischen kein Pendant, man kann es noch nicht einmal wörtlich übersetzen. Doch hier war Sichdurchsetzen zu der Zeit ein Modewort, als ich mich in der Kleinkinderwelt durchwurschtelte. Aus diesem Grund wunderte mich das Ergebnis einer repräsentativen Untersuchung, die ich in diesem Zusammenhang entdeckte, keineswegs. 1991 hatte man zum ersten Mal deutsche Eltern befragt, auf welche Eigenschaften sie bei der Kindererziehung besonderen Wert legen. Auf Platz eins landete mit 75 Prozent das Durchsetzungsvermögen. Höflichkeit und gutes Benehmen folgten mit 68 Prozent erst an zweiter Stelle. Fünfzehn Jahre später wurde diese Umfrage wiederholt, und glücklicherweise – wie ich finde – landete dieses Mal die Höflichkeit mit 89 Prozent auf Platz eins. Allerdings kam das Durchsetzungsvermögen gleich danach mit 75 Prozent.

Meiner Meinung nach sollten wir unseren Kindern vor allem beibringen, Respekt und Toleranz füreinander zu haben, aufeinander aufzupassen, sich gegenseitig zu helfen und Mut zu machen. Mir erschien dieses Konzept des Sichdurchsetzens immer ein klein wenig zu rabiat.

Nicht nur bei den Erziehungskonzepten, sondern auch bei der Auswahl des Spielzeugs für den Nachwuchs gibt es erhebliche Unterschiede zwischen den Deutschen und den Amerikanern.

Viele Deutsche favorisieren im Gegensatz zu meinen Landsleuten Holzspielzeug für ihren Nachwuchs. Manchmal scheint es mir, als gebe es die Devise: Alles, bloß kein Plastik.

Andererseits frage ich mich aber: Woher kommen dann die lauten roten Bobbycars? Bobbycars sind nämlich das schrecklichste Plastikspielzeug, das je erfunden wurde. Von der Existenz dieser Nervtöter wusste ich vor meinem Umzug nach Deutschland nichts.

Doch das sollte sich bald ändern: Eines Abends hörte ich ein furchtbares Grollen auf dem Nachbargrundstück, das ich absolut nicht einordnen konnte. Ich dachte, dass ein Flugzeug auf unser Haus stürzt, rannte nach draußen und suchte vergeblich den Himmel ab. Weit und breit war kein Flieger in Sicht. Ich spitzte die Ohren; der Krach kam von der anderen Seite des Zauns. Daher spähte ich heimlich in den Nachbargarten hinüber. Und was sah ich? Den wahrscheinlich harmlosesten Anblick, den man sich vorstellen kann: ein kleines Kind, das auf einem roten Plastikauto saß. Der Nachbarsjunge rollte mit wachsender Begeisterung immer wieder den asphaltierten Gartenweg hinunter und wurde dabei jedes Mal schneller. Das hörte sich an wie ein Flugzeug beim Start und war ein ohrenbetäubendes Getöse.

Ich habe nichts gegen spielende Kinder, aber dieser Lärm ist einfach nicht normal. Wenn man seinem Kind schon Plastikspielzeug kauft, sollte man wenigstens darauf achten, dass es weder beim Kind noch bei den Nachbarn Gehörschäden verursacht, dachte ich mir an diesem Tag.

Aber was geschah? Ein Jahr später kaufte ich selbst ein Bobbycar für Geena. Allerdings nicht die klassische Variante in Rot. Nein, meine Kleine bekam einen lila Porsche Baby-Boxster S. Ich kam mir beim Kauf dieses Spielzeugs zwar wie eine Scheinheilige vor, aber ich wollte meinem Kind nicht vorenthalten, was alle anderen besaßen. Daher wich ich auf ein Sondermodell aus, um mich von den anderen Eltern abzugrenzen. Ich wollte die Tatsache verschleiern, dass ich einem Kollektivzwang erlegen war.

Glücklicherweise zeigte Geena überhaupt kein Interesse an ihrem Bobbycar. Es stand verlassen draußen herum und gammelte vor sich hin, bis ich es schließlich verschenkte.

In amerikanischen Kinderzimmern gibt es überwiegend buntes Plastikspielzeug mit lauter Knöpfen und Hebeln, die wunderbare Geräusche machen. Man kann das natürlich als Plastikkram abtun, aber die Kinder lieben so etwas.

Als meine Tochter einmal krank war, kaufte ich ihr ein besonders kitschiges Spielzeug, um sie aufzuheitern: eine Winnie-Puuh-Spieluhr. Wenn man sie anschaltete, begann sich der Teller zu drehen, und der etwas korpulente Bär schnellte mit seinen Gefährten Tigger, I-Ah und Ferkel zur Titelmelodie von *Winnie Puuh* aus kleinen gelben und roten Teetassen hervor. Dieses Plastikding stieß bei meinem kleinen Puuh-Fan auf große Begeisterung, und im Nu besserte sich Geenas Laune. Sie schien der Spieluhr niemals überdrüssig zu werden.

Dann kam das Wochenende, als mein Schwiegervater uns besuchte. Seine Höflichkeit hält ihn davon ab, andere zu kritisieren, und er versucht, seine Gedanken lieber hinter einer Pokermiene zu verbergen. Dennoch konnte ich in seinem Gesicht ablesen, dass er seine eigene Meinung zu diesem

Spielzeug hatte. Wahrscheinlich war es ihm viel zu bunt, viel zu laut und viel zu kitschig. Aber Geena war begeistert, und ich ebenfalls.

Allerdings werden alle kleinen Erdenbürger mit der Zeit größer. Irgendwann landete Winnie Puuh in einer Schachtel auf dem Speicher, und es begann die Kindergartenzeit.

Ich machte die Erfahrung, dass Eltern in Deutschland nicht früh genug damit beginnen können, sich um einen Kindergartenplatz zu bemühen. Ich kenne einige Mütter und Väter, die ihr Kind bereits direkt nach der Geburt auf die Warteliste setzen ließen, damit es drei Jahre später einen sicheren Platz im Kindergarten hatte. Peter und ich hatten das Glück, sofort einen Kindergartenplatz für Geena zu bekommen, als sie das entsprechende Alter erreicht hatte. Die erste Hürde war geschafft. Auch der Kindergarten selbst erwies sich als Glücksfall, da die Erzieherinnen liebevoll mit den Kindern umgingen und unsere Tochter nun die Möglichkeit hatte, ihre *Vatersprache* Deutsch weiterzuentwickeln. Zudem fand Geena dort einige Spielkameraden.

Überrascht hat mich, dass im Kindergarten weder das Alphabet noch die Zahlen gelehrt werden. In den USA gehört das ab dem fünften Lebensjahr schon fest ins Programm jedes Kindergartens. Stattdessen spielen, basteln, singen und malen die deutschen Kinder, bis sie sechs Jahre alt sind.

Amüsiert verfolge ich seit einiger Zeit in den Medien, dass immer mehr deutsche Politiker und Bildungsfachleute allmählich erkennen, dass nichts dagegenspricht, den Kleinen bereits im Kindergarten etwas beizubringen, zum Beispiel das Alphabet oder Zahlen von eins bis zehn. Allen Eltern ist bekannt, wie wissbegierig Kinder bereits im frühen Alter sind. Und die meisten Fünfjährigen schlagen locker jeden Erwachsenen im Memory.

Nach den sehr behüteten Kindergartenjahren in Deutschland, mit Kuschelecke, Sandkasten und Bastelsachen, musste dann der Schritt in ein recht strenges Schulsystem getan werden. Wie sollte es nun weitergehen? Um diese Frage zu klären, setzten Peter und ich uns intensiver mit dem Thema Schule auseinander. Schließlich wollten wir die passende Einrichtung für unsere zweisprachige Tochter finden.

Die teilweise sehr durchschnittlichen Bewertungen der deutschen Schulen in internationalen Vergleichsstudien machten uns ein wenig Sorgen. Also versuchte ich, in unserem Bekanntenkreis Antworten auf die vielen offenen Fragen zu finden: Waren die Eltern mit der schulischen Erziehung ihrer Kinder im Großen und Ganzen zufrieden? Und, wichtiger noch, waren die Kinder selbst damit zufrieden? Wurde ihnen der Lernstoff auf kreative und konstruktive Weise vermittelt? Machte das Lernen Spaß?

Da ich selbst das Glück hatte, eine tadellose und gut organisierte Schulbildung zu genießen, waren meine Erwartungen hoch. Ich gebe zu, dass nicht alle Schulen in Amerika so empfehlenswert sind wie jene, die ich besucht habe, aber wenigstens gibt es dort einheitliche Schulzeiten, und der Unterricht endet stets um halb drei oder eine Stunde später.

Wenn es etwas gibt, das ich an Deutschland partout nicht begreife, sind das die ständig wechselnden Unterrichtszeiten. Oder womöglich auch das gesamte Schulsystem. Das ist nämlich unheimlich kompliziert und schwer zu durchschauen, wenn man nicht damit aufgewachsen ist.

Die erste Überraschung für mich war, dass Kinder in Deutschland erst mit sechs, oder, wenn die Eltern das so wünschen, sogar mit sieben Jahren eingeschult werden.

In den USA fangen die Kinder normalerweise alle mit fünf Jahren an. Sie starten mit einer Art Vorschule, dem *kindergarten*, der aber nicht mit seinem deutschen Namensvetter vergleichbar ist. Die amerikanischen Kindergärten sind ein Teil des Grundschulsystems, und die Kinder lernen dort buchstabieren und zählen. Der Job der Lehrerin ist es, alle ihre Schützlinge spielerisch zu fördern, bis sie mehr oder weniger dasselbe Niveau erreicht haben.

Bei vielen deutschen Familien habe ich dagegen miterlebt, wie schwer der Übergang vom Kindergarten in die erste Klasse für manche Kinder sein kann. Unvermittelt sind sie gefordert, innerhalb kurzer Zeit eine kompakte Menge Stoff zu lernen. Das bedeutet eine gravierende Umstellung zu den vorangegangenen Jahren.

Irgendwann las ich sogar einen Aushang, der für einen Elternkurs warb, um den Erstklässlern diese Umgewöhnungsphase zu erleichtern. Das muss man sich mal vorstellen – ein Seminar für Eltern anlässlich der Einschulung ihres Kindes! So etwas hatte ich noch nie gehört.

Nachdem ich zusätzlich von der Vorschuluntersuchung erfahren hatte, war ich etwas nervös. Viele Mütter und Väter machten sich Sorgen wegen dieser Einschulungsuntersuchung. Immer wieder gab es nämlich Fälle, in denen keine ausreichende Schulreife attestiert wurde. Das passierte beispielsweise, wenn die Kinder nur mangelnde motorische Fähigkeiten hatten, bei den Zuordnungsaufgaben versagten oder Papierformen nicht sauber genug ausschnitten. Es war erstaunlich, wie sehr manche Eltern sich vor den Ergebnissen dieses Tests fürchteten.

Das hat mich wirklich beeindruckt. Bei uns in Minnesota kamen wir Kinder einfach alle mit fünf Jahren in die Schule. Wahrscheinlich mussten unsere Eltern einen Impfpass vorlegen, aber das war nichts, wovor man Angst haben musste. Ich dagegen hatte immer mehr das Gefühl, dass ich es als Mutter im deutschen System schwer haben würde.

Hat ein Kind den Einschulungstest erfolgreich hinter sich gebracht, kommen auf die Familie die kuriosen Unterrichtszeiten zu. Mal geht ein Unterrichtstag von acht Uhr bis um Viertel vor zehn, der nächste beginnt um Viertel vor neun und endet um halb elf, und der übernächste dauert von Viertel vor zehn bis Viertel nach zwölf. Meine Bedenken wurden noch größer, als ich hörte, dass Kinder bisweilen ein Schreiben von der Schule mit nach Hause bringen, in dem steht: »Liebe Eltern, Ihr Kind hat für den Rest der Woche unterrichtsfrei, da der Klassenlehrer erkrankt ist. Mit freundlichen Grüßen, der Rektor.«

Ein befreundetes Ehepaar erzählte mir, sie fürchteten sich davor, dass ihr Kind in der Klasse einer bestimmten Lehrerin landete, die unter Asthma litt und jedes Jahr mehrere Wochen ausfiel. Die Kinder in dieser Klasse hinkten im Vergleich zu ihren Mitschülern den anderen automatisch hinterher. Auf meine Frage an die Freunde, warum es keinen Vertretungspool gibt, sagten sie mir: »Weil dafür kein Geld da ist. Das können sich die Schulen nicht leisten.«

Als Außenstehende finde ich es geradezu haarsträubend, dass keine Mittel für Aushilfslehrerprogramme bereitgestellt werden. Vielleicht ist mir ja etwas entgangen, aber ich dachte immer, Kinder sind unsere Zukunft. Heißt es nicht so schön: »Wer in Kinder investiert, investiert in die Gesellschaft.«? In einem, was soziale Dinge angeht, so großzügigem Land wie Deutschland, kann es doch nicht sein, dass den Kindern das Recht auf Unterricht wegen der Ausfallzeiten der Lehrer verweigert wird.

Aber ich sehe auch Anzeichen für einen Wandel. Im Sommer 2003 sicherte die Schröder-Regierung vier Milliarden Euro zur Förderung von Ganztagsschulen und neuen Lehrmethoden für einen Zeitraum von fünf Jahren zu. Ich verfolge mit Interesse die Entwicklung in einigen Bundesländern, flächendeckend an den Schulen die Ganztagsbetreuung einzuführen. In einer Kleinstadt in unserer Gegend wurden allerdings sämtliche Pläne für den Ausbau von Ganztagsschulen wieder zurückgestellt, da das Interesse der Eltern eher verhalten war.

Da ich mit einem einheitlichen Schulsystem groß geworden bin, kann ich nicht nachvollziehen, wieso die Regierung keinen verbindlichen Leitfaden für Ganztagsschulen erarbeiten lässt. Dieses bundeslandabhängige Stückwerk scheint die Sache nicht nur komplizierter zu machen, sondern duldet zudem, dass Kinder, je nachdem, welche Schule sie besuchen, unterschiedlich stark gefördert werden.

Ich zog für mich das Fazit, dass ich mich nur mit großer Mühe an das deutsche Schulsystem gewöhnen würde. Auch wenn die Kinder hier eine gute Schulbildung erhalten, konnte ich mich nicht mit dem Gedanken anfreunden, Geena auf eine deutsche Schule zu schicken. Hauptsächlich schreckten mich der zu erwartende organisatorische Albtraum und der abrupte Übergang vom Kindergarten zur ersten Klasse ab. Nach längerem Suchen verbunden mit einem Umzug fanden Peter und ich glücklicherweise eine andere Art von Schule, an der unsere Tochter in zwei Sprachen lernen kann und die Schulzeiten berechenbar sind.

Auch die ganze Aufregung um die weiterführende Schule hätte mir zu viel Stress verursacht. Für mich war das neu, aber deutsche Eltern wissen es: Hat man die ersten drei Schuljahre des Kindes hinter sich gebracht, kündigt sich schon die nächste große Entscheidung an. In der vierten Klasse entscheidet ein Lehrer, der vielleicht mehr als dreißig Kinder in seiner Klasse betreut, mit einer verbindlichen schriftlichen Bildungsempfehlung, wie die weitere schulische und damit möglicherweise auch schon berufliche Karriere eines Kindes aussieht.

Ich finde das geradezu unglaublich. Statt allen die Möglichkeit zu geben, ihre Talente und Fähigkeiten mit der Zeit zu entwickeln, wird bereits im Alter von etwa neun Jahren selektiert, wer wie hoch auf der Karriereleiter steigen darf. Wie viele Kinder offenbaren in diesem zarten Alter bereits ihre erlernten Fähigkeiten und Begabungen? War Einstein auch schon mit neun ein Genie?

Doch zurück zu den Schulen. Ich weiß, auch die Schulen in den USA haben nicht alle den gleichen Standard. Manche sind besser, manche schwächer.

Aber überall gilt das gleiche System für die Schüler: In der Regel werden sie mit fünf Jahren eingeschult und sind mit achtzehn Jahren fertig. Wenn sie nicht gerade ganz miserable Noten haben, bekommen sie bei ihrem Abschluss ein *High School Diploma*. Es gibt keine Abschlussprüfungen wie das Abitur, und daher haben fast alle Schüler die Möglichkeit zu studieren, wenn sie wollen. Sie können die Chancen, an einer Universität angenommen zu werden, bereits während ihrer Schulzeit verbessern, indem sie sich beispielsweise an Gemeinschaftsprojekten beteiligen oder besondere Leistungen in Sport oder Kunst bringen. Wenn ein Schüler zusätzlich gute Noten hat, hat er Aussichten auf einen Platz an einer der Elite-Universitäten wie zum Beispiel Harvard oder Yale. Diejenigen mit durchschnittlichen Noten gehen stattdessen an andere Universitäten, die aber meist auch über einen guten Bildungsstandard verfügen, wenn sie auch nicht so berühmt sind wie die sogenannten *Ivy League*-Unis. Selbst mit schwächeren Noten kann man immer noch an kleineren Universitäten oder den weit verbreiteten *Community Colleges* studieren.

Selbst wenn ich nie auf einer deutschen Schule war, habe ich schon einige der hiesigen Schulen von innen gesehen. Mir kommen sie oft ein wenig spartanisch vor. Meine alte Highschool war nichts Besonderes, aber was ihre Ausstattung anging, war sie doch sehr typisch für eine amerikanische Schule.

Dort gab es ein Footballfeld, einen Fußballplatz, eine Lauf-
bahn und Leichtathletik-Anlagen, ein Hallenbad, Tennis-
plätze, ein Theater, Proberäume für Chor und Musiker, eine
riesige Werkstatt, Küchenzeilen für den Kochunterricht und
den neuesten Schnickschnack. Zu meiner Zeit wurden Kurse
in fünfzehn verschiedenen Sportarten angeboten, und man
konnte sich außerdem in einem Theaterkurs, einem Debat-
tierkurs, einem Hauswirtschaftskurs, einem Chor und einer
Marschkapelle, Französisch- und Deutschkursen, bei Cheer-
leader- und allen möglichen anderen Aktivitäten engagieren.
Für jeden war etwas dabei.

Amerikanische Schulen beschränken sich nicht auf den Unterricht, sondern bieten darüber hinaus viele Möglichkeiten
zu gemeinschaftlichen Aktivitäten. Das stärkt das Wir-Gefühl
der Schüler ungemein. Außerdem kann jeder Schüler seine
persönlichen Neigungen und Talente pflegen, und Kinder aus
allen sozialen Schichten haben die Möglichkeit, ohne Extra-
kosten oder lange Anfahrtswege an einer Vielzahl von Frei-
zeitaktivitäten teilzunehmen.

Trotz der vielen Vorteile des amerikanischen Schulwesens
muss ich aber sagen, dass die staatlichen Universitäten in
Deutschland gegenüber den amerikanischen einen großen
Vorteil haben: Sie sind umsonst oder kosten nicht viel. Zwar
führen mittlerweile immer mehr Hochschulen eine Semester-
gebühr von mehreren hundert Euro ein, aber verglichen mit
den Semesterbeiträgen in den USA sind das Peanuts.

Die Studenten an amerikanischen Universitäten wären sicherlich begeistert, wenn sie im Jahr nur tausend Euro statt
zwanzigtausend US-Dollar bezahlen müssten. Das US-Sys-
tem bietet für das finanzielle Problem folgenden Ausweg: Ein
ausgeklügeltes Verfahren von leistungsbezogenen Stipendien
ermöglicht es den Studenten, die sich nicht auf die Brieftasche
ihrer Eltern verlassen können, ihr Studium abzuschließen.

Trotzdem gilt es als normal, vom Hörsaal zu einem Nebenjob zu gehen, um sich ein Taschengeld dazuzuverdienen.

Ist die Universität dann abgeschlossen, steht sowohl den amerikanischen als auch den deutschen Absolventen der Start in die Berufswelt bevor.

Wenn das eigene Kind erst einmal an diesem Punkt angekommen ist, kann man als Mutter oder Vater nur hoffen, dass alle Erziehungskonzepte und Bildungssysteme dazu beigetragen haben, dass aus dem Nachwuchs eine aufrichtige, warmherzige Persönlichkeit geworden ist, die anderen Menschen mit Respekt und Toleranz begegnet und die es schafft, ihren eigenen Platz in der Welt zu finden.

Mein Universitätsabschluss in den USA lag schon viele Jahre zurück, und es war Zeit, meine Eingewöhnungsphase in Deutschland abzuschließen und wieder ins Berufsleben zurückzukehren. Die Herausforderungen im ersten Jahr hatte ich gemeistert, ohne dabei den Verstand zu verlieren, und ich war nun für die kommende Zeit vorbereitet. Auch meine deutschen Sprachkenntnisse waren mittlerweile gut genug, um mich in meiner neuen Heimat zurechtzufinden.

Ich hatte das Glück, als freie Mitarbeiterin bei CBS einsteigen zu können, nachdem ich den Kollegen bei Newsnet, der Nachrichtenabteilung des Senders, so lange auf die Nerven gefallen war, bis sie meinem Wunsch endlich nachgaben.

Der Kontakt zu Newsnet stammte noch aus meiner Zeit als Producerin für das RTL-Nachrichtenbüro in New York. In jenen zwei Jahren hatte sich zwischen unserem kleinen Korrespondentenbüro und den CBS-Leuten eine freundschaftliche Beziehung entwickelt, und wir hatten oft zusammengearbeitet. Die Nachrichtenabteilung wurde damals von einer richtigen Powerfrau geleitet, Marcy McGinnis, die später in London Nachrichtenchefin wurde und bis vor einiger Zeit sogar Vizepräsidentin von CBS News war. Nach meinem Weggang aus New York hielt ich weiterhin Kontakt zu dieser talentierten und dynamischen Frau. Ich hoffte, ihr irgendwann meine Unterstützung bei einem neuen Gemeinschaftsprojekt von CBS und RTL anbieten zu können.

Marcy und Nic Jakob, der den deutschen Privatsender

repräsentierte, waren die Hauptinitiatoren eines europaweiten Projekts für den Austausch von Nachrichten via Satellit, das von Luxemburg aus gesteuert wurde. Es nannte sich ENEX, die Abkürzung von *European News Exchange*. Täglich lieferte ENEX die neuesten Meldungen an TV-Sender, koordiniert von einem kleinen Team in Luxemburg, das mit festen Ansprechpartnern bei den einzelnen Fernsehanstalten zusammenarbeitete. CBS und RTL waren die federführenden Sender dieser Nachrichtenplattform, und meine Aufgabe bestand darin, stellvertretend für CBS das Gemeinschaftsprojekt in der Kölner Nachrichtenzentrale von RTL zu betreuen. Ich war sozusagen das Bindeglied zwischen mehreren Ländern. Wenn zum Beispiel in Brüssel ein NATO-Gipfel stattfand, kümmerte ich mich darum, dass unser Partnersender in Belgien einen Übertragungswagen vor Ort schickte, um die ENEX-Mitglieder aus Deutschland, England, Amerika, Japan und so weiter via Satellit mit den gewünschten Bildern zu versorgen.

Für mich kam dieses Projekt wie gerufen, und ich stieg wieder voll und ganz in die Berufswelt ein. Zwar arbeitete ich für einen amerikanischen Sender, aber ich hatte täglich Kontakt zu allen möglichen Fernsehstationen weltweit und unterstützte besonders die Zusammenarbeit zwischen CBS und RTL. Auch eine weitere Tatsache entzückte mich geradezu: Ich hatte das Gefühl, von lauter Deutschlehrern umgeben zu sein. Auch wenn es den Kollegen von RTL nicht bewusst war, konnte ich mir bei ihnen abschauen, wie in Deutschland Nachrichten gemacht werden und dabei ganz nebenbei meine Sprachkenntnisse verbessern.

Die täglichen Redaktionssitzungen verlangten mir anfangs einiges ab: Ich hörte zwar aufmerksam zu und lachte mit, wenn die anderen lachten, aber ich hatte meistens keinen blassen Schimmer, worüber geredet wurde. Manchmal gab es hitzige Diskussionen, und ich hoffte, dass es nicht um mich oder meine direkten Kollegen ging. Glücklicherweise konnte ich in solchen Fällen anschließend zu Peter gehen, um ihn zu fragen, worüber diskutiert worden war. Wenn ich ihn mal nicht fragen konnte, gab es immer genug Kollegen, die englisch sprachen. Mit der Zeit konnte ich den Redaktionsgesprächen auch besser folgen, und mein Selbstvertrauen wuchs. Trotzdem blieben am Schluss oft viele Fragen offen, die mir meine Kollegen im Anschluss beantworteten. Die einzige Möglichkeit, mich bei ihnen zu revanchieren, war, dass ich meine Englischkenntnisse anbot, wenn sie gebraucht wurden. Allerdings war dies oft einfacher gesagt als getan.

Am häufigsten kamen die Sportredakteure auf mich zu: »Wir brauchen deine Hilfe, wir können nämlich nicht richtig verstehen, was dieser Basketballer im Interview gesagt hat. Kannst du vielleicht mal kurz in den Schneideraum kommen?«

»Okay.«

Ich hörte mir die Aufnahme an.

»Hm, so ein Englisch habe ich noch nie gehört. Könnt ihr die Stelle noch mal abspielen?«

Ich lauschte erneut angestrengt.

»Hm, ich bin nicht sicher, ob ich das übersetzen kann.«

Oder manchmal auch: »Hm, ich bin nicht sicher, ob ich das übersetzen möchte.« Sie wissen, was ich meine, falls Sie jemals ein unbearbeitetes Interview mit einem Sportler gesehen oder gehört haben. Manche Sätze sind eben nicht jugendfrei.

Um in einer europäischen Nachrichtenredaktion zu arbeiten, muss man mindestens zweisprachig sein. Viele Mitarbeiter bei RTL sprechen sogar drei oder mehr Sprachen. Und das fließend, nicht nur gebrochen. Wenn ein Amerikaner sagt, er kann nur wenige Brocken einer Fremdsprache, ist das wörtlich zu nehmen. Wenn ein Deutscher sagt: »Ich spreche ein bisschen Spanisch und ein klein wenig Französisch.«, handelt es sich meistens um eine Untertreibung. In meinem Kollegenkreis wurde Spanisch, Russisch, Französisch, Englisch, Deutsch und Italienisch gesprochen. Wenn es notwendig war, fand sich in der Redaktion auch immer jemand, der Portugiesisch oder Arabisch konnte.

In der Nachrichtenzentrale gab es auch einen Iren, Joe, der fließend Deutsch sprach. Er war verantwortlich für die Abteilung, in der alle Übertragungsleitungen gebucht werden und zusammenlaufen. Für mich waren Joes Dolmetscherkünste und sein technisches Know-how einfach unbezahlbar. Die Leute, die mit ihm zusammenarbeiteten, erstaunten mich jedes Mal aufs Neue: Sie konnten sofort von einer Sprache auf die nächste umschalten, wenn es erforderlich war. Es war nicht ungewöhnlich, dass sie in den linken Telefonhörer französisch sprachen, in den rechten englisch und nebenbei deutsch in die Gegensprechanlage.

Für mich war es vor allem dann ein riesiger Vorteil, dass viele der Kollegen in der Nachrichtenredaktion gut englisch sprachen, wenn mal wieder eine wahrscheinlich wichtige Information auf Deutsch in Lichtgeschwindigkeit an mir vorübergerauscht war, ohne dass irgendetwas davon hängen blieb, oder wenn Fachausdrücke benutzt wurden.

Fernsehleute haben ihre ganz eigene Sprache, gespickt mit vielen Abkürzungen. Solche Begriffe findet man leider nicht im Wörterbuch, man muss sie von anderen lernen. Im Englischen ist es schon schwierig genug, diesen Fachjargon zu beherrschen, aber im Deutschen kam mir alles erst recht wie ein einziger großer Buchstabensalat vor. Eine *sight survey*, bei der man vorab die Örtlichkeiten nach geeigneten Kamera- und Übertragungswagenpositionen sowie Übernachtungsmöglichkeiten auskundschaftet, ist im Deutschen zum Beispiel eine *Vorbesichtigung*, ein Wort mit fünf Silben. Der *SNG Truck* oder *Satellite Truck* heißt hierzulande *Satellitenübertragungswagen*, ein Monsterwort mit insgesamt zehn Silben. Und ich hatte nur wenig Zeit, mir diese Begriffe anzueignen.

Denn schon kam der nächste dringende Anruf:

»Wir brauchen ganz dringend die Digi und einen Ü-Wagen in Italien.«

»Okay, gerne, wenn du mir sagst, was *Digi* bedeutet.«

»Oh, Digi steht für unsere mobile Uplinkstation in München.«

Ich hätte hinter *Digi* einen Hund vermutet.

»Und wo genau in Italien soll der Ü-Wagen hingeschickt werden?«

Während es unter den deutschen Kollegen offenbar zum Allgemeinwissen gehörte, alle möglichen Orte in Italien, Frankreich, der Schweiz und anderen europäischen Ländern zu kennen, hörte ich diese Namen alle zum ersten Mal. Ich lernte also nicht nur die Fachbegriffe, sondern musste mich auch auf der europäischen Landkarte zurechtfinden. Als ob die ganzen Wörter nicht schon genug Arbeit machten!

Auf meinem Schreibtisch lag eine immer länger werdende Übersicht von deutschen Modewörtern und Fachausdrücken, mein offizieller Spickzettel.

Als ein wichtiger Strafprozess bevorstand, musste ich mich mit dem Juristendeutsch vertraut machen. Ich sollte die Übersetzungen der deutschen Tagesmeldungen an die englischsprachigen Kollegen liefern und wollte inhaltliche Fehler natürlich vermeiden. Dazu war eine ständige Feinabstimmung nötig.

»Was ist der Unterschied zwischen *Schießerei* und *Schusswechsel*?«, lautete eine typische Frage von mir. »Ist das nicht beides das Gleiche?«

»Ja, das ist inhaltlich kein Unterschied.«

»Und was bedeutet *BKA*?«

»Das steht für Bundeskriminalamt. Ich denke, das kann man mit dem amerikanischen FBI vergleichen.«

»Und was heißt *Vorermittlungsverfahren* und *Selbstmordattentäter* und *Untersuchungsgefängniszelle*, und warum haben all diese Wörter so viele Silben?«

Solche Begriffe hatte ich natürlich nicht im Deutschkurs gelernt. Daher musste ich mir diese Sprache in meinem persönlichen *Juristische Fachbegriffe im Deutschen für fortgeschrittene Anfänger*-Kurs selbst beibringen.

Während ich in meinem Job immer besser klarkam und Menschen aus den unterschiedlichsten Arbeitsbereichen kennenlernte, bekam ich auch allmählich einen besseren Einblick in die deutsche Arbeitskultur. Es fing damit an, dass ich lernte, was ein Betriebsrat ist. Ich erfuhr, dass diese Institution interessanterweise aus der deutschen Nachkriegszeit, der Phase des Wiederaufbaus und des Wirtschaftswunders, stammt und damals wie heute die Funktion hat, die Arbeitnehmerinteressen zu vertreten und für gute Beziehungen zwischen den Arbeitnehmern und Arbeitgebern zu sorgen.

Für Amerikaner ist dieses Konzept einer von der Basis bestimmten Kontrollinstanz neu, da in den USA die alleinige Verantwortung bei den Führungskräften liegt (abgesehen von ein paar Gewerkschaften in beschäftigungsstarken Sektoren).

Meine erste und einzige direkte Begegnung mit dem Betriebsrat der Nachrichtenzentrale hatte ich an einem besonders hektischen Tag. In Eschede bei Hannover war ein ICE entgleist und gegen eine Brücke gerast. Eine Meldung jagte die nächste, und meine Kollegen und ich hatten alle Hände voll zu tun, um die logistischen Vorbereitungen für den Einsatz mehrerer Kamerateams und Reporter zu treffen. Ich fühlte mich wie eine der Wüstenspringmäuse meiner Tochter, wenn sie in ihrem Käfig herumflitzen: um mich herum nur hektisches Gewusel und Gefiepe.

Meine wichtigste Aufgabe war, die Kameraleute, Reporter und Producer, ihre Ausrüstung und die Übertragungstechnik zu einem bestimmten Ort zu bringen und dort so zu koordinieren, dass alle wussten, was zu tun war. Jeder Sender unserer

Gruppe musste schnellstens mit aktuellen Informationen versorgt werden, die dann sofort über die Fernsehbildschirme flimmern sollten. Dazu standen meine Kollegen und ich ständig mit unserem Leitungsbüro in Kontakt, um die Sendefrequenzen und Überspielungszeiten auf dem *bird*, sprich: Satelliten, abzustimmen. Nebenbei rief Gott und die Welt an, um sich Satellitenkapazitäten zu sichern, obwohl noch niemand von der Nachrichtenzentrale vor Ort war.

Alles in allem also ein einziges Chaos, in dem ich versuchte, Ordnung zu halten. Das ist normal an schlagzeilenträchtigen Tagen. Als Producer ist man für die Gesamtleitung einer Produktion zuständig und muss daher überall gleichzeitig sein, weil man an jeder Ecke gebraucht wird. Selbst von ausländischen Fernsehsendern, bei denen man gar nicht auf der Gehaltsliste steht. Manche versprechen einem sogar ihr Erstgeborenes für Live-Exklusivaufnahmen. Dieser Ausnahmezustand kann Stunden oder Tage dauern.

An genau diesem Tag waren wir personell unterbesetzt, und ich war froh, dass wir es dennoch schafften, die Reporter an den Ort des Geschehens und die Topmeldung rechtzeitig unter die Leute zu bringen. Nach stundenlanger Hektik, in der es auf jede Minute ankam, bekam ich plötzlich ein Fax. Es stammte vom Betriebsrat, der von mir ein detailliertes Protokoll darüber verlangte, welche Mitarbeiter wie viele Stunden bei welchem Einsatz eingeplant waren.

»Das ist wohl ein Scherz!«, dachte ich. Ich hatte bis dahin nicht einmal die Gelegenheit gefunden, zur Toilette zu gehen, und die wollten von mir detaillierte Angaben darüber, wer wo wie lange war?!

In amerikanischen Nachrichtenredaktionen kümmert man sich erst einmal nur darum, dass man mit den Nachrichten auf Sendung geht. Wenn dieser Teil der Arbeit erledigt ist, sprechen sich Reporter und Producer kurz mit dem Chef ab, wie geleistete Überstunden abgegolten werden.

Dort gibt es keine dritte Instanz, die nach den Arbeitszeiten fragt, geschweige denn mitten in eine Übertragung hineinplatzt.

Doch nicht nur der Betriebsrat sorgt sich um das Wohlergehen der Arbeitnehmer. Ich stellte nämlich fest, dass Arbeitsplätze in Deutschland insgesamt viel besser geschützt sind als in den USA. Ist dort ein Chef mit der Leistung eines Angestellten nicht zufrieden, oder die Firma muss aus wirtschaftlichen Gründen Arbeitsplätze abbauen, kann es passieren, dass man Knall auf Fall entlassen wird. So etwas ist in Amerika normal, denn ein Chef muss sich mit niemandem wegen einer Kündigung abstimmen oder diese gar vor einem Betriebsrat begründen. Auch Abfindungen werden nur selten gezahlt. So einfach kann es sich ein deutscher Arbeitgeber in den meisten Fällen nicht machen.

Auch im Fall von Arbeitslosigkeit gibt es große Unterschiede zwischen Amerika und Deutschland. Hierzulande ist das soziale Sicherheitsnetz dicht geknüpft, die finanzielle Absicherung bei Arbeitslosigkeit scheint besser geregelt. In Deutschland bleibt selbst die Krankenversicherung automatisch weiter bestehen, weil das gesetzlich so vorgesehen ist. Das ist zwar teuer für den Staat, aber ich finde es vorbildlich sozial.

In den USA gibt es keine so großzügige Regelung, und die Bestimmungen für das Arbeitslosengeld variieren von Staat zu Staat. In Minnesota zum Beispiel wird es nur gezahlt, wenn die Menschen ihren Job nicht aus eigenem Verschulden verloren haben, und selbst dann haben sie höchstens sechsundzwanzig Wochen lang Anspruch auf Unterstützung.

Bezüglich der Krankenversicherung bei Arbeitslosigkeit gibt es in den gesamten USA eine einheitliche Gesetzesregelung. Ein Arbeitnehmer, der arbeitslos wird, hat das Recht, seine Krankenversicherung für achtzehn Monate zu verlängern, wenn der ehemalige Arbeitgeber mehr als zwanzig Mitarbeiter hat. Das Problem dabei ist jedoch, dass die Arbeitslosen die Kosten der Krankenversicherung selbst zahlen müssen. Wer kann sich so etwas schon leisten, wenn er keine Arbeit hat? Ist der Ehepartner auch arbeitslos, steckt man in einem schrecklichen Dilemma, weil dann die ganze Familie nicht mehr versichert ist. Zu der Sorge, arbeitslos zu sein, kommt die, wie man den Arzt und die Medikamente bezahlen soll, falls man selbst oder eines der Kinder krank wird. Ein doppelter Schlag.

Das Arbeitsklima an sich ist in Amerika dafür ein bisschen entspannter: Kollegen sprechen sich mit dem Vornamen an, der Dresscode ist weniger strikt, und während der Arbeit entwickeln sich viele Freundschaften.

Ich muss immer noch lachen, wenn ich in einem deutschen Geschäft bin und die Verkäufer und Verkäuferinnen sich gegenseitig mit *Frau* oder *Herr* ansprechen. Das ist zwar sehr höflich, aber ich kann mir nur schwer vorstellen, dass sie sich mal für ein Picknick am Wochenende verabreden.

In Amerika dagegen spricht man sogar seinen Rechtsanwalt mit dem Vornamen an. Damit ist man sofort auf demselben Niveau, lediglich in unterschiedlichen Funktionen. Das hat einen großen Vorteil: Jeder hat bei der Arbeit das Gefühl, einen Beitrag zum Großen und Ganzen zu leisten, und niemand fühlt sich den Kollegen gegenüber allzu überlegen. Das macht es einfacher, konstruktive Kritik zu üben, auch gegenüber Vorgesetzten.

Wenn ich den deutschen Arbeitnehmern zuhöre, habe ich allerdings oft das Gefühl, dass es im Arbeitsleben weitaus wichtigere Dinge als Vorgesetzte und Betriebsräte gibt. Urlaub zum Beispiel.

Ich wollte meinen Ohren nicht trauen, als ich vom Urlaubsanspruch der Deutschen erfuhr: Nimmt man die fünfundzwanzig bis dreißig Tage Urlaub im Jahr und zählt, je nach Bundesland, neun bis zwölf Feiertage dazu, ergibt das eine Menge Freizeit, so um die vierzig Tage. Das sind fast zwei Monate, wenn man nur die Arbeitstage rechnet. Gleichzeitig erschreckte mich die Einstellung mancher Arbeitnehmer: »Diesen Urlaub habe ich mir redlich verdient, ich Armer. Ich bin völlig überarbeitet.«

Urlaub als Geburtsrecht zu sehen fällt schwer, wenn man in einem Land aufgewachsen ist, in dem die Arbeit immer an erster Stelle steht. Mit der typisch deutschen Einstellung konnte ich mich lange nicht anfreunden. Das liegt vielleicht daran, dass ich mit dem Leitspruch von John F. Kennedy aufgewachsen bin, der einmal sagte: »Frage nicht, was dein Land für dich tun kann, sondern was du für dein Land tun kannst.« Meine berufliche Erfahrung in den USA hat mich gelehrt, dass man sich Vergünstigungen erst erarbeiten muss und nicht als gegeben voraussetzen kann.

In den USA ist der Freizeitanspruch viel geringer, und deshalb gibt es darüber auch wenig zu reden. Ich denke zum Beispiel an meinen ersten Job Mitte der Achtzigerjahre: Im ersten Jahr bekam ich überhaupt keinen Urlaub, dann eine Woche, und erst ab dem dritten Jahr hatte ich Anspruch auf zwei Wochen freie Zeit. Zwei Wochen gelten auch heute noch als durchaus normal in den USA.

Erzählt man Amerikanern vom klassischen deutschen Urlaubsanspruch, dann können sie es kaum fassen: »Sechs Wochen Urlaub im Jahr und danach habt Ihr Euren Job noch? Unglaublich!«

Aber hierzulande hört man auf den Fluren jeder x-beliebigen Firma: »Sie sehen gut erholt aus. Sie hatten wohl einen schönen Urlaub.« Oder: »Wie viel Urlaub hast du noch übrig? Ich habe noch zwölf Tage Resturlaub, aber ich weiß einfach nicht, wann ich die nehmen soll.« Oder: »Ich muss meinen Resturlaub bis Ende März nehmen, dabei habe ich gar kein Geld, um zu verreisen. Aber was soll ich machen? Vielleicht bleibe ich einfach zu Hause und mache es mir dort gemütlich.«

Die Firmen sind sogar dazu verpflichtet, die Mitarbeiter über ihre Ansprüche auf dem Laufenden zu halten, denn schließlich soll niemand Urlaubstage verschenken.

Sollten das Personalbüro oder die Sekretärin einmal vergessen haben, die Mitarbeiter an ihren Resturlaub zu erinnern, braucht man nur die Zeitung aufzuschlagen. In unserer Lokalzeitung stand ein Artikel zu eben diesem Thema, in dem daran erinnert wurde, die restlichen Urlaubstage nicht verfallen zu lassen. Die Überschrift lautete: »Resturlaub jetzt schnell noch nehmen!« Es klang fast wie eine Warnung der Öffentlichkeit: »Achtung, liebe Bundesbürger, Sie sollten nicht einen Tag länger arbeiten, als Sie müssen.« In dem Artikel wurde darauf hingewiesen, dass laut Gesetz der Resturlaub bis Ende März des Folgejahres abgegolten sein muss. Auf diese Weise wird der Leser morgens bei der ersten Tasse Kaffee direkt animiert, seinen nächsten Urlaub zu planen

Wie der hohe Urlaubsanspruch sind mir die vielen religiösen Feiertage in manchen Bundesländern ein Rätsel. Die Deutschen sind nicht wirklich religiös: Laut einer Umfrage glauben 65 Prozent der Deutschen an Gott, aber nur 15 Prozent der Gläubigen besuchen regelmäßig den Gottesdienst. Und das ist das eigentlich Rätselhafte daran, denn die Feiertage nehmen die Menschen trotzdem sehr gerne mit. Vor allem in den Monaten Mai und Juni häufen sich die katholischen Feiertage, an denen Schulen und Geschäfte geschlossen bleiben. In einigen Bundesländern gibt es zwar weniger davon, aber nicht in den katholisch geprägten Regionen wie Bayern oder Nordrhein-Westfalen, wo ich lebe. Zu denken, dass die Gläubigen an solchen Tagen alle in die Kirche gehen, um zu beten und sich zu besinnen, ist jedoch falsch. Ganz im Gegenteil:

Die Autobahnen sind voll, und die Kirchen sind leer. Denn diese Feiertage eignen sich bestens für ein verlängertes Wochenende. In diesem Zusammenhang lernte ich das Wort *Brückentag* kennen. Manchmal habe ich das Gefühl, dass man ein kleines Wörterbuch nur mit gebräuchlichen Ausdrücken zum Thema Urlaub auflegen könnte.

Nicht nur die Anzahl der freien Tage, auch die deutschen Arbeitszeiten unterscheiden sich immens von den amerikanischen.

Amüsiert las ich eines Tages in der *International Herald Tribune* die Überschrift: »Deutsche pochen auf ihr Recht auf Freizeit: Kritiker befürchten, dass im Land die Faulheit grassiert«. Ich finde, da ist etwas dran. In dem Artikel hieß es: »Die Deutschen arbeiten am wenigsten von allen führenden Industrienationen – nämlich durchschnittlich 1557 Stunden pro Jahr, die neuen Bundesländer nicht berücksichtigt. Verglichen dazu werden in Frankreich 1605 Stunden im Jahr geleistet, in England 1693 und über 1900 in Amerika, das damit Spitzenreiter ist.«

Dieses Ergebnis bestätigt den großen Unterschied zwischen der amerikanischen und der deutschen Arbeitswelt. Unter dem Strich leisten amerikanische Beschäftigte gut 300 Stunden mehr im Jahr als deutsche. Außerdem wird in den USA häufiger an Sonn- und Feiertagen gearbeitet. Und zwar ganz ohne zu klagen, weil es völlig normal ist. Sicherlich hätten viele meiner Landsleute auch nichts gegen dreißig Urlaubstage im Jahr einzuwenden, aber auf der anderen Seite haben die meisten Arbeitnehmer eine sehr positive Einstellung zu ihrer Arbeit.

Die Deutschen scheinen da eine andere Meinung zu vertreten. Unsere Lokalzeitung titelte sogar: »Von deutschen Arbeitszeiten können Amerikaner nur träumen«. Nachdem ich den Bericht über die glücklichen Deutschen gelesen hatte, die so wenig arbeiten müssen, fragte ich mich, was der Verfasser damit wohl sagen wollte. Sollte es für die Deutschen etwa erstrebenswert sein, deutlich weniger zu arbeiten als die Amerikaner? Angesichts der immer noch relativ hohen Arbeitslosenzahlen und beim Blick auf die aufstrebenden Volkswirtschaften, die den Deutschen vor allem im Osten Europas Konkurrenz machen, erscheint es mir persönlich nur schwer vorstellbar, dass man sich dauerhaft ein solch großzügiges System leisten kann.

Außerdem denke ich, dass sich der Umstand, nicht so viel arbeiten zu müssen, zweifelsohne eines Tages ändern wird. Schon heute gibt es nicht genügend junge Menschen, die für die ältere Generation aufkommen können. Aufgrund der niedrigen Geburtenrate in Deutschland von durchschnittlich 1,3 Kindern pro Familie wird in der Zukunft nicht die Arbeitslosigkeit das Problem sein, sondern vielmehr der Mangel an Arbeitskräften. Wahrscheinlich muss Deutschland mehr tun, um die älteren Menschen in den Arbeitsmarkt zu integrieren.

Das macht zum Beispiel eine bekannte amerikanische Drogeriekette: Sie bietet ihren älteren Angestellten die Möglichkeit, während der wärmeren Frühlings- und Sommermonate in den nördlichen Bundesstaaten zu arbeiten und während der Wintermonate in den Filialen in Florida. Diese Flexibilität macht die Firma zu einem attraktiven Arbeitgeber für ältere Beschäftigte, die im Warmen überwintern wollen, es sich aber nicht leisten können beziehungsweise auf ihren Job angewiesen sind. Das ist eine kreative Lösung, um den Älteren die Möglichkeit zu geben, aktiv zu bleiben und einen Beitrag zur Gesamtwirtschaft zu leisten.

Auch meine Mutter arbeitete, bis sie siebzig war. Ihr Job als Krankenschwester beim Roten Kreuz gab ihr das Gefühl, gebraucht zu werden und etwas Sinnvolles mit ihrer Zeit anzufangen. Sie ist nicht die einzige Rentnerin, die das so sieht.

Bei einem Besuch in Pennsylvania fiel mir auf, dass in den Geschäften auffällig viele ältere Menschen arbeiteten, beispielsweise in Kaufhäusern, Supermärkten und Buchhandlungen. All diese Leute schienen mit Freude bei der Arbeit zu sein. Sie grüßten freundlich und zeigten sich stets hilfsbereit. Arbeit wurde von ihnen nicht als Strafe empfunden, sondern als Möglichkeit, einen gesellschaftlichen Beitrag zu leisten, bei dem man nebenbei etwas Geld verdient und mit anderen in Kontakt kommt.

Ein großer Unterschied zwischen der amerikanischen und der deutschen Arbeitswelt wird zudem im Umgang mit Krankheit deutlich.

In Deutschland habe ich beispielsweise ein neues Virus entdeckt, das anscheinend überwiegend hier grassiert. Bevor ich hierherzog, hatte ich in meinem ganzen Berufsleben noch nie von diesem Leiden gehört. Ich meine Kreislaufprobleme, die sich in Form von Schwächeanfällen und niedrigem Blutdruck äußern und zu einer vorübergehenden Arbeitsunfähigkeit führen. Nachdem ich mich jahrelang über diese deutsche Volkskrankheit amüsiert hatte, die ich für einen gelungenen Bluff hielt, machte ich eines Morgens selbst schlapp, weil mein Blutdruck viel zu niedrig war. Das war eine beängstigende Erfahrung, und mich erschreckte die Vorstellung, von nun an zu der Gruppe Menschen zu zählen, die mit Kreislaufproblemen zu kämpfen hat. Trotzdem kann ich mir nicht erklären, warum gerade die Deutschen so sehr darunter leiden und sich deswegen krankschreiben lassen. In Amerika haben wir noch nicht einmal ein Wort für diesen Zustand.

Abgesehen vom Umgang mit Kreislaufproblemen neigen hierzulande Patienten wie auch Ärzte dazu, kleinere körperliche Beschwerden und Wehwehchen ernster zu nehmen, als ich das aus der amerikanischen Arbeitswelt kenne. Krankmeldungen werden meistens für mehrere Tage ausgestellt, nicht selten sogar länger.

In Amerika dagegen lässt man sich nach einem Arztbesuch nicht so schnell für einen oder mehrere Tage krankschreiben. Als ich meinen ersten Job antrat, war im Arbeitsvertrag genau festgelegt, dass ich pro Jahr vier Tage krank sein durfte. Wäre ich länger krank gewesen, dann hätte man mir die entsprechenden Tage vom Gehalt abgezogen.

Viele amerikanische Chefs reagieren ziemlich genervt, wenn sich jemand öfter krankmeldet, und viele Angestellte kommen auch in angeschlagenem Zustand zur Arbeit, nur um nicht als kränklich zu gelten oder eine Beförderung, wenn nicht sogar den Job aufs Spiel zu setzen. Das führt natürlich dazu, dass sich viele Angestellte mit Hustenstillern, Schnupfenmitteln oder anderen Medikamenten über Wasser halten.

Die Einstellung der Chefs kann ich inzwischen nachvollziehen. Als ich einmal einen Dienstplan für unsere kleine Abteilung von fünf Producern in der Kölner RTL-Redaktion erstellte, rief eine Kollegin an und meldete sich für die restliche und die darauffolgende Woche krank. Sie war wirklich angeschlagen, aber dennoch wunderte ich mich: Woher wusste der Arzt, dass die Krankheit so lange dauern würde? Hätte er nicht zunächst die erste Woche abwarten sollen, um dann die Patientin erneut zu untersuchen und sich über den Verlauf der Genesung eine gesicherte Meinung zu bilden?

Besser wäre es: Die Tragweite ist nämlich immens. Wer zum Beispiel die Angestellten in Arbeitsschichten einteilen muss, steht immer vor großen Schwierigkeiten, die Ausfallzeiten aufzufangen, wenn sich jemand wochenlang krankmeldet.

Eine andere Gesundheitsmaßnahme, die mich fasziniert, ist die Kur. Auch dafür haben wir in Amerika kein Wort – Kuren gibt es dort nicht. Und zwar nicht, weil wir einen Mangel an warmen Quellen oder hübschen Mittelgebirgsorten hätten, ganz im Gegenteil. Es käme einfach niemand auf die Idee, eine Kur zu beantragen, und es gäbe keine Krankenkasse, die dafür zahlen würde.

Wenn ich die deutsche Arbeitswelt mit der amerikanischen vergleiche, ist schnell klar, in welchem Land es den Arbeitnehmern besser geht. Daher warte ich auf den Tag, an dem die Berufstätigen in Deutschland erkennen, wie glücklich sie sich schätzen können. Die Menschen hier genießen einen hohen Lebensstandard, sie sind sozial unglaublich großzügig abgesichert und profitieren von einer guten Infrastruktur, arbeitsrechtlichen Vergünstigungen sowie Umschulungsprogrammen. Zudem ist fast jeder Bundesbürger krankenversichert. Und sie haben mehr Urlaub als die meisten anderen Menschen in der Welt. Warum also sich beklagen?

In den Medien ist immer wieder mal von der »Servicewüste Deutschland« die Rede: Als Käufer wartet man lange auf Hilfe, bekommt bei Nachfragen oft patzige Antworten vom Verkaufspersonal und geht schließlich mit dem Gefühl nach Hause: Nicht der Kunde ist König, sondern der Verkäufer. Diese Erfahrungen habe ich auch schon häufig gemacht.

In Amerika dagegen fühle ich mich als Kunde manches Mal willkommener. Kürzlich gingen mein Mann und ich während eines Besuchs in Minnesota am amerikanischen Unabhängigkeitstag in ein Kaufhaus. In Amerika ist das ein wichtiger Feiertag, und viele Menschen nehmen sich ein oder zwei Tage frei, machen ein Picknick und schauen sich abends ein Feuerwerk an. Im Kaufhaus war es ziemlich voll, und sechs Kassen waren geöffnet.

In Gedanken noch in Deutschland sagte ich mitfühlend zu der Kassiererin: »Sie Arme, dass Sie ausgerechnet am Feiertag arbeiten müssen.«

Darauf entgegnete sie: »Oh, das macht mir nichts aus. Heute ist es wenigstens nicht so stressig wie sonst, und außerdem bekommen wir fünfzig Prozent Feiertagszuschlag.«

Lächelnd wünschte sie uns noch einen schönen Tag.

Es ist gerade diese freundliche, entspannte und hilfsbereite Einstellung, die ich in den USA schätze. Obwohl die Menschen dort viel mehr arbeiten müssen und nicht wenige davon im Niedriglohnsektor beschäftigt sind, ändert das scheinbar nichts an ihrer positiven Einstellung zur Arbeit.

In Deutschland lässt diese positive Einstellung sehr oft zu wünschen übrig, und man landet als Kunde eben in der Servicewüste. Genau dorthin fühlte auch ich mich versetzt, als ich vor kurzem in ein Fotogeschäft ging, um ein neues Ladegerät für meine Digitalkamera zu kaufen. Das alte hatte mein Mann in einem Hotelzimmer vergessen. Ich hatte die Kamera samt Batterien dabei, um dem Verkäufer zeigen zu können, für welches Gerät ich das Ersatzteil brauche. Als ich dem älteren Mann hinter der Verkaufstheke die Kamera gab und erklärte, was ich wollte, schien er damit etwas überfordert zu sein.

»Sind Sie sicher, dass Sie das Ladegerät verloren haben? Es ist nämlich nicht leicht, ein neues zu beschaffen.«

Darauf erwiderte ich: »Ich habe schon das ganze Haus auf den Kopf gestellt, und sogar im Hotel habe ich angerufen, aber die können es auch nicht finden.«

»Tja«, meinte der Verkäufer, »wenn ich wirklich ein Ersatzgerät für Sie bestellen soll, brauche ich dafür die Gebrauchsanleitung mit der Artikelnummer. Und wahrscheinlich wird es ziemlich teuer und kann lange dauern.«

Da ich keine Lust hatte, dafür extra noch mal in das Geschäft zu kommen, fragte ich: »Kann ich Ihnen die Artikelnummer auch telefonisch durchgeben?«

»Nein, das geht nicht. Ich brauche die Gebrauchsanleitung. Außerdem müssen Sie eine Vorauszahlung leisten.«

Also schleppte ich mich samt Kamera und Gebrauchsanleitung noch einmal in das Fotogeschäft mit dem älteren Fachverkäufer. Konfus blätterte der Mann durch die Gebrauchsanweisung. Dabei verwünschte er immer wieder den Kamerahersteller.

Nach fünf Minuten drehte er sich plötzlich zu einem Regal um und zog einen Katalog heraus, in dem die Seriennummern von Kamerazubehör aufgelistet waren. Aha! Darin stand also die Information, die er brauchte, und nicht in meiner Gebrauchsanweisung! Ich verlor kein weiteres Wort, sondern zog lediglich meine Geldbörse heraus, um die Anzahlung zu leisten. Schließlich wollte ich ein Ladegerät, und kein Theater mit diesem Mann.

Natürlich kann man auch in anderen Geschäften in der Servicewüste landen, zum Beispiel im Baumarkt. Dort suchte ich einmal einen Verkäufer, der mir weiterhelfen konnte. Als ich endlich jemanden traf, bekam ich die klassische Aussage »Tut mir leid, aber für diese Abteilung bin ich nicht zuständig« zu hören. Ich stellte meine Frage trotzdem und wurde direkt an einen Kollegen verwiesen, der irgendwo im Laden unterwegs war. Zehn Minuten später hatte ich dann endlich den entsprechenden Mitarbeiter gefunden und ... er fühlte sich ebenfalls nicht zuständig und verwies mich an den Kollegen, der mich zuvor zu ihm geschickt hatte. Und das Gerenne ging von vorne los.

Ähnliche Situationen habe ich hier schon oft erlebt. Offenbar bin ich mit meinen Erfahrungen nicht allein. Umfragen belegen, dass etwa zwei Drittel der Deutschen mit dem Servicepersonal in ihrem Land nicht zufrieden sind, da es oft unfreundlich ist.

Interessant finde ich, dass manche Geschäfte ihre Kunden dafür mit niedrigen Preisen zu locken versuchen. Dahinter steckt wohl die Einschätzung, dass der Kunde über unfreundliches Personal und lange Warteschlangen hinwegsieht, solange die Sachen nur billig sind. Dennoch frage ich mich, ob der günstige Preis alles wettmacht, zumal die kleineren Einzelhändler in Umfragen wesentlich besser abschneiden. Mag sein, dass ich dort mehr für meine Einkäufe bezahle als im Discounter, aber dafür bekomme ich etwas, das ich in den Billigläden nicht erwarten kann, nämlich ein Lächeln und freundliche Beratung. Ganz umsonst.

Ganz umsonst kann man sich in vielen deutschen Geschäften auch die Klagen der Mitarbeiter anhören, die sich oft lautstark und in Anwesenheit von Kunden über vermeintliche

Ungerechtigkeiten in ihrem Job beschweren: »Samstagnachmittag arbeite ich nicht ... brauche dringend Urlaub ... Scheißwetter ... faule Kollegen ... fieser Chef ...« – die Liste könnte noch beliebig weiter fortgeführt werden. Zugegeben, meine Studie, wo auf dieser Welt am meisten gejammert wird, ist noch nicht abgeschlossen, aber trotzdem würde ich jetzt schon behaupten, dass das Jammern in Deutschland Kultur hat.

Gelegentlich bekommt der Kunde in Deutschland sogar Einblick in das Privatleben der Angestellten. Es ist schon öfter passiert, dass ich die Verkäuferin etwas fragen oder einfach bezahlen wollte, mich aber gedulden musste, bis diese ihr Privatgespräch beendet hatte. Nicht selten komme ich mir als Kunde wie ein richtiger Störenfried vor: »Ähm, Verzeihung, tut mir leid, dass ich Sie unterbreche, aber ich möchte wissen, ob ich eben meine Sachen bei Ihnen bezahlen kann, oder soll ich besser warten, bis Sie geklärt haben, ob Ihr Bruder die Tochter des Nachbarn oder seine erste Liebe aus dem Kindergarten heiraten wird?« Scheinbar ist es mancher Verkäuferin wichtiger, wer ihre zukünftige Schwägerin wird, als für Umsatz zu sorgen und mich meine Einkäufe bezahlen zu lassen.

Unübertroffene Spitzenreiter in Sachen Unterhaltung sind allerdings Supermärkte. Ich habe inzwischen gelernt, dass ich dort das beste Theater in der Stadt sehen kann. Die Gespräche zwischen den Verkäuferinnen kommen meistens nicht ohne eine gewisse Theatralik und Dezibelstärke aus.

Sehr amüsant fand ich beispielsweise, als ich einmal miterlebte, wie Frau Schmidt aus der Fleisch- und Wurstabteilung die Hilfe ihrer Kollegin Frau Meier benötigte. Sie verkündete ihr Anliegen in einer Lautstärke, dass alle es hören konnten.

»Frau Meier?«

Keine Reaktion.

Danach lauter: »Frau Meiii-er?«

Am liebsten wäre ich zu Frau Schmidt gegangen und hätte ihr gesagt, dass ich Frau Meier kurz zuvor bei den Cornflakes am anderen Ende des Ladens gesehen habe. Aber ich zog es doch vor, mich aus dem Stück herauszuhalten.

Schließlich tönte Frau Schmidts Stimme irritiert durch den ganzen Laden: »Frau Meier! Kommen Sie bitte! Sie werden hier dringend gebraucht!«

Das wirkte dann auch. Außerdem wusste nun jeder im Laden, dass Frau Meier sich auf den Weg machte – zur Fleischtheke oder Kasse oder wo sie auch immer hinkommen sollte. Für mich war es ein kurzes, aber lebendiges Schauspiel.

An den Kassen kann man oft ein anderes Spektakel verfolgen. Da die Schlangen meist lang sind, wird der deutsche Kunde in dem Moment zum Raubtier, wenn eine zusätzliche Kasse geöffnet wird. Als ich das zum ersten Mal erlebte, konnte ich meinen Augen kaum trauen. Fast schien es wie ein Wettkampf, bei dem jedes Mittel recht ist und alle Teilnehmer mit guten Manieren verlieren. Das weckte bei mir keine große Freude, da ich weiß, dass es anders geht. In Amerika bleibt die Reihenfolge der Wartenden, wie sie in der alten Schlange war, bestehen, und niemand versucht, den anderen zu überholen.

Der krönende Abschluss eines jeden Einkaufs in Deutschland ist allerdings das Wettrennen mit der Kassiererin. Als ich zum ersten Mal in einem Supermarkt bezahlen wollte, dachte ich mir: »Das kleine Ding mit dem Laufband soll die Kasse sein?«

Gerade weil die Laufbänder so kurz sind, muss ich jedes Mal in Höchstgeschwindigkeit meine Waren auf das Band legen, bezahlen und wieder abräumen. Denn am Ende des Bands ist so gut wie kein Platz, um die Sachen in Ruhe einzupacken. Ich werfe die Einkäufe lediglich in einem Affentempo wieder in den Wagen, ohne sie ordentlich in Taschen oder Tüten verstauen zu können.

Für diesen Wettkampf, in dem der Kunde beweisen muss, dass er mit der Kassiererin mithalten kann, musste ich lange trainieren. Vielleicht kann man irgendwann eine besondere olympische Disziplin daraus machen und Medaillen für die schnellsten Kunden verteilen.

Medaillen verdient hätte auf jeden Fall auch die Umweltfreundlichkeit der Deutschen. Da können Amerikaner noch viel lernen. Es ist wirklich lobenswert, wie viele Leute hier einen Korb oder Stofftaschen zum Einkaufen mitnehmen. Das hat inzwischen sogar auf mich abgefärbt: Neulich habe ich tatsächlich einen schicken roten Stoffkorb gekauft und verzichte seitdem auf meine tägliche Plastiktüte. Wir sollten das nach Amerika exportieren, denn meine Landsleute könnten Hilfe in Sachen Umweltschutz gut gebrauchen.

Niemals hätte ich allerdings damit gerechnet, dass sogar bei deutschen Zollbeamten ein gesteigertes Umweltbewusstsein zu beobachten ist. Ich hatte vom Zoll eine Benachrichtigung erhalten, die ich gründlich studieren musste, um dahinterzukommen, dass es sich um die Aufforderung handelte, ein Paket abzuholen. Ich wusste nicht, warum ich ein Paket beim Zoll abholen musste, und war aus diesem Grund etwas nervös.

Als ich das Zollamt betrat, hatte ich keinen blassen Schimmer, was ich tun sollte. Deshalb fragte ich einen anderen Wartenden, ob ich eine Nummer ziehen müsse. Er verneinte. Also stand ich blöd herum, wartete und fragte mich, wo bei diesem System die Ordnung war. Ich wartete ziemlich lange.

Schließlich rief mir eine Mitarbeiterin von ihrem zehn Meter entfernten Schreibtisch aus zu, dass ich gleich dran wäre. Die erste Etappe war geschafft, und ich, das Opfer ... ich meine ... die Besucherin, war endlich offiziell wahrgenommen worden. Tatsächlich musste ich nicht mehr lange warten. Einer der Beamten winkte mich zu sich.

»Welchen Inhalt hat die Sendung, die Sie abholen möchten?«

»Das weiß ich nicht.«

»Sie wissen nicht, was drin ist?«

Ich war kurz davor zu sagen: »Hm, vielleicht das Mari huana, das ich bei meinem Dealer in Afghanistan bestellt habe.«

Stattdessen versuchte ich, ruhig zu bleiben: »Ich weiß es wirklich nicht. Ich erhalte öfter mal ein Paket aus Übersee, ich komme nämlich ursprünglich aus Amerika.«

»Ah ja. Dann sehe ich mal nach, ob ich was finden kann.«

Ein, zwei Minuten später kam der Mann mit einem riesigen blauen Sack zurück, den er vor mir auf die Theke plumpsen ließ.

Dann forderte er mich auf: »Öffnen Sie bitte den Sack.«

»Wie bitte?«

»Machen Sie ihn auf.«

Da ich mich kooperativ zeigen wollte, entgegnete ich: »Oh, schon okay, ich habe nichts dagegen, wenn Sie ihn selbst aufmachen.«

»Dazu bin ich nicht befugt.«

War mir etwas entgangen? Beim Zoll werden doch ständig Pakete geöffnet?!

»Hier«, erwiderte er nur und gab mir ein zangenähnliches Werkzeug, um das Gummiband aufzuschneiden, das dick um den Sack gewickelt war.

Im Sack befand sich ein Paket von einem amerikanischen Buchhändler, bei dem ich Kinderbücher bestellt hatte.

»Öffnen Sie das Paket«, forderte der Zollbeamte mich auf. Er gab mir ein Paketmesser.

»Hey, sind die im Flugzeug nicht verboten? Und Sie drü cken mir so eine gefährliche Waffe einfach in die Hand?«

Keine Reaktion von der anderen Seite der Theke.

Ich öffnete das Paket, und der Beamte warf einen Blick hinein. Er nahm die Rechnung heraus und begann zu rech nen. Es ging also um Geld und nicht darum, dass ich des Drogenschmuggels oder anderer krimineller Handlungen verdächtigt wurde. Das Ergebnis des Mannes war, dass ich nichts zu zahlen brauchte. Ich konnte meine Bücher nehmen und gehen.

»Danke«, sagte ich, nahm rasch den Karton aus dem blauen Sack und wollte mich auf den Rückweg machen.

»Moment, der gehört Ihnen.«

»Verzeihung?«

»Der Sack gehört Ihnen. Schließlich war Ihr Paket darin. Sie müssen ihn mitnehmen.«

»Das ist nicht Ihr Ernst, oder? Ich brauche ihn aber nicht.«

»Sie können ihn doch zum Beispiel für Laubabfälle verwenden.«

Ein umweltbewusster Zollbeamter! Den blauen Sack besitze ich übrigens heute noch. Er leistet mir gute Dienste; wir sammeln tatsächlich unser Laub darin.

Sind die deutschen Zollbeamten gründlich, so kann man dasselbe generell von den Deutschen behaupten, wenn sie umziehen. Sie lassen nichts in der alten Wohnung zurück. Wirklich *nichts*. Neben riesigen Kleiderschränken und Lampen
wandern auch komplette Küchen in den Umzugswagen. Ich
finde das sehr merkwürdig und habe bisher auch noch keine
Erklärung gefunden, warum die Deutschen das tun.

Vielleicht ist es die Erinnerung an den letzten selbst geba-
ckenen Apfelstrudel oder an den leckeren Sauerbraten, die es
ihnen unmöglich macht, sich von ihrer Küche zu trennen.
Oder auch der Schweiß, den es gekostet hat, die Küchenschränke tipptopp sauber zu halten. Möglicherweise ist es
aber auch einfach die Gewissheit, weiterhin eine gute Küche
zu haben. Was auch immer der Grund sein mag – Fakt ist, dass
die meisten Deutschen mit ihrer Küche umziehen, selbst
wenn das mit ungeheurem Aufwand und einer Mordsschlep-
perei verbunden ist.

Wenn ich allerdings an all die schrecklichen Küchen in
meinen früheren Wohnungen in den USA zurückdenke –
ganz besonders an die eine in New York, wo sich eine Kaker-
lake im Backofen eingenistet hatte, und an die andere in
Minneapolis, wo jedes Mal der Feueralarm losging, wenn ich
mir etwas in der Pfanne brutzelte –, kann ich der Idee, mit
der eigenen Küche umzuziehen, durchaus etwas abgewin-
nen. Statt mit alten verrotteten Holzschränken und einer bil-
ligen Resopalarbeitsplatte in hässlichem Grün leben zu müs-

sen, kauft man sich einfach seine Wunschküche, die man bei jedem Umzug mitnimmt. Dann wachsen einem Herd, Geschirrspüler, Ober- und Unterschränke sicherlich ans Herz und werden zu treuen Begleitern. Egal, ob man von Minnesota nach Los Angeles und wieder zurück nach Minnesota oder nach New York zieht. Mag sein, dass die Möbel durch die Umzüge etwas leiden, aber dafür hat man stets seine alten, vertrauten Elektrogeräte und Schränke, in denen es keine vergessenen Backformen gibt, geschweige denn Ungeziefer, das darin nistet. Die Küche als Freund. Warum auch nicht? Es gibt seltsamere Dinge auf dieser Welt.

Hier macht sich jedenfalls niemand Gedanken darüber, wie sonderbar das auf manche Menschen wirken könnte. Eine Landsmännin von mir versuchte einmal, einer Deutschen zu erklären, wie seltsam Amerikanern dieser Brauch erscheint: »Es ist bei uns unvorstellbar, die alte Küche beim Umzug mitzunehmen. Genauso gut könnte man die Toilettenschüssel einpacken.«

Darauf erwiderte die Deutsche: »Aber es ist doch normal, die Küche mitzunehmen, schließlich hat man sie selbst ausgesucht und bezahlt. Die Toilette mitzunehmen ist allerdings geschmacklos.«

Okay. *Nur* die Küche.

Man kann sich über den Sinn und Unsinn, die ganze Kücheneinrichtung bei jedem Umzug mitzunehmen, streiten, aber im Grunde genommen bin ich beeindruckt. Die deutschen Männer und Frauen müssen eine Menge handwerkliches Geschick besitzen, um Wasserrohre anzuschließen sowie Regale und Küchenschränke zu montieren. Schließlich kann und will sich nicht jeder, der umzieht, einen Fachmann für den Ab- und Aufbau der Küche leisten. Da spart man lieber das Geld und macht es selbst.

Aber nicht nur das: Die Deutschen müssen auch hervorragend ausmessen können. Wenn man mir ein Maßband in die

Hand drückt und mich auffordert, die Küchenmöbel zu vermessen, um zu berechnen, wie sie am besten in die neue Wohnung passen, wäre ich keine große Hilfe. Ich kann ja kaum meine eigene Schuhgröße messen. Außerdem frage ich mich, wie man überhaupt eine maßgefertigte Einbauküche in einem anderen Raum unterbringt. Das ist doch, als würde eine Frau mit Kleidergröße vierzig ein Kleid tragen, das zwei Nummern zu klein ist. Passt zwar alles nicht richtig, aber irgendwie wird es eben passend gemacht. Ich denke immer: Wie seltsam für ein Volk, das gerade für seine Genauigkeit bekannt ist.

Manchmal findet man allerdings auch Mietobjekte mit voll eingerichteter Küche, stellte ich fest. Die sind in Deutschland zwar eher selten, aber dann und wann kann man beim Einzug die Küche des Vormieters übernehmen. Gegen Bezahlung, versteht sich.

Ich erfuhr zum ersten Mal von diesem Verfahren, als Peter, damals noch Junggeselle, zurück nach Deutschland zog. Er hat mir irgendwann gesagt, dass er für die Küche einen sogenannten Abstand bezahlen musste, ansonsten hätte der Vormieter die Küche ausgebaut und mitgenommen. Das war für mich schwer verständlich, denn eine Küche gibt es in den USA in jeder Mietwohnung, wie ein Badezimmer mit Dusche und Toilette.

Die Sache mit der Küche fürs Leben ist nicht nur auf Mietobjekte beschränkt, sondern schließt auch Eigenheime ein. Man kann ein kleines Vermögen für ein Haus ausgeben, und dennoch ist nicht unbedingt eine voll eingerichtete Küche im Preis inbegriffen. Die Amerikaner würden sicherlich nahe an einem Herzinfarkt sein, wenn sie den Immobilienmakler sagen hörten: »Hier habe ich ein wunderschönes Objekt mit Blick auf den See für eine Million Dollar. Ich bitte um Ihr Verständnis, dass die Küche etwas kahl ist, aber die Vorbesitzer haben die Einrichtung mitgenommen.«

Nicht nur Küchen, auch Lampen nehmen die Deutschen bei Umzügen mit. Und die Glühbirnen. Das erinnert mich ein bisschen an den Grinch, der sogar noch die letzte Glühbirne vom Weihnachtsbaum in Who-Village abschraubt. Zieht man in Deutschland in eine neue Wohnung oder ein neues Haus, ragen gewöhnlich nackte Drähte aus der Decke. Mit ganz viel Glück hängt noch eine Fassung dran. Ich habe in Dutzenden Mietwohnungen in den USA gewohnt, und eins war immer gleich: Es gab Lampen an der Decke oder an der Wand. Niemand muss dort im Dunkeln einziehen.

Bei unserem ersten Umzug in Köln fanden Peter und ich anfangs lediglich zwei Lampen in der Küche. Wir zogen also in ein ziemlich dunkles und kahles Haus ein. Ich staunte, wie flink mein Mann an den herunterbaumelnden Drähten Fassungen für Glühbirnen anschloss, ohne einen einzigen Stromschlag abzubekommen. Dieses Können fand ich äußerst bewundernswert, denn in meinem Leben hatte ich noch keine Lampe angebracht.

In den kommenden Tagen rannte ich durch Köln, um Lampen zu kaufen. Kein leichtes Unterfangen, aber dafür eines, das ins Geld geht – und ins Kreuz, wenn man fünfzehn verschieden große Kartons mit zerbrechlichem Inhalt nach Hause schleppen muss.

Ich nahm mir vor, bei unserem nächsten Umzug die Lampen, mit Ausnahme der italienischen Designerleuchten, aus Rücksicht auf die Nachmieter hängen zu lassen. Doch in der Hektik vergaß ich, den Möbelpackern zu sagen, welche Lampen dranbleiben konnten, und so wurden wieder alle Lampen abmontiert und mitgenommen. Ich hätte es wissen müssen, aber im Nachhinein wollte ich es nicht glauben. Den Möbelpackern kann ich keinen Vorwurf machen. Sie haben nur ihren Job getan, und bei deutschen Speditionen ist es nun einmal üblich, dass alles, was an der Decke hängt, eingepackt wird. Mir war es jedoch äußerst peinlich. Die arme Familie, die nach uns einzog, musste – wie wir damals – zunächst mit nackten Drähten an der Decke klarkommen, ohne Licht.

Außerdem hatte ich vergessen, die Möbelpacker darauf hinzuweisen, dass die zum Badezimmer passenden Seifenhalter in der Wohnung bleiben sollten. Die landeten also ebenfalls in einem Umzugskarton. So ist das halt: Was nicht niet- und nagelfest ist, wird beim Umzug eingepackt. Nichts bleibt zurück.

So mussten unsere Nachmieter wahrscheinlich ebenfalls tagelang durch die Gegend rennen, um Lampen und Badinventar zu kaufen, und es anschließend auch selbst installieren.

In Amerika ist es etwas einfacher umzuziehen. Wir nehmen noch nicht einmal Schränke mit. Das liegt vor allem daran, dass wir keine Schränke haben, wie man sie in Deutschland kennt, sondern Einbauschränke. Diese sind eine sehr praktische Erfindung, aber hier leider nicht sehr weit verbreitet.

Als mir zum ersten Mal bewusst wurde, dass die Deutschen alle ihre Schränke selbst kaufen und beim Umzug mitnehmen, habe ich gedacht: »So macht man einen Umzug erst richtig spannend.« Da ein Schlafzimmerschrank gewöhnlich nicht durch die Tür passt, muss er erst abgebaut und dann dort wieder aufgestellt werden, wo er hinterher stehen soll. Das ist unheimlich lästig. Handelt es sich um antike Schränke, kann man sie meist nicht auseinandernehmen und muss beim Transport höchste Sorgfalt walten lassen.

Ich persönlich würde es mir zweimal überlegen, ob ich als Besitzer einer Schrankwand Lust auf einen Umzug hätte. Wahrscheinlich eher nicht. Ich wäre aber auch nicht in der Lage, mit dem Zollstock zu ermitteln, ob die Möbel überhaupt in die neue Wohnung passen.

Nicht genug mit der ganzen Möbelschlepperei. In Deutschland ist es an sich schon eine Herausforderung, aus einer Wohnung oder einem Haus *auszuziehen*. Das bedeutet nämlich eine Menge zusätzliche Arbeit. Anders als in Amerika genügt es nämlich nicht, mit dem Staubsauger, dem Glasreiniger, der Küchenrolle und dem Wischmopp das alte Heim zu putzen. Vielmehr muss die Wohnung meistens noch renoviert werden.

Zudem ist der Mieter verpflichtet, den Teppichboden zu reinigen beziehungsweise gegebenenfalls zu ersetzen. Als ich von dieser Regelung erfuhr, erlitt ich einen leichten Schock, da Peter und ich damals kurz davor waren, aus der Wohnung in der Kölner Innenstadt auszuziehen. Glücklicherweise begnügte sich unser Vermieter damit, dass wir den Teppichboden von einem Fachmann reinigen ließen, statt einen neuen zu verlegen. Gut, dass wir keine Haustiere hatten, sonst wäre mit Sicherheit ein neuer Teppich fällig gewesen.

In Amerika ist es normalerweise Sache des Nachmieters, das Bezugsobjekt zu renovieren. Daher haute mich diese zusätzliche Bürde fast um.

Umzüge sind in Deutschland eine äußerst aufwändige Sache, und ich kann verstehen, dass die Menschen hier eher zur Sesshaftigkeit neigen. Man muss schon sehr genau kalkulieren, bevor man umzieht. Wenn Amerikaner sagen, wie mobil sie sind, und anstandslos wegen eines neuen Jobs oder einer neuen Liebe die Adresse wechseln, dann schüttelt der Deutsche nur den Kopf. Viel zu nervenaufreibend und zu teuer! Besser, man schließt einen Bausparvertrag ab, spart zehn oder zwanzig Jahre, kauft sich dann ein Haus und bleibt dort bis ans Lebensende. Da weiß man wenigstens, was man hat.

Allerdings ist es in Deutschland nicht ganz einfach, ein passendes Haus zu finden. In Amerika steht vor jedem Haus, das zu verkaufen ist, ein hübsches, kleines *For Sale*-Schild mit dem Namen des Maklers, und vielleicht hängt sogar eine kurze Broschüre über das Verkaufsobjekt daran. Man kann als Käufer also ganz gemütlich durch bestimmte Wohnviertel fahren, die einem gefallen, und sich ein passendes Objekt aussuchen. Wendet man sich an einen Makler, weiß der genau, was die anderen Makler anzubieten haben und tauscht sich mit ihnen aus. Wer ein Haus sucht, muss also nicht zehn verschiedene Immobilienagenturen anrufen oder jeden Samstagmorgen die Immobilienanzeigen studieren. Es geht alles viel einfacher.

Auch als Verkäufer hat man es in den USA weitaus angenehmer. Wenn sich Interessenten für eine Hausbesichtigung ankündigen, räumt man als Verkäufer das Feld und überlässt dem Makler das Feld. Meine Schwägerin wurde auf diese Art und Weise zur Expertin für familiäre Evakuierungsaktionen, denn manchmal musste sie innerhalb kürzester Zeit das Haus aufräumen, die vier Kinder und den Hund ins Auto laden und eine Stunde lang irgendwo zwischenlagern, bis die Besichtigung zu Ende war.

In Deutschland dagegen bleibt man, wo man ist. Ich fand es immer äußerst unangenehm, als Besitzer die Interessenten selbst durchs Haus führen zu müssen. Der Makler ist selbstverständlich auch anwesend, aber schließlich kann der Hausbesitzer manche Fragen besser beantworten.

Als Peter und ich unsere Kölner Wohnung verkauft haben, hieß es daher auch für uns: vor jedem Besichtigungstermin aufräumen und auch selbst einen gepflegten und positiven Eindruck machen. Außerdem mussten wir unser Verkaufstalent unter Beweis stellen. So manches Mal dachte ich, als ich die Fremden durch die Wohnung führte: »Tritt bloß nicht mit deinen schmutzigen Schuhen auf meinen Teppich!« Oder: »Halt dein Kind mit seinen schokoladenverschmierten Fingern von meinen weißen Wänden fern!« Natürlich verbarg ich solche Gedanken hinter einem strahlenden Lächeln. Manchmal mussten wir auch die eine oder andere Anspielung oder einen dummen Kommentar ertragen, weil wir mit unserer Einrichtung nicht den Geschmack des Interessenten getroffen hatten. Alles in allem eine Erfahrung, auf die ich lieber verzichtet hätte.

Hat man es dann tatsächlich geschafft, ohne Rückenschäden und Stromschläge umgezogen zu sein, fehlt nur noch der kurze Gang zum Einwohnermeldeamt. Das ist für uns Amerikaner eine gänzlich unbekannte Einrichtung. Wir ziehen von Stadt zu Stadt und von Staat zu Staat, und nur das Postamt und das Finanzamt wissen von unserer Existenz. Völlig undenkbar für Deutschland, denn hier werden die Anwesenheitslisten immer ganz genau geführt. Vielleicht hält der Gesetzgeber es ja für nötig, die Spur all der Küchen zu verfolgen, die von einer Adresse zur nächsten geschleppt werden ...

Die deutsche Küche ist für einen Ausländer auf den ersten Blick ein Kochbuch mit sieben Siegeln. Zwischen Nordsee und Alpen scheinen die Menschen sehr an ihren germanischen Wurzeln zu hängen. Nur so kann ich mir erklären, dass zur sogenannten gutbürgerlichen Küche gewöhnungsbedürftige Dinge gehören wie Sülze, Blutwurst, roher Hering und Tatar, das man noch dazu mit rohem Eigelb vermanscht. Dabei bietet die deutsche Küche eine unglaubliche Vielfalt: dutzende Variationen von Schnitzeln, hunderte Kartoffelgerichte, und, wie es manchmal scheint, tausende Arten von Brot.

Nicht zu vergessen das Sauerkraut, das meine Mutter bei einem ihrer Besuche für sich entdeckte. Aber nicht irgendeine herkömmliche Krautsorte! Nein, sie verliebte sich innerhalb weniger Tage unsterblich in Champagnerkraut mit Trauben. Die Zuneigung war so innig, dass sie bei ihrem letzten Besuch gleich zwölf Dosen davon kaufte, die sie in einer Extrakiste zum Flughafen schleppte. Beim Check-in stellte sie die Kiste auf das Gepäckband, und auf die Frage der Dame am Schalter, was sie denn da vorhabe, mit in die Staaten zu nehmen, antwortete sie etwas verlegen: »Das ist Champagnersauerkraut mit Trauben. Damit meine Familie und meine Freunde auch etwas deutsche Küche genießen können.«

Die Schalterdame lächelte und sagte: »Oh, das ist süß.«

Meine Mutter war erleichtert, dass etwas so Saures eine so süße Reaktion hervorrufen konnte.

Ich dagegen war froh, dass meine Mutter sich nicht in Schwarzwälder Kirschtorte verliebt hatte. Denn dies wäre durchaus möglich gewesen. Schließlich ist eine ganz wunderbare Tradition, die ich in Deutschland entdeckt habe, die Kaffee-und-Kuchen-Zeit am Nachmittag. Allen meinen amerikanischen Freunden, die zum ersten Mal nach Deutschland kommen, empfehle ich, in eine der zahlreichen Konditoreien zu gehen und sich die kunstvollen und verlockenden Leckereien wie Obst- und Sahnetorten, Schokoladenkuchen und anderes Backwerk in den Auslagen wenigstens anzuschauen.

Wenn meine Mutter zu Besuch ist, kann sie sich an der großen Auswahl gar nicht sattsehen. Am liebsten würde sie von jedem Kuchen ein Stück probieren, um zu erfahren, ob sie auch tatsächlich alle so gut schmecken, wie sie aussehen. Da das nicht geht, fällt es ihr immer schwer, sich von dem Anblick loszureißen. Das kann vor allem dann peinlich werden, wenn hinter uns andere Kunden stehen und darauf warten, endlich dranzukommen.

»Mom, kannst du dich bitte entscheiden? Sag mir einfach, was du möchtest, und ich bestelle es bei der Verkäuferin.«

»Carol, frag die Verkäuferin doch mal, ob dieser Kuchen hier mit Sahne oder mit Frischkäse gefüllt ist und was das für ein Boden ist.«

»Die Verkäuferin sagt, der ist mit Quark gefüllt.«

»Oh, das ist doch das Zeug, das ich schon ein paarmal bei dir im Kühlschrank gesehen habe, nicht? Das nimmt man auch für Kuchen? Kannst du sie fragen, was das für Beeren sind?«

»Die schmecken ziemlich sauer, Mom. Ich weiß leider nicht, wie sie auf Englisch heißen.«

»Hm, vielleicht sollte ich dann doch lieber einen anderen nehmen.«

»Mom, die Leute warten.«

»Kannst du sie mal fragen, ob die Torte da Alkohol enthält? Die Deutschen sind doch dafür bekannt, dass sie gerne mit

Alkohol backen, und dann würde ich lieber einen anderen Kuchen nehmen.«

»Mom, da ist kein Alkohol drin.«

»Hm, der hier sieht auch sehr lecker aus, aber der ist bestimmt sehr mächtig.«

»Das ist ein Frankfurter Kranz, Mom. Mein Lieblingskuchen. Mit einer leichten Buttercremefüllung. Warum nimmst du nicht einfach davon ein Stück?«

»Hm, ich weiß nicht. Buttercreme? Und was ist das für einer da hinten? Ein guter deutscher Apfelkuchen?«

Ich bin mir zwar nicht sicher, was man genau unter einem »guten deutschen Apfelkuchen« versteht, aber dafür kann ich versichern, dass man den *German Chocolate Cake*, den es in Amerika vielerorts gibt, hierzulande vergeblich sucht.

Ein großer Unterschied zwischen Amerika und Deutschland ist, dass die hiesigen Kuchen nicht so süß sind. Sie ähneln nicht einmal im Entferntesten den unter einer dicken Zuckerglasur begrabenen Kalorienbomben, die es in amerikanischen Läden zu kaufen gibt. Dazu kommt, dass viele Amerikaner ihre Glasur nicht selbst anrühren, sondern aus einer Dose auf den Kuchen spritzen. Deutsche Hobbybäcker würden beim Anblick dieser klebrigen Zuckerpampe wahrscheinlich weglaufen. Da hier das Hauptkriterium nicht die Süße des Kuchens, sondern vielmehr der Geschmack ist, wird überwiegend auf künstliche Zutaten verzichtet – es sei denn, es muss mal schnell gehen, und man greift zur Fertigbackmischung. Die Glasur ist oft noch selbst gemacht, und außerdem gibt es viele Kuchensorten, die ganz ohne Zucker-Schnickschnack auskommen und trotzdem verführerisch aussehen.

Ein weiterer Vorteil der eleganten Konditoreien ist, dass man sich den Kuchen auch zum Mitnehmen kaufen kann. Kein leichtes Unterfangen für das Personal, denn es ist weitaus schwieriger, ein Stück Sahnetorte einzupacken als einen Hamburger. Doch die Deutschen haben ein ausgeklügeltes

System entwickelt: Wenn die Verkäuferin weiß, wie viele Stücke es von welchen Kuchen sein dürfen, drapiert sie diese ordentlich nebeneinander auf einem hübschen Papptablett. Zwischen die Kuchenstücke werden kleine Folien gelegt, damit hinterher an der Zitronentorte keine Schokoladencreme klebt. Dann schlägt sie das Ganze in Papier ein, damit es gut zu transportieren ist. Ich musste mich erst daran gewöhnen, dass ich als erstes immer gefragt wurde: »Wie viel Stücke dürfen es denn sein?« In einer amerikanischen *bakery* kann man nämlich meistens nur einen ganzen Kuchen kaufen.

Was mich an deutschen Kuchentheken allerdings irritiert, sind die Bienen und Wespen, die im Sommer immer mit von der Partie sind. In Deutschland gibt es praktisch an jeder Ecke eine Bäckerei, und eine lag genau gegenüber unserer damaligen Wohnung in der Kölner Innenstadt.

An einem schönen Sommermorgen schlenderte ich dorthin, um Brötchen zu holen. Doch an diesem Tag wollte ich meinen Augen nicht trauen: Hinter dem Schaufenster krabbelten Dutzende Wespen auf den süßen Teilchen herum und naschten eifrig, bevor sie weiterschwirrten. Als ein Kunde ein Teilchen haben wollte, griff die Verkäuferin mit der bloßen Hand in die Vitrine und holte das Gewünschte heraus. Ich dachte: »Hoffentlich hat sich keine Wespe darin verkrochen und wartet darauf, beim ersten Bissen zuzustechen!«

Während ich zutiefst schockiert darüber war, dass ein derartiger Killerwespenbefall offenbar nicht gegen die ansonsten peniblen gesetzlichen Hygienebestimmungen verstieß, schien dies alle anderen kaltzulassen. Noch immer kann ich nichts in einer wespenverseuchten Bäckerei kaufen, obwohl alle anderen Kunden immer so tun, als wäre das normal.

Die deutsche Kaffee-und-Kuchen-Tradition lernte ich übrigens schon bei meinem allerersten Aufenthalt kennen. Peter, der damals lediglich mein Chef war, und ich waren eines

Nachmittags bei einem deutschen Kollegen zum Kaffee eingeladen. Ich hatte mit Fertigkuchen und einem Becher Kaffee gerechnet, aber als wir dort eintrafen, fielen mir beim Anblick der Kaffeetafel beinahe die Augen aus dem Kopf. Der Tisch war festlich gedeckt: Ich sah eine hübsche Stofftischdecke, Kerzen und ein edles Kaffeeservice. Kleine silberne Gabeln und Löffel ergänzten das elegante Bild. In der Mitte standen mehrere Kuchen, und zwischen all den Köstlichkeiten gab es noch einen riesigen Berg Schlagsahne in einer großen Glasschüssel. Es wurde auch kein Instantkaffee im Becher serviert, sondern frisch gebrühter Bohnenkaffee in feinem Porzellan. Und das alles nicht für eine erlesene Kaffeegesellschaft, sondern nur für uns vier. Es wirkte unheimlich kultiviert. Wir verbrachten ein paar gemütliche Stunden an dem opulenten Kaffeetisch und taten dabei nichts anderes, als Kuchen zu essen und miteinander zu plaudern. Im Hintergrund lief weder ein Footballspiel in der Glotze, noch drängten wichtige Termine oder unaufschiebbare Besorgungen.

Was ich schnell lernte: Wenn man in Deutschland zum Kaffee eingeladen ist, gebietet es die Höflichkeit, der Gastgeberin für ihre Mühe Blumen oder ein kleines Geschenk mitzubringen, und pünktlich zu sein, fast wie bei einem formellen Dinner. Amerikaner kennen diese Gepflogenheiten oft nicht und treten daher schon mal ins Fettnäpfchen. Es gehört sich außerdem zu warten, bis alle am Tisch sitzen, bevor man sich bedient.

In Amerika geht es lockerer zu, weil es sich dort oft nicht um eine explizite Einladung handelt. Man schaut einfach spontan auf einen Kaffee vorbei. Das kommt hier zwar auch vor, aber eine Einladung zum Kaffee kommt normalerweise einer Art deutscher Version der englischen Teestunde gleich. Da geht es schon deutlich förmlicher zu als bei der amerikanischen *Cookies-and-Milk*-Variante.

Noch eine Faustregel habe ich entdeckt: Wenn in Deutschland nachmittags Verwandte oder Freunde zu Besuch kommen, nimmt man sich Zeit für die Gäste. Meistens treffen sich Männer, Frauen und Kinder zum gemütlichen Plausch. Oft macht man nach dem Kaffee noch einen gemeinsamen Spaziergang. Wahrscheinlich gibt es genau dafür in Deutschland so viele Wälder mit Wanderwegen, die sonntags auch immer entsprechend gut besucht sind. Auf diese Weise kann man sich nach der Herumsitzerei und dem üppigen Essen etwas Bewegung an der frischen Luft verschaffen.

Genau aus diesem Grund bestand mein Mann nach einem ausgiebigen Mittagessen bei meinen Eltern in Minnesota darauf, mitten im tiefsten Winter bei minus achtzehn Grad einen Spaziergang zu machen. Man muss nicht erst erwähnen, dass außer uns keine Menschenseele zu Fuß unterwegs war. Und die wenigen Autofahrer, die an uns vorbeifuhren, sahen uns an, als kämen wir von einem anderen Planeten.

Wenn ich heute mein Heimatland besuche, fällt mir auf, wie viel die Amerikaner essen und wie wenig sie sich gleichzeitig bewegen. Selbst wenn man zur Tankstelle fährt, springen einem dort Donuts oder Softdrinks im XXL-Wegwerfbecher ins Auge. Sehr verlockend, aber immer irgendwie zu viel. Und ständig trifft man auf Menschen, die etwas zu essen oder zu trinken in der Hand halten, als ob zu Hause der Kühlschrank leer wäre. Essen ist allgegenwärtig: Überall wird einem Nahrung angeboten – fast als stünde die nächste Hungersnot nur kurz bevor.

Selbst in Buchläden glauben die Ladenbesitzer, geistige Nahrung alleine reiche nicht mehr aus. Wenn ich als Jugendliche in eine Buchhandlung ging, gab es dort nur Bücher und keine Karamell-Walnuss-Streusel-Muffins, Latte macchiatos mit Amarettosirup oder Frappuccinos mit Riesen-Schoko-Cookies, um den Lesestoff hinunterzuspülen. Essen hatte damals nicht so einen hohen Stellenwert im täglichen Leben und musste auch nicht vierundzwanzig Stunden am Tag verfügbar sein.

Heutzutage wird man in den USA mit Essen förmlich bombardiert, wo immer man auch hingeht.

Aber was musste ich in den letzten Jahren hier in Deutschland feststellen? Der Immer-Essen-Trend schwappt langsam, aber sicher über den Atlantik. Selbst in meinem Lieblingskaufhaus kann ich – direkt neben den Pyjamas – Kaffee trinken und Kuchen essen. Was die anschließende Anprobe nicht unbedingt erleichtert …

Laut einer Studie der International Association for the Study of Obesity im Auftrag der Weltgesundheitsorganisation sind 22,5 Prozent der deutschen Männer übergewichtig, während es die Amerikaner auf 31,1 Prozent bringen. Bei den Frauen beträgt die Quote der Fettleibigen in Deutschland 23,3 Prozent, in Amerika 33,2 Prozent. Trend: steigend. Dass jeder fünfte deutsche Erwachsene an krankhafter Fettleibigkeit leidet, ist zwar schockierend. Vergleiche ich die Zahlen jedoch mit Amerika, komme ich schnell zu dem Schluss: Irgendetwas am Lebensstil und der Ernährung der Deutschen muss gesünder sein.

Ich erinnere mich gut an die permanenten Diäten, denen ich mich früher in den USA unterwarf. Zusätzlich ging ich regelmäßig ins Fitnessstudio und in New York zu Fuß zur Arbeit. Trotzdem wog ich locker zehn Pfund mehr als heute. Ich treibe jetzt genauso viel Sport wie früher, aber meine Ernährung hat sich grundlegend verändert. Statt ständig auf fettreduzierte Produkte zurückzugreifen, kaufe ich nun lieber frische Ware ohne Konservierungsstoffe oder andere künstliche Zutaten. Ich erlaube mir zwar auch Butter, Joghurt, Sahne und Käse, doch das viele Obst und Gemüse und das magere Fleisch, das ich am liebsten esse, verschaffen mir einen gesunden Ausgleich.

Ich habe festgestellt, dass die Lebensmittel hierzulande günstiger sind als in den USA, und die meisten Hausfrauen wissen auch, was sie mit frischen Zutaten anfangen können. Bei mir offenbart sich in diesem Zusammenhang manchmal eine kleine Bildungslücke. Es gibt hier nämlich Gemüse, dessen Name ich nicht einmal kenne. Fenchel zum Beispiel war mir völlig unbekannt. Bei mir würde der im Kühlschrank vergammeln, bis er zu einem nicht mehr identifizierbaren Klumpen geschrumpft wäre. Mein Mann hingegen zaubert ohne Probleme ein köstliches Fenchelgratin auf den Tisch.

Zum Glück mag meine Tochter Geena frisches, vitaminreiches Gemüse recht gerne, verglichen mit ihren europäischen Schulkameraden ist sie aber noch ein Anfänger. Diese essen unheimlich viel Gemüse, egal ob roh oder gekocht. In der Schule haben viele von ihnen beispielsweise klein geschnittene Zucchini oder Paprika dabei, die als Pausensnack dienen.

Viele deutsche Eltern gewöhnen ihre Kinder schon sehr früh an gesundes Essen. Neulich waren Peter und ich bei einer befreundeten deutschen Familie zum Essen eingeladen, und die zwei Jahre alten Zwillinge saßen zusammen mit uns Erwachsenen am Tisch und aßen wie wir Rucola, Mozzarella, Tomaten und Basilikum mit Öl und Balsamico. Ich konnte meinen Augen kaum trauen. Ich wäre selbst wahrscheinlich nie auf die Idee gekommen, dass Kinder das Grünzeug überhaupt mögen. Anfangs fand ich es sogar richtig merkwürdig, dass die deutschen Mütter ihren Kindern so etwas als Snack vorsetzen. Ich fragte mich: Hatten sie denn noch nie von *Graham Crackers* gehört, den amerikanischen Pendants zu Butterkeksen?

Zwar ist an *Graham Crackers* nichts auszusetzen, aber ebenso wenig an Paprika und Zucchini als Rohkost. Ich wünschte nur, ich hätte das viel früher erkannt.

Worüber es in unserer Familie nie eine Diskussion gibt, ist die Farbe des Brotes. Wir mögen es dunkel. Wer hat behauptet, dass die Kinder Erdnussbutter und Marmelade nur auf Weißbrot essen? Ich konnte mich vor Lachen kaum halten, nachdem ich eines Tages im amerikanischen Rundfunk einen Bericht über eine neue Weizensorte gehört hatte, die eigens für den amerikanischen Markt gezüchtet worden war und süßer schmeckte, damit man den Kindern eine gesunde Alternative zu Weißmehlprodukten anbieten konnte. Es wurde vorausgesetzt, dass Kindern nichts anderes schmeckt als helles Brot. In Deutschland gibt es viele Kinder, die gerne dunkles Vollkornbrot essen. Dabei hat hier niemand ein spezielles Getreide für Kinder entwickelt. Es genügt, dass die Eltern von Anfang an auf eine gesunde Ernährung achten.

Fleisch- und Wurstwaren der deutschen Speisepläne sind allerdings nicht gerade das gesündeste Essen. Mein Mann würde zwar sofort gegen diese Aussage protestieren, denn er hat Landwirtschaft und Tierzucht studiert und aus diesem Grund eine andere Sichtweise auf diese Produkte. Aber aus meinem Blickwinkel auf die Wursttheke sind sie definitiv fetter als alles, was amerikanische Metzgereien anbieten, mal abgesehen von den Riesensteaks mit Fettrand. Außerdem können die Fleischabteilungen in deutschen Supermärkten selbst etwas abschreckend wirken. In der Kühltheke liegen Wannen mit Fleischbrocken und mysteriös mariniertem Grillfleisch, die weder verpackt noch abgedeckt sind. Gerne werden auch größere Stücke am Knochen aufgehängt, sodass für den Kunden munter drauflosgehackt wird.

Obwohl ich nun schon lange hier lebe, kann ich nur wenige Fleisch- und Wurstsorten identifizieren. Ich habe es zwar ein paarmal auf gut Glück versucht und Fleisch gekauft, das mir vertraut vorkam, aber das war immer ein Fehlgriff.

Noch dazu ist ein simples Schweinekotelett in Deutschland nicht dasselbe wie in Amerika: Während hierzulande ein Kotelett dünn und nach dem Braten zäh ist, bekommt man in meiner alten Heimat nur drei Zentimeter dicke Scheiben, die auch dann noch saftig sind, wenn sie aus der Pfanne kommen.

Einmal kaufte ich Speck, der von einem großen Stück abgeschnitten wurde, aber leider waren noch Knochen und

Knorpel dran. Meinem Mann schmeckte das durchwachsene Zeug hervorragend, ich hingegen fand es schrecklich unkultiviert, wie ein Neandertaler auf Knorpelstückchen rumkauen zu müssen.

Wurst, so lernte ich bald, ist der Oberbegriff für all die bunten Aufschnittsorten und Würstchen, die aus der deutschen Küche nicht wegzudenken sind. Irgendwo habe ich mal gelesen, dass es hierzulande mehr als tausendfünfhundert Wurstsorten gibt. Das muss Weltrekord sein.

Besonders beim Aufschnitt gibt es interessante Geschmackskombinationen, die allerdings eher einen dekorativen als einen essbaren Eindruck machen, so wie Fleischwurst mit Pistazien und Paprika oder Wurst mit Clownsgesichtern für Kinder. Außerdem gibt es Schinken, die aussehen, als stammten sie von einem frisch gehäuteten und zum Trocknen aufgehängten Tier, beispielsweise der sogenannte Schwarzwälder Schinken.

Gewöhnungsbedürftig fand ich anfangs, dass viele Deutsche sich gerne Schmalz auf ihr Brot schmieren, einen fettigen Aufstrich, den es auch mit Grieben und Kräutern gibt. In manchen Restaurants bekommt man sogar Schmalz statt Butter zum Brot serviert.

Als meine Mutter und meine Schwester zum ersten Mal mit Schmalz konfrontiert wurden, waren sie kurz davor, ihren Eindruck von den kultivierten Deutschen zu revidieren, denn sie konnten nicht verstehen, wie man etwas essen kann, das beim Braten aus einer Gans oder einem Schwein herauströpfelt.

Die Auswahl an Käse in den Lebensmittelgeschäften finde ich riesig. Viele Käsesorten werden in Deutschland selbst hergestellt, aber es gibt auch italienische Spezialitäten zu kaufen wie cremigen Gorgonzola und frischen Parmesan oder französische Klassiker wie den Comté. Was mich jedes Mal beeindruckt: Man kann die Verkäufer an der Käsetheke zu jedem einzelnen Käse fragen, wie er schmeckt und woraus er gemacht ist und bekommt eine fundierte Antwort. Man darf sogar probieren.

Joghurt zählt ebenfalls zu den Grundnahrungsmitteln in hiesigen Haushalten. Deutscher Joghurt hat meistens einen eher hohen Fettgehalt und kommt ohne künstliche Aromen aus, was ihn zu einer köstlichen, cremigen und gesunden Gaumenfreude macht. Natürlich gibt es auch kalorienreduzierte Joghurts zu kaufen, die Low-Fat-Kultur macht schließlich vor Deutschland nicht halt. Was man aber fast vergeblich sucht, sind Joghurts mit null Prozent Fett: Fett ist hier kein Feind, *No-Fat* ist eine amerikanische Erfindung.

Während eines Aufenthalts in den USA klapperten Peter und ich vergeblich die Läden auf der Suche nach einem, wie wir es nannten, normalen Joghurt ab. In den Kühlregalen standen allerdings nur fettfreie, fettarme und zuckerfreie Produkte mit so lustigen Namen wie *Strawberry-Vanilla-Grape-Twirl* oder *Banana-Cherry-Chip-Delight*. Wir kauften eine kleine Auswahl der Sorten, die uns am harmlosesten erschienen.

Ich bin keine Feinschmeckerin, aber ich fand: Diese Joghurts mit den lustigen Kunstnamen schmeckten alle auch irgendwie künstlich. Ich hatte gehofft, die bunten Verpackungen und die lustigen Bezeichnungen könnten unserer Tochter, die damals noch recht klein war, Appetit machen, aber nachdem sie einen Löffel probiert hatte, wollte sie nichts mehr davon wissen.

Aber auch in deutschen Lebensmittelläden kann man unter Umständen schlechte Erfahrungen machen. Manchmal graust es mir dort. Beispielsweise wenn ich Fruchtfliegen auf dem Obst sehe. Warum sollte ich eine Wassermelone kaufen, wenn sich schon Insekten darüber hergemacht haben? Wenn ich einen Mitarbeiter auf angefaulte und schimmlige Pfirsiche aufmerksam mache, ernte ich oft lediglich ein Achselzucken. Manchmal feiern Läuse zwischen Blumenkohlblättern eine

Party. Oder im Kühlregal steht abgelaufene Milch, und Toastbrot hat lange vor dem Verfallsdatum grüne Flecken. Man muss sich schon fragen, warum die Hygienevorschriften im Lebensmittelbereich so lasch sind – und das in einem Land, das für seine Sauberkeit bekannt ist.

Eine Geduldsprobe für meinen Mann sind Besuche mit mir in den sogenannten besseren Restaurants. Ich muss zugeben, dass ich mich dort oftmals schwertue, auf der Speisekarte etwas zu finden, das mir schmeckt. Vor allem wenn es um Fleischgerichte geht.

Unsere Sonntagsmenüs in Minnesota bestanden aus gebackenem Schinken, Truthahn oder Rinderbraten. Das einzig ausgefallene Gericht, das meine Mutter hin und wieder zubereitete, waren Lachsfrikadellen, deren furchtbarer Geruch mich immer aus dem Haus vertrieb.

Wenn ich in Deutschland mit meinem Mann gepflegt essen gehe, habe ich die Auswahl zwischen Kaninchen, Ente, Jungschwein, Wachteln, Reh, Kälbchen oder Milchlamm. Der ganze Streichelzoo. Klingt das nicht nach Mittelalter? Ich hatte automatisch Heinrich VIII. vor Augen, der sich mit bloßen Händen ein Stück von einem ganzen Schwein am Spieß abreißt und sich in den Mund stopft, nachdem er zur Vorspeise schon zwei Zwerghasen verputzt hat. Wer bitteschön bringt es übers Herz, ein armes, wehrloses Kaninchen mit flauschigen Ohren zu essen? Oder denke nur *ich* an Bambi, wenn ich einen zarten Rehrücken mit Preiselbeeren angeboten bekomme? Da ich bestimmt nicht das einzige Sensibelchen bin, wenn es um den Verzehr von Kuscheltieren geht, frage ich mich, wieso nicht mehr Restaurants vegetarische Menüs anbieten.

Eine Zeit lang erkundigte sich mein treu sorgender Mann im Voraus telefonisch, ob die Speisekarte Carol-tauglich war, wenn wir in ein Restaurant eingeladen waren, das wir nicht kannten. Peter lernte rasch, welche kulinarischen Fallstricke es zu vermeiden galt, um mich glücklich zu machen. Schließlich musste *er* mich ansonsten trösten, wie es beispielsweise der Fall war, als ich nach dem unbewussten Verzehr von Kaninchenterrine in Tränen ausgebrochen war.

Was jedoch unser Leben enorm erleichtert hat, war die Tatsache, dass ich mich irgendwann an Fischgerichte heranwagte, denen ich mich bis dato immer konsequent verweigert hatte, was vermutlich daran lag, dass ich in meiner Jugend mit eigenen Augen gesehen hatte, wie ein Fisch entschuppt und ausgenommen wurde.

Damals fuhren wir zusammen mit anderen Familien einmal im Jahr in die Ferien in den Norden von Minnesota. Unser Ferienhaus lag direkt an einem See, auf dem wir Kinder Wasserski fuhren, im Kanu herumpaddelten und angelten. Warum ich es jedoch für notwendig hielt, anschließend die Fischerbaracke zu betreten, in der die Fische ausgenommen wurden, ist mir bis heute noch ein Rätsel. Hatte das womöglich etwas mit dem blonden Jungen zu tun, der immer mit zum Angeln rausfuhr?

Wie dem auch sei, heutzutage kann ich mich glücklich schätzen, wenn ich von acht Gerichten auf einer Speisekarte eines finde, das mir zusagt, aber inzwischen ist mir das nicht mehr peinlich. Auch mein Deutsch ist inzwischen gut genug, um den manchmal etwas konsternierten Kellnern verständlich zu machen, was ich esse und was nicht.

Da ich in deutschen Restaurants beim Hauptgang so oft passen muss und die Gerichte, die mir nicht schmecken, meistens heimlich meinem Mann zuschiebe (der darüber immer sehr glücklich ist), freue ich mich ganz besonders auf den Nachtisch. Die Desserts sind in Deutschland nicht so süß und schwer wie in Amerika. Hier werden leichte Cremespeisen, Obstsalat, Kompott, frische Feigen und ähnliche Dinge gegessen. Und man kann darauf wetten, dass die Desserts immer überaus kunstvoll angerichtet sind. Mag sein, dass die Portionen eher klein ausfallen, aber dafür sind sie ein Genuss für den

Gaumen und eine Augenweide. Manchmal kommt es vor, dass ich nach dem Dessert immer noch nicht satt bin, und dann sehne ich mich nach einer amerikanischen Kaloriensünde statt nach der deutschen Nouvelle Cuisine.

Wo wir gerade bei Portionsgrößen sind: Es ist hier eher die Ausnahme, bei Lebensmitteln etwas in der Packungsgröße XXL zu finden. In Deutschland haben die meisten Packungen in etwa dieselbe Größe, die ich aus den Sechziger- und Siebzigerjahren in Amerika kenne. Doch mittlerweile hat sich dort fast alles vom Umfang her verdoppelt oder verdreifacht. *Klein, mittel* und *groß* waren wirklich mal klein, mittel und groß. Heute scheint alles ziemlich groß, riesig und echt riesig zu sein. *Klein* ist ausgestorben, *mittel* ist gefährdet, und *groß* ist die Norm.

Als Peter, Geena und ich vor einiger Zeit in Wyoming Urlaub machten und kleine Colas bestellen wollten, bekamen wir zu hören: »Tut mir leid, aber kleine Getränke haben wir nicht. Die kleinste Cola hier ist *mittel*.«

In Amerika darf scheinbar nichts mehr klein sein.

In Deutschland ist neben Cola seit einiger Zeit eine Mischung aus Apfelsaft und Mineralwasser das beliebteste Getränk. Den Namen – Apfelschorle – fand ich sehr amüsant. Ich hatte noch nie davon gehört, aber Bekannte klärten mich auf, dass das Wort wahrscheinlich vom französischen Trinkspruch »*Toujour l'amour!*« stammt, dann in *Schorlemorle* eingedeutscht wurde, bis schließlich nur die *Schorle* übrig blieb.

Diesen Durstlöscher finde ich ganz fantastisch. Allerdings musste ich mich daran gewöhnen, ihn nicht zwingend mit Eiswürfeln serviert zu bekommen. Ich lernte schnell, dass Eiswürfel in Deutschland eher Mangelware sind. Oft werden Erfrischungsgetränke ungekühlt serviert, woran nichts auszusetzen ist. Es gibt sogar Leute, die behaupten, es sei ungesund, eiskalte Getränke zu sich zu nehmen, weil man davon Bauchschmerzen bekommt. Was die wohl sagen würden, wenn sie wüssten, dass Max, der Hund meiner Schwester in Cincinatti, Eiswürfel in seinem Trinknapf liebt?

Als Teenager hatte ich sogar gehört, dass die Deutschen ihr Bier warm trinken. Glücklicherweise war das nur ein Gerücht.

Eine andere Besonderheit, an die ich mich als Amerikanerin erst gewöhnen musste, war das allgegenwärtige Sprudelwasser. Also Mineralwasser, das durch die Zugabe von Kohlensäure auch wirklich sprudelt. Zwar bieten immer mehr Gaststätten auch stilles Wasser an, aber Sprudelwasser ist Standard. Wenn man auf dem Land ein Wasser bestellt, bekommt man in der Regel eines mit Kohlensäure.

In meiner Anfangszeit in Deutschland waren Peter und ich einmal an einem heißen Sommertag in einem kleinen Dorf in der Nähe von München. Ich hatte großen Durst und sehnte mich verzweifelt nach einem kühlen Schluck Wasser. Auf der Suche nach Wasser ohne Kohlensäure, dafür mit Eiswürfeln, schleppte ich meinen Mann durch das ganze Dorf. Vergeblich. Zu guter Letzt blieb mir nichts anderes übrig, als in einer Gaststätte um ein Glas Leitungswasser zu bitten.

Mein Mann, dem es peinlich war, dass seine Frau nichts anderes trinken wollte, brachte mir auf die Schnelle das Wort Leitungswasser bei und schickte mich alleine rein. Er wollte wohl in der Öffentlichkeit nichts mit dieser seltsamen Frau zu tun haben, die lieber gewöhnliches Wasser aus der Leitung trank als Sprudel aus der Flasche. Bis heute kann ich die allgemeine Begeisterung für Sprudel nicht verstehen. Bestimmt hat es mit den vielen Kohlensäurebläschen zu tun, die man herunterschlucken muss. Ich bekomme davon nur Bauchschmerzen.

In Sachen Wasser unterscheiden sich die amerikanischen und deutschen Geschmäcker sehr, und das trifft auch auf das Frühstück zu. Ob zu Hause oder im Café, der durchschnittliche

Deutsche frühstückt am liebsten Brötchen mit Wurst, Käse, Marmelade und Butter. Diese Auswahl kann durch Räucherlachs sowie hart oder weich gekochte Eier ergänzt werden.

Im ganzen Land sind Brötchen fester Bestandteil des Frühstücks. Im Grunde genommen sind sie sogar ein Hauptnahrungsmittel der Deutschen. Was ich nur zu gut verstehen kann: Außen sind Brötchen knusprig, innen weich. Wenn sie frisch aus dem Ofen kommen, schmecken sie einfach köstlich. Man sieht in Deutschland immer wieder Kinder im Buggy oder Einkaufswagen, die auf einem Brötchen herumkauen. Als meine Tochter noch klein war, garantierte ein Brötchen eine friedliche halbe Stunde im Auto während der Fahrt. Okay, der Wagen war zwar hinterher vollgekrümelt wie ein Bäckereilaster, aber das war ein geringer Preis. Ein Brötchen auf die Hand, und Geena war glücklich. Zudem sind sie gesund und enthalten weder Zucker noch Fett oder künstliche Konservierungsstoffe. Verglichen mit Muffins und gezuckerten Cornflakes und clever vermarkteten Fertigprodukten, die viele Kinder zu essen bekommen, sind Brötchen geradezu ein Segen.

In Bäckereien gibt es auch fertig belegte Brötchen zu kaufen: mit Käse, Tomaten, Salami, Schinken, kaltem Rührei und sogar – mein persönlicher Albtraum – mit Mett und Zwiebeln.

Manchmal, wenn ich in einer Bäckerei in der Schlange warten muss, achte ich darauf, wer sich morgens um acht schon ein deftiges Mettbrötchen mit Zwiebeln gönnt. Ich kann nur schwer nachvollziehen, dass manche Leute so etwas zum Frühstück essen. Wahrscheinlich habe ich jetzt ein Viertel aller Deutschen beleidigt, aber so empfinde ich es eben. Ich hoffe nur, dass der Morgenkaffee den Zwiebelgeruch überlagert.

Brötchen sind vielseitiger, als man denkt. Mit den Jahren habe ich gelernt, dass sie sogar nach zwei oder drei Tagen noch essbar sind, wenn man ein bisschen Wasser darauf träufelt und sie kurz aufbackt. Ab dem vierten Tag kann man sie immer noch für Frikadellen, Croûtons oder die Füllung eines Truthahns, falls zufälligerweise Thanksgiving vor der Tür steht, verwenden.

Erstaunlich ist allerdings, dass, obwohl ich in meinem Leben schon viele Brötchen gegessen habe, dies genau das Wort ist, dessen Aussprache mir im Deutschen die meisten Schwierigkeiten bereitet. Mein Mann und meine angeheiratete Verwandtschaft haben mir den Begriff zwar wieder und wieder vorgesprochen, aber meine Zunge scheint sich nur den Geschmack merken zu können. Dafür kann ich zwanzig bis dreißig Brotsorten mit den kompliziertesten Namen voneinander unterscheiden, bei Weitem mehr als mein Mann.

Früher bei der Arbeit in Köln frühstückte ich normalerweise ein halbes Brötchen mit Käse oder eine Scheibe Vollkornbrot mit Tomate und Schnittlauch. Ein typisch deutsches Frühstück, das ich zu schätzen gelernt habe. Als ich noch in Minnesota arbeitete, brachte fast jeden Morgen jemand einen ganzen Karton mit zuckrigen Donuts mit – lecker, aber nicht wirklich eine gesunde Alternative.

Zu einem Frühstücksbuffet im Hotel gehören hier auf jeden Fall auch Eier. In besseren Hotels liegen sie in verschiedenen Körben, auf denen die Kochzeit in Minuten angegeben ist. Meistens gibt es Fünf- oder Zehn-Minuten-Eier, ich habe aber auch schon Drei- und Zwei-Minuten-Eier gesehen. Allerdings möchte ich mir lieber nicht vorstellen, wie Letztere von innen aussehen! Da ich auf gekochte Eier verzichte, weiß ich gar nicht, ob es vielleicht sogar Halbstunden- oder Stunden-Eier gibt. Schließlich bieten die Chinesen tausendjährige Eier als Delikatessen an.

Weil meine Tochter es nicht gewohnt ist, ein gekochtes Ei zum Frühstück zu essen, hat sie schon so manche Überraschung erlebt, wenn sie bei deutschen Freunden oder Verwandten übernachtete.

Als sie einmal bei ihrer Tante zu Besuch war, wurde sie gefragt, ob sie vielleicht ein Ei essen wolle. In Erwartung von

Rührei antwortete sie erfreut: »Ja, bitte!« Was sie bekam, war ein klassisches deutsches Frühstücksei in einem Eierbecher. Als Geena das Ei vor sich stehen sah, wusste sie nicht, was sie damit machen sollte. Das fanden ihre deutschen Cousinen sehr putzig.

Süßes wie French Toast, Blaubeerpfannkuchen oder Waffeln mit Ahornsirup kennt die deutsche Frühstückskultur nicht. In Hotels der gehobenen Klasse werden solche Gerichte zwar für die Touristen angeboten, aber in einem deutschen Frühstückscafé kann man das nicht unbedingt erwarten.

Da ich ein großer Fan des *American Breakfast* bin, vermisse ich am meisten die Pfannkuchenhäuser, die vierundzwanzig Stunden am Tag geöffnet sind. Manchmal habe ich sonntagmorgens nach dem Gottesdienst richtig Appetit auf eine große Portion Rührei mit Speck, *Hash Browns* (eine Art amerikanischer Kartoffelpuffer) und eine kleine Portion Pfannkuchen. Wenn ich in Amerika zu Besuch bin, habe ich zu Beginn immer enormen Frühstücks-Nachholbedarf, was sich jedes Mal hinterher auf der Waage rächt.

Vor einigen Jahren übernachteten Peter und ich in einem schicken Hotel in Berlin. Am Buffet entdeckte ich kleine Pfannkuchen, von denen ich mir einige nahm. Allerdings konnte ich nirgendwo Sirup entdecken. Ich nahm an, dass es welchen geben musste, weil im Hotel viele Touristen aus dem Ausland waren. Also fragte ich beim Kellner nach, der kurz darauf mit einer frischen Flasche Ahornsirup an unserem Tisch erschien, diese öffnete und daraus zwei winzige Kleckse auf meine Pfannkuchen träufelte. Ich bat ihn, ein bisschen großzügiger zu sein, da er keinerlei Anstalten machte, mir die offenbar äußerst wertvolle Sirupflasche anzuvertrauen. Prompt träufelte er zwei weitere Minikleckse auf meine Pfannkuchen und lächelte mich an. Er schien zufrieden darüber zu sein, dass er die hohe Kunst des Siruptröpfelns beherrschte, um auch die seltsamsten Wünsche ausländischer Gäste zu erfüllen. Dann ließ er mich mit meinen vier Sirupklecksen alleine. Die Flasche nahm er natürlich wieder mit. Wahrscheinlich musste sie noch ein halbes Jahr lang reichen ...

Weitgehend angenähert haben sich die deutschen und die amerikanischen Frühstücksgewohnheiten bei Cornflakes oder Müsli, die Ernährungswissenschaftler und Werbefritzen etwas sperrig *Cerealien* nennen. Für mich ist das Fast Food der relativ gesunden Art. Besonders bewundernswert finde ich die Individualisten hierzulande, die sich die Mühe machen, ihr eigenes Müsli aus verschiedenen Vollkorngetreideflocken, getrockneten Früchten und Nüssen zusammenzurühren.

Ich werde oft gefragt, welche amerikanischen Lebensmittel ich am meisten vermisse. Dazu zählen unter anderem *Grape Nuts*, Frühstücksflocken aus verschiedenen Getreidearten, Salz und Hefe, die aussehen wie Hasenfutter, aber deutlich besser schmecken, und die ich schon kartonweise nach Deutschland geschleppt habe. Ich frage mich, weshalb all die gezuckerten Cornflakes aus den USA es hierher geschafft haben, nicht jedoch die vergleichsweise gesunden *Grape Nuts*. Wahrscheinlich weil es hier Müsli gibt ...

Wer in ein fremdes Land zieht, vermisst vor allem in der Anfangszeit die vertrauten Lebensmittel und deckt sich bei jedem Besuch in der alten Heimat mit einem Vorrat ein, den er im Koffer in die neue Heimat schleppt. Tatsächlich besorge ich immer *Chocolate Chips*, Limonadenpulver und Melassesirup, wenn ich in Amerika bin, denn auf diese Lebensmittel, die in Deutschland nirgendwo erhältlich sind, möchte ich nicht verzichten.

Mittlerweile macht es mir jedoch Sorgen, dass ich, sollte ich eines Tages nach Amerika zurückgehen, auf die deutschen Lebensmittel verzichten muss, die ich lieb gewonnen habe. Deutsche Brot- und Brötchensorten sind nur schwer nachzumachen, und die Käseauswahl, die Kräuterquarksorten und all

die anderen Leckereien, die Bestandteil meiner täglichen Ernährung sind, wären nicht so einfach durch amerikanische
Produkte zu ersetzen.

Denn je länger ich in diesem zunächst fremden Land lebte,
desto mehr gewöhnte ich mich – bis auf wenige Ausnahmen –
an die hiesigen Lebensmittel. Inzwischen habe ich mich an
das Sortiment so angepasst, dass ich mich in amerikanischen
Supermärkten verloren fühle. Und nicht nur das. Mir ist auch
aufgefallen, dass das Einkaufen in Deutschland eher altmodischen Regeln folgt.

Vor einiger Zeit besuchte ich einen Supermarkt in Ohio,
wo man seine Waren selbst scannen und bezahlen konnte,
ohne auf eine Kassiererin angewiesen zu sein. Von meinen
amerikanischen Freunden weiß ich, dass das in den USA mittlerweile gang und gäbe ist und keinen mehr erstaunt. Doch
mir und meiner kleinen Familie war dieses System neu und
fremd. Wir kamen uns vor, als wären wir in die Zukunft ge-
reist.

Wieder zurück in Deutschland stellte ich enttäuscht fest,
dass es hier nirgendwo Selfscanner gab. Dabei macht es richtig Spaß, sein eigener Kassierer zu sein.

Als ich dieses Buch über Deutschland zu schreiben begann, hätte ich nie gedacht, dass das Kapitel über das Rauchen schwieriger sein würde als das über den Zweiten Weltkrieg. Ich riskiere damit, viele meiner Freunde, der Leser und Politiker zu beleidigen. Dabei läge mir nichts ferner. Dennoch möchte ich von meinen in Deutschland gesammelten Erfahrungen und Beobachtungen über Raucher berichten, selbst wenn Deutschland inzwischen Schritte in die Richtung des besseren Schutzes von Nichtrauchern macht.

Es ist kein Geheimnis, dass die USA weltweit Vorreiter in Sachen Nichtraucherschutz sind. Dort würde niemandem einfallen, sich in öffentlichen Gebäuden eine Zigarette anzuzünden. Es gilt nicht nur ein gesetzliches Rauchverbot für viele Orte, es ist auch geradezu verpönt, in der Öffentlichkeit zu rauchen.

Bereits ab der ersten Klasse gibt es Aufklärungsunterricht, um Kinder vor den Gefahren des Rauchens zu warnen. Ich kann mich erinnern, dass mir schon in der Grundschule Röntgenbilder von hässlichen schwarzen Raucherlungen gezeigt wurden sowie Aufnahmen von gesunden rosafarbenen Nichtraucherlungen. Wir mussten uns auch Bilder von Rauchern ansehen, die an fortgeschrittenem Mund- oder Lippenkrebs litten. Nichts blieb unversucht, um uns vom Rauchen abzuhalten. Mein Mann hat mir gesagt, dass er diesen Aufklärungsunterricht auch aus seiner eigenen Schulzeit kennt. Und das ist etwas, was ich nicht verstehe: Wie kann es sein, dass zwei Länder, die ihren Kindern dasselbe beibringen, zu solch gegensätzlichen Ergebnissen kommen?

In den USA wird das Rauchen verteufelt, und die Nichtraucher besitzen viele Rechte, um sich vor den Folgen des Passivrauchens zu schützen. Als Nichtraucher ist man der King. Als ich von Amerika nach Deutschland kam, erlebte ich das Gegenteil: Hier durfte man vor fünfzehn Jahren fast überall qualmen, so viel man wollte, ohne ein schlechtes Gewissen haben zu müssen und ohne sich daran zu stören, dass sich andere von dem Rauch belästigt fühlen könnten. Darüber wurde lange nicht einmal diskutiert.

Nach meiner Ankunft in Deutschland Anfang der Neunzigerjahre, musste ich mich also erst daran gewöhnen, dass um mich herum ständig geraucht wurde: im Restaurant, in der Redaktion, im Flugzeug, in Diskotheken ohne Frischluftzufuhr, im Zoo in Gegenwart von Kindern, in der Schlange im Vergnügungspark, im Friseursalon – die Aufzählung ließe sich beliebig fortsetzen. Meine sprachlichen Herausforderungen waren ein Klacks gegen den Lernprozess, mich mit der permanenten Benebelung abfinden zu müssen. Manchmal hatte ich das Gefühl, in einer großen blauen Rauchwolke zu schweben und befürchtete, nie wieder richtig durchatmen zu können.

Am schlimmsten war es zu Beginn meines Jobs in der Redaktion. Ich war rundherum zufrieden mit meiner Arbeit, aber neben mir saß eine Kollegin, die bei der Arbeit rauchte. Das war ein Schock für mich. Ich konnte mir nur helfen, indem ich jedes Mal, wenn sie sich eine Zigarette anzündete, das Fenster öffnete.

Doch das war der rauchenden Kollegin nicht recht: »Könntest du das Fenster bitte wieder schließen? Ich sitze im Durchzug und will nicht krank werden.«

»Aber ich brauche frische Luft, ich kann bei dem Qualm nicht richtig atmen«, hätte ich am liebsten erwidert, verkniff es mir jedoch, denn ich wollte mich nicht gleich am Anfang unbeliebt machen.

Ich war entschlossen, freundlich zu bleiben und mich anzupassen.

In Amerika müssen sich Raucher in den Arbeitspausen an die frische Luft verziehen, wenn sie eine qualmen wollen, und das selbst bei zweistelligen Minustemperaturen. Schließlich ist Lungenkrebs weitaus gefährlicher als eine Erkältung.

Auch in Restaurants musste ich mich gegen Raucher zur Wehr setzen. Vor ungefähr zehn Jahren hatten mein Mann und ich zusammen mit meiner Mutter eine Begegnung mit äußerst rücksichtslosen Rauchern. Meine Mutter war damals zu Besuch bei uns in Köln, und eines Abends wollten wir zusammen essen gehen. Wir gingen in ein Lokal in unserem Viertel, das sehr gemütlich war und eine hervorragende Küche besaß. Wie die meisten Restaurants in der Kölner Innenstadt war es klein und sehr eng.

Unsere Tischnachbarn an jenem Abend rauchten nonstop Zigaretten und Zigarillos. Der Qualm schlug uns allen dreien auf den Magen, und das bereits vor dem Hauptgericht. Also öffneten wir ein Fenster, um frische Luft hereinzulassen. Prompt stand einer der Raucher vom Nebentisch auf und machte es wieder zu. Wir öffneten es daraufhin erneut und erklärten den Leuten, dass wir nur kurz lüften wollen, damit sich der Rauch verzieht. Doch der Mann stand abermals auf und knallte das Fenster zu. Es war der Beginn eines Fensterkriegs.

Er schnauzte uns an: »Es ist viel zu kalt, um das Fenster aufzureißen. Wir frieren.«

»Hören Sie, meine Mutter aus Amerika ist gerade zu Besuch hier, und wir möchten einfach einen schönen Abend mit ihr verbringen. Sie verträgt den Zigarettenrauch sehr schlecht, ihr wird davon schnell übel. Wir möchten doch nur ein bisschen frische Luft reinlassen«, bat ich ihn freundlich.

Darauf antwortete der Mann in gehässigem Ton: »Dann gehen Sie doch mit Ihrer Mutter zurück nach Amerika. Wir brauchen Sie hier nicht.«

Wir standen auf und gingen. Ich war nur froh, dass meine Mutter kein Wort verstanden hatte.

Es war genau dieses rücksichtslose Verhalten, das mir in Deutschland manchmal Probleme bereitete. Es gab zwar schon immer rücksichtsvolle Raucher mit guten Manieren, aber leider war man nicht vor denen gefeit, die zu jeder Zeit und an jedem Ort ihrer Sucht frönten.

Glücklicherweise gibt es inzwischen in immer mehr Restaurants Nichtraucherzonen. Zwar werden diese oft auf freiwilliger Basis eingerichtet, weil der Nichtraucherschutz nicht in allen Bundesländern einheitlich gesetzlich geregelt ist. Aber wenigstens sehen einen die Kellner nicht mehr an, als komme man von einem anderen Planeten, wenn man nach einem Nichtrauchertisch fragt.

Früher musste ein Nichtraucher in einer Gaststätte danach suchen, wo es eine Belüftung, ein Fenster oder eine offene Tür gab. Das war die einzige Möglichkeit, sich vor dem Passivrauchen zu schützen. Aus diesem Grund wurden Peter und ich zu Experten in Sachen Restaurantarchitektur, immer auf der Suche nach der bestmöglichen Luft. Hohe Decken und große Fenster sind dabei eine gute Grundvoraussetzung.

Trotzdem ließ es sich trotz aller Vorsichtsmaßnahmen nicht vermeiden, dass wir einmal in einem Restaurant ohne jegliche Belüftung landeten. Mir wurde von der verqualmten Luft so schlecht, dass ich während des Essens aufstehen und gehen musste, um den anderen Gästen nicht den Appetit zu verderben. Leider blieb uns nicht erspart, die saftige Rechnung in dem Feinschmeckerlokal zu begleichen, obwohl wir es nur bis zur Vorspeise geschafft hatten.

Ich dachte immer, ich wäre die Einzige mit diesem Problem, bis ich in meinem Bekanntenkreis auf einige Leidensgenossen traf – und das waren nicht nur Amerikaner. Ich stellte außerdem fest, dass sich deutsche Nichtraucher viel seltener über Raucher beklagen als ausländische. Entweder stört es sie nicht, oder es ist unverfänglicher, sich über das Wetter zu beschweren.

Interessanterweise gibt es aber dennoch einige Deutsche, die die Nase voll haben. Zum Beispiel hängt in einem benachbarten Tennisclub seit Kurzem ein Schild, auf dem eine Zigarette in einem durchgestrichenen roten Kreis abgebildet ist; darunter steht: »Danke für Ihr Verständnis«. Das heißt, dass es zwar nicht gesetzlich verboten ist zu rauchen, aber dennoch ausdrücklich begrüßt wird, wenn darauf verzichtet wird. Eine gute Methode, um auf die Nichtraucher Rücksicht zu nehmen, ohne dabei die Raucher vor den Kopf zu stoßen. Wenigstens sollte man das meinen.

Leider scheinen Raucher dieses kleine Schild nur sehr selektiv wahrzunehmen. Manche richten sich danach, andere fragen: »Ist das nun ein gesetzliches Rauchverbot?« Wenn die Frage verneint wird, stecken sie sich ihren Glimmstängel an. Allerdings wundere ich mich sowieso immer, wie sich Tennisspieler nach einem harten Match guten Gewissens ein Bier und eine Zigarette gönnen können … War da nicht mal was mit gesundheitsfördernden Aspekten sportlicher Betätigung? Und dann Nikotin und Alkohol? Wie wäre es stattdessen mit Apfelschorle und Salzstangen?

Sehr verwundert war ich auch darüber, dass das Rauchen in deutschen Schulen nicht ausnahmslos verboten ist. Laut einer Studie des Deutschen Krebsforschungszentrums in Heidelberg, das eng mit der Weltgesundheitsorganisation (WHO) zusammenarbeitet, gehört Deutschland zu den wenigen Ländern der sogenannten WHO-Europa-Region, in denen nur begrenzte oder gar keine Regeln zum Nichtraucherschutz in Schulen gelten. Selbst Andorra, Kasachstan, Tadschikistan, Rumänien und Zypern sind da fortschrittlicher als Deutschland. Dreiundvierzig Nationen haben demnach rauchfreie Schulen. Die übrigen neun Länder – nämlich Deutschland, Armenien, Dänemark, Georgien, Albanien, Schweiz, Kirgistan, Großbritannien und Usbekistan – hatten zum Zeitpunkt der Erhebung im Jahr 2005 entweder nur begrenzte oder gar keine Maßnahmen zum Nichtraucherschutz in Schulen eingeführt.

Was Deutschland betraf, gab es am Stichtag insgesamt zehn Bundesländer, in denen das Rauchverbot an Schulen umgesetzt worden oder geplant war, während die übrigen sechs weiterhin Raucherecken an Schulen duldeten. Offenbar herrschte dort die Annahme, dass der Nichtraucherschutz durch die gesetzliche Altersgrenze von sechzehn Jahren, die mittlerweile glücklicherweise auf achtzehn Jahre angehoben wurde, zur Genüge erfüllt war.

Erstaunlicherweise sprechen in Deutschland immer noch viele Menschen von einem Grundrecht zu rauchen. Die haben wahrscheinlich zu oft die Werbung *Welcome to Marlboro-Country* gesehen.

Ich war völlig perplex, als ich in den Neunzigerjahren zum ersten Mal ein deutsches Kino besuchte und plötzlich das Marlboro-Country auf der Leinwand zu sehen war: Eine wunderschöne Idylle mit einer weiten Prärielandschaft und einem Cowboy, der noch wie ein richtiger Mann aussah. Hätte man mir ein Pferd gegeben und mich in die Szenerie hineingebeamt, ich wäre begeistert gewesen. Wer möchte nicht einen grauen Regentag in Köln mit der endlosen Prärie und einem kernigen Cowboy tauschen?

In den USA ist Zigarettenwerbung schon lange verboten, und ich staunte über die Anziehungskraft, die der Marlboro-Werbespot sogar auf mich als Nichtraucherin ausübte.

Was der Spot dem deutschen Publikum natürlich vorenthielt, war die Geschichte von Wayne McLaren. Der amerikanische Schauspieler wurde in den Siebzigerjahren als Marlboro-Man berühmt, der immer lässig durch die Prärie ritt. Passend zu seiner Rolle rauchte Wayne McLaren eineinhalb Schachteln am Tag. Im Alter von neunundvierzig Jahren erkrankte er an Lungenkrebs, der streute und Metastasen im Gehirn bildete. Zwei Jahre später, kurz vor seinem Tod, gab es eine Nichtraucherkampagne im amerikanischen Fernsehen, die ihn als rauchenden Cowboy auf seinem Pferd und dann als todkranken Mann in einem Klinikbett zeigte. Durch diesen Spot verlor die Marlboro-Reklame viel an Anziehungskraft. Ich empfand Mitleid für Wayne McLaren, weil er damals in den Siebzigern, als er so viel rauchte, offenbar nicht genug über die Folgen seines Nikotin-Konsums nachgedacht hatte.

Ich finde es sehr beruhigend, dass in Deutschland die Zigarettenwerbung inzwischen nicht nur aus dem Fernsehen, sondern auch aus den Kinos verbannt wurde.

Ein weiteres positives Beispiel für das hiesige Vorankommen beim Nichtraucherschutz ist der Frankfurter Flughafen. Auf Deutschlands größtem Drehkreuz für den internationalen Flugverkehr hat man sich zu einer totalen Umkehr entschieden, ohne dass die Menschen auf die Barrikaden gingen. Oder sagen wir besser: zu einer *fast* totalen Umkehr. In sämtlichen öffentlichen Bereichen gilt dort ein absolutes Rauchverbot. Weil man aber die Raucher nicht ganz ihren Entzugserscheinungen überlassen wollte, wurden gleichzeitig einige Raucherecken eingerichtet. Es war recht kühn, das Raucherzonen-Konzept umzusetzen, aber es funktioniert. Der Flughafen ist ein ausgezeichnetes Beispiel dafür, wie Raucher und Nichtraucher in Frieden miteinander leben können.

Es ist in den USA übrigens auch nicht so, dass man in jedem Flughafen hochkant aus dem Terminal geworfen wird, wenn man sich in den Restaurants eine kleine Verdauungszigarette anzündet. So militant, wie es immer scheint, sind die Nichtraucher-Gesetze dort nicht. Eine ganze Reihe von Flughäfen erlauben ihren Passagieren in Bars und Lounges einen letzten nervösen Zug vorm Flug.

Amüsant ist, dass sich deutsche Raucher, die daheim keine Rücksicht auf ihre Umgebung nehmen, in den USA verfolgt fühlen. Sie glauben oft, dass immer und überall Kontrollen gemacht werden, um Raucher auf frischer Tat zu ertappen.

Ich musste lachen, als ich in der Zeitung eine Reportage von einem deutschen Journalisten las, der in einem amerikanischen Luxushotel übernachtete, in dem selbstverständlich absolutes Rauchverbot war. Nach dem Nichtraucherflug über den Atlantik, der Fahrt im Nichtraucher taxi und dem Einchecken im Nichtraucherhotel brauchte der Mann dringend eine Zigarette. Er ging also ins Bad, schloss die Tür und drehte das Wasser in der Dusche auf. Der Wasserdampf sollte den Qualm übertünchen. Dann zündete er sich eine an. Plötzlich klopfte es an der Tür. »Erwischt! Verdammt! Diese Amis spüren einen sogar im Bad auf«, dachte er sich. Er machte schnell die Zigarette aus und öffnete die Zimmertür.

Vor ihm stand ein freundlich lächelnder Hotelmitarbeiter: »Sir, Sie haben die Honeymoon Suite gebucht, aber leider haben wir vergessen, die Flasche Champagner in Ihr Zimmer zu stellen. Wir möchten das hiermit nachholen. Bitte sehr, auf Empfehlung des Hauses. Ich wünsche Ihnen noch einen angenehmen Aufenthalt.«

Die Amerikaner sind wohl doch nicht so schlimm wie befürchtet.

Ich bin sehr gespannt, wie sich der ewige Streit ums Rauchverbot tatsächlich lösen lässt. Deutschland, das für mich sonst oft als Vorbild für Ordnung und Regelungsfreude gilt, setzt fast ein Jurastudium voraus, wenn es um die simple Frage geht: Wo darf man eigentlich rauchen und wo nicht?

Als Grundvoraussetzung für die Beantwortung dieser Frage sollte man immer einen aktualisierten Gesetzestext und eine Landkarte dabeihaben. Denn wer beispielsweise die Brücke zwischen Ulm und Neu-Ulm überquert, kann in wenigen Minuten gleich zwei Nichtraucherschutzgesetze erleben.

Es gäbe sicherlich noch viel mehr über die Auswirkungen von Zigarettenqualm auf mein empfindliches Gemüt zu erzählen. Doch jetzt wende ich mich lieber wieder den guten Seiten Deutschlands zu, zum Beispiel dem Oktoberfest und dem rheinischen Karneval.

Menschen, die noch nie in Deutschland gelebt haben, könnten den Eindruck gewinnen, das Oktoberfest sei hierzulande das größte Ereignis des Jahres. Schließlich ist es das größte Volksfest der Welt. Viele Deutsche aus der gesamten Republik strömen nach Bayern und besuchen die *Wiesn*, um literweise Bier in sich hineinzukippen. Auch aus dem Ausland reisen Millionen Gäste extra für dieses Spektakel an. Manche schaffen es sogar in die Nachrichten. Ich habe im Fernsehen – was sehr peinlich war – Landsleute von mir gesehen, die etwas in die Kamera lallten, das sich anhörte wie ein mir unbekannter deutscher Dialekt. Auch wenn sie nicht imstande waren, ein Bier auf Deutsch zu bestellen, hinderte sie das nicht am Trinken.

Erstaunlicherweise ist ausgerechnet dieses Gelage *das* Ereignis, über das mich viele Amerikaner, die ich kenne, ausfragen, und allen muss ich sagen: »Sorry, ich war nie dort.«

Dabei bekam ich schon öfters Einladungen, in einem der Zelte mit für mich schon in nüchternem Zustand unaussprechlichen Namen wie Hacker-Festzelt, Armbrustschützenzelt oder Winzerer Fähnd'l mitzufeiern. Warum ich nie hingegangen bin, weiß ich selbst nicht so genau. Hatte ich vielleicht Angst, im Dirndl keine gute Figur zu machen? Oder fehlte mir die Kraft im rechten Arm fürs Stemmen der Ein-Liter-Maßkrüge? Vielleicht bin ich aber auch einfach nur, wie wir zu Hause sagen, ein *Party-Pooper*, also ein Partymuffel. Wie auch immer, ich war nie da.

Doch auch im Fernsehen kann ich zur Oktoberfestzeit Mädchen und Frauen in diesen lustigen, offenherzigen Dirndln bestaunen. Welche Vorteile der Anblick all der Männer, die ihre haarigen Beine in nicht ganz so attraktiven Lederhosen präsentieren, bietet, habe ich bisher noch nicht herausfinden können.

Im Rheinland, wo ich lebe, sind Männer während der Karnevalszeit – zumindest was die Beintracht angeht – nicht unbedingt erotischer. Denn dann stecken einige Herren ihre behaarten und mehr oder weniger muskulösen Beine in Strumpfhosen. Meiner Meinung nach ist das sehr merkwürdig, und ich finde es mutig, so herumzulaufen. Selbst an unserem verrücktesten Kostümfest Halloween würde in Amerika kein Mann in Strumpf- oder Lederhosen auf die Straße gehen. Da soll einer sagen, die Deutschen hätten keinen Humor!

An Karneval herrscht im gesamten Rheinland Ausnahmezustand. Es hat eine Weile gedauert, bis ich das wirklich verstanden habe. Nie vergessen werde ich, wie ich mein erstes Karnevalswochenende in Deutschland verbracht habe – alleine. Mein Mann hatte mir einige Wochen zuvor gesagt, dass es an diesem Wochenende in Köln etwas ausgelassen zugehen werde: »Sie nennen das hier Karneval.« Er allerdings konnte leider nicht bei mir sein, denn er musste genau zu dieser Zeit mit einer Gruppe von Journalistinnen für RTL auf eine PR-Tour nach Chicago. Es war eine Geschäftsreise mit ernsthaftem Hintergrund, aber mir war ein bisschen bange, ausgerechnet an diesem Wochenende allein in Köln zu sein.

Um wenigstens eine Ahnung zu bekommen, was es mit diesem rheinischen Brauchtum auf sich hat, machte ich mich auf die Suche nach dem Karneval. Was nicht lange dauerte, denn wir wohnten in der Innenstadt, und kaum war ich aus der Tür, liefen mir auch schon die ersten verkleideten Figuren über den Weg.

In der Bäckerei erlebte ich die erste Überraschung. Die Verkäuferinnen hinter der Theke trugen plötzlich rote, blaue oder lilafarbene Perücken sowie lustige Kostüme, und ihre Gesichter waren bemalt. Im Supermarkt, wo ich erwartete, normale Zustände vorzufinden – voilà, dasselbe Bild. Als Nächstes ging ich in eine Bank, in der Annahme, dass es dort seriös zuginge, aber sogar die Bankangestellten waren närrisch geworden. Auf den Straßen sah ich überall Prinzessinnen, Feen, Clowns, Tiere, Hofnarren und vieles mehr.

Ein paar Tage später – wie ich im Nahinein erfuhr, war es der Rosenmontag – stieß ich auf eine dicht gedrängte Menschenmenge und beschloss, mich einfach dazuzustellen. Vielleicht würde hier irgendwas passieren. Nach einiger Zeit begann es zu schneien, und ich fühlte mich fast wie daheim im Mittleren Westen. Doch dann kamen Traktoren, die geschmückte Wagen hinter sich herzogen, auf denen riesige Figuren aus Pappmaché thronten, mit grotesken Körpern und Köpfen so groß wie Kleinwagen. Von den Wagen aus warfen Menschen Bonbons – im Rheinland als *Kamelle* bekannt –, Blumen und andere unidentifizierbare Flugobjekte in die Menge. Die anderen Zuschauer waren begeistert, aber ich zog jedes Mal den Kopf ein, wenn wieder eine Ladung auf mich herunterprasselte. Nach einigen Stunden Karneval hatte ich genug gesehen, und blieb den Rest des Tages zu Hause. Bei Tageslicht schien mir Köln noch halbwegs sicher, in der Nacht traute ich mich, ehrlich gesagt, nicht vor die Tür.

Von diesem Tag an habe ich – ohne mir besonders große Mühe zu geben – eine Menge über Karneval gelernt. Das ist im Rheinland auch nicht schwierig, denn dort gibt es in nahezu jedem Ort mindestens einen Karnevalsverein, und die Leute warten das ganze Jahr sehnsüchtig auf den Anbruch der närrischen Zeit.

Die Menschen laufen dann in Kleidern herum, die ich – wenn überhaupt – eigentlich nur nach dem Genuss einiger

Gläser Alkohol anziehen würde. Während vielen Männern – von den Strumpfhosenträgern mal abgesehen – eine Pappnase oder ein einfaches Kostüm reicht, verkleiden sich die Frauen gerne fantasievoll mit Perücken, falschen Zöpfen, Clownkostüm oder selbst entworfenen verführerischen Kreationen. Wer das Ergebnis zahlloser Aerobicstunden zur Schau stellen will, trägt ein enges Kostüm und zeigt viel Haut. Und die, die einfach nur Spaß haben wollen und nicht erwarten, jemanden näher kennenzulernen, ziehen auch weite lustige Sachen an und gehen beispielsweise als Kuh oder Schwein. Ich glaube, einmal habe ich sogar eine Frau gesehen, die als Toilette verkleidet war. Ich fürchte, sie blieb den ganzen Abend alleine.

Der psychologische Aspekt dieser Lust an der Verkleidung beschäftigt mich jedes Jahr aufs Neue. Eine Woche lang haben erwachsene Menschen die Gelegenheit, in eine Rolle zu schlüpfen, ein anderer zu sein als sonst, und können dabei aus sich herausgehen. Aber warum dann ausgerechnet als Klo oder Kuh?

Nach so vielen Jahren in Deutschland weiß ich, dass es nicht ratsam ist, sich erst bei Anbruch der Karnevalszeit ein Kostüm zu besorgen. Denn dann ist in den Läden die Hölle los. Glücklicherweise sind die großen Fachgeschäfte für Karnevalsbedarf das ganze Jahr über geöffnet. In Köln entdeckte ich sehr schnell ein Kaufhaus für Kostüme. An endlosen Kleiderstangen hingen dort schon im Sommer die leeren Hüllen von Leoparden, Rittern, Feen, Vampiren, Feuerwehrleuten und Hexen. Bei meinem ersten Besuch dachte ich: »Wow, das ist größer als jeder Halloween-Shop, den ich je gesehen habe.«

Am besten erleben kann man den Übergang von *normal* zu *Karneval* am 11. 11. um 11 Uhr 11. Lustigerweise war ich einmal zu genau dieser Zeit mit meiner Mutter und meiner Schwester in der Bonner Innenstadt unterwegs. Ich ahnte nicht, dass wir um 11 Uhr auf dem Rathausplatz plötzlich in einer riesigen Menschenmenge stecken würden, während eine Oldieband Karnevalsschlager spielte und Menschen in den tollsten Verkleidungen ausgelassen tanzten, mit den Nachbarn schunkelten, Bratwurst futterten und Bier tranken.

Meine Schwester und meine Mutter fragten natürlich mich, die große Deutschland-Expertin: »Was ist da los, Carol? Ist da eine Party?«

Da ich selbst von dem Treiben überrascht war, musste ich kurz überlegen, bis mir einfiel, dass die Karnevalszeit begonnen hatte. Und dann versuchte ich, zwei kulturell durchaus aufgeschlossenen Amerikanerinnen Sinn und Unsinn von Karneval zu erklären, mit allem was dazu gehört. Keine leichte Aufgabe, weil auch mir bis heute nicht so ganz klar ist, wieso ausgerechnet am 11.11. im Rheinland eine neue Zeitrechnung beginnt.

Meine Mutter blieb hin und wieder stehen, weil ihr die Musik gefiel. Sie meinte, dass mein Vater mit seinen deutschen Wurzeln seine wahre Freude an dem bunten Treiben gehabt hätte. Ja, dachte ich, bestimmt hätten ihm die Karnevalslieder und das deutsche Bier gefallen, aber ich möchte nicht wissen, was er über die Männer seines Alters in Strumpfhosen gesagt hätte ...

Am 11.11. fällt außerdem der Startschuss für die vielen Prunksitzungen in der Karnevalszeit. Die kann man sich im Saal live anschauen oder aber vor dem Fernseher verfolgen. Mein Mann wurde in einer Session einmal vom örtlichen Karnevalsverein zum Ehrenmitglied ernannt. In dieser Funktion sollte er bei der Damensitzung eine kleine Rede auf der Bühne halten.

Ich hatte im Bekanntenkreis mitbekommen, dass über die Kostüme für diesen Anlass gesprochen wurde. Einige Frauen wollten sich als Bienen verkleiden; es kommt oft vor, dass man im Karneval als einheitlich kostümierte Gruppen auftritt. Mein Mann, der zwar grundsätzlich humorvoll ist, mit Karneval aber nicht viel am Hut hat, plante allerdings, wie immer in Anzug und Krawatte zu gehen. Ich sagte zu ihm, er könne sich nicht unkostümiert auf die Bühne stellen, denn das wäre in diesem Fall nicht angemessen. Es gelang mir und meiner Tochter, ihn tatsächlich zu überreden, sich nach einem Kostüm umzusehen, und schließlich kaufte er sich ein schwarzweiß geflecktes Kuhkostüm mit einer gehörnten Kopfbedeckung. Er sah darin so albern aus, dass ich mir schon fast Vorwürfe machte, wie ich ihm hatte einreden können, sich zu verkleiden.

Weil die Karnevalisten ein sehr geselliges Völkchen sind, war ich als Frau des zu ehrenden Ehrenmitglieds ebenfalls zu der Prunksitzung eingeladen und durfte mit am Honoratioren-Tisch sitzen. Diese Gelegenheit, unmittelbar in die deutsche Karnevalstradition einzutauchen, konnte ich mir natürlich nicht entgehen lassen. Also besorgte ich mir ein Cowgirlkostüm, passend zu meinem Mann, der Kuh.

Während Peter sich auf seinen Auftritt vorbereitete, betrat ich gegen 15 Uhr alleine den verqualmten Festsaal und suchte meinen Platz. Es dauerte eine Weile, bis ich ihn gefunden hatte, da niemand auf das hoffnungslos desorientierte Cowgirl gewartet hatte.

An meinem Tisch saßen überwiegend Frauen, die nach meiner Einschätzung Karnevalsprofis mit langjähriger Erfahrung waren. Bei diesen Profis angekommen, rätselte ich, wie ich ein Getränk bekommen konnte. Ich hatte einen Schluck bitter nötig. Auch wenn ich normalerweise nachmittags keinen Alkohol trinke, an diesem Sonntag musste es sein. Durch Beobachten fand ich nach einiger Zeit heraus, dass die anderen Damen bei einer bestimmten Kellnerin, die sich allerdings nur sehr selten blicken ließ, direkt für die ganze Runde bestellten. Da ich aber nicht wirklich zu dieser eingeschworenen Runde gehörte, saß ich erst mal lange Zeit auf dem Trockenen. Irgendwann gelang es mir dann doch, die Kellnerin auf mich aufmerksam zu machen. Als ich wegen der immer schlechter werdenden Luft und einem aufziehenden Kratzen im Hals dann doch nur ein Wasser bestellte, warf sie mir einen Blick zu, als wären wir bei einem Galadiner und ich hätte einen Hamburger bestellt.

Kurze Zeit später begann das Bühnenprogramm mit Tanz, Musik, Gesang und Büttenreden. Da Letztere in breitem Kölsch vorgetragen wurden, verstand ich so gut wie nichts. Um keine Spielverderberin zu sein, lachte ich immer dann, wenn auch die anderen lachten. Und gelacht wurde viel. Standen sie auf und begannen zu schunkeln, schunkelte ich mit. Riefen sie »Alaaf«, was ein bisschen wie das englische Wort *alive* klingt, brüllte auch ich mir die Seele aus dem Leib. Ich tat also, was ich als guter Gast tun musste, und kam mir dabei wie eine Außerirdische vor, die gerade in friedlicher Mission auf dem sehr belebten Planeten Karneval gelandet war.

So vergingen die ersten drei Stunden, und ich wartete sehnsüchtig auf Peters Auftritt, um anschließend verschwinden zu können. Als mein *gehörnter* Ehemann schließlich geehrt werden sollte, hakten ihn einige junge Damen unter und führten ihn erst quer durch den Saal und dann auf die Bühne.

Er schien sich prächtig zu amüsieren und bekam einen massiven Orden umgehängt. Dafür bedankte er sich mit einer Büttenrede auf Hessisch – schließlich ist er in Frankfurt geboren. Auch von seiner Rede verstand ich so gut wie nichts. Mir fiel aber auf, dass er häufiger Worte benutzte, die ich von ihm noch nicht kannte, wie zum Beispiel *isch, wollemer, hammernet, eigudewie* und *escht supper*. Trotz der ungewohnten Töne hatten die versammelten Damen einen Mordsspaß, vor allem weil mein lieber Mann in seinem Kostüm mit dem Orden um den Hals aussah wie die Kuh Betty nach der Prämierung auf der Landwirtschaftsausstellung.

Sechs Wochen vor Ostern nähert sich der Karneval bekanntlich seinem Höhepunkt. Weiberfastnacht steht vor der Tür. An diesem besonderen Donnerstag wird der Straßenkarneval eröffnet, und die Frauen übernehmen das Regiment. Eigentlich keine schlechte Idee, den Frauen das Zepter zu überlassen, allerdings schlagen einige meiner deutschen Geschlechtsgenossinnen dabei ziemlich über die Stränge. Sie stellen gemeine Sachen mit den armen Männern an. Vor allem mit deren Krawatten. Männer sind gut beraten, an diesem Tag ihre hässlichste Krawatte zu tragen, da von dieser im Laufe des Tages nicht viel übrig bleiben wird, denn die Frauen schneiden sie einfach ab. Was genau dahintersteckt, habe ich bis heute nicht begriffen, vielleicht will ich es auch gar nicht so genau wissen. Auch Männer, die bei der Arbeit eine Krawatte tragen, sollten auf der Hut sein. Die Frauen dürfen selbst am Arbeitsplatz Krawatten den Garaus machen, ohne eine Kündigung befürchten zu müssen.

Mit großem Staunen stellte ich fest, dass sogar im Job Karneval nicht zu kurz kommt. Manche Firmen organisieren an Weiberfastnacht eine Musikkapelle, die in der Eingangshalle oder in der Kantine spielt. Bei RTL rückte viele Jahre lang sogar die Kölner Prinzengarde in voller Montur an. Behängt mit wichtigen Karnevalsorden brachten sie Frohsinn und Bier unters Volk, und die Arbeit blieb liegen.

Wenn man weiß, dass die Frauen an Weiberfastnacht bereits vormittags Alkohol trinken (das tun zugegebenermaßen auch die Männer) und Krawatten abschneiden, kann man sich ausmalen, wie es abends zugeht. Auf den Straßen tummeln sich Horden wild gewordener Weiber. Und natürlich herrscht Damenwahl …

Mein aus Kindheits- und Jugendtagen geprägtes Bild von den immer beherrschten, rastlos arbeitenden und der Kultur zugetanen Deutschen bekam in meiner Kölner Zeit einige schwere Kratzer. Aber ich begann auch zu verstehen, wieso

Karneval als fünfte Jahreszeit gilt: Es sind einige Wochen im Jahr, an denen die sonstigen Regeln keine Gültigkeit haben.

Auch wenn ich mir große Mühe gebe, diesen allseits anerkannten Regelverstoß zu genießen, musste ich doch mit den Jahren feststellen, dass mir wahrscheinlich ein paar genetische Voraussetzungen fehlen, um Karneval in vollen Zügen feiern zu können.

In meiner frühen kulturellen Anpassungsphase war ich einmal mit meinem Mann und ein paar Freunden an Weiberfastnacht unterwegs. An jenem Februarabend war es zugig und kalt, und die meisten Kneipen waren derart überfüllt, dass die Leute auch auf der Straße standen und ihr Bier im Schneeregen tranken. Ich sehnte mich die ganze Zeit nach einem heißen Kaffee und einem ruhigen Platz am Kamin. Mir war es ein Rätsel, warum es Spaß machen sollte, mit einem kalten Bier im Regen herumzustehen. In meinem Cowgirl-Outfit klapperte ich mit den Zähnen. Vielleicht hätte ich mich besser als Eisbär verkleidet.

Trotzdem gab ich nicht auf. Ein paar Jahre später war ich mit einer reinen Frauenrunde unterwegs. Mit dabei war meine immer fröhliche Freundin Bärbel, die mir vieles über die deutsche Kultur beigebracht hat. »Komm schon, lass uns einfach in die Kneipe gehen und uns amüsieren. Wir brauchen nicht einmal ein Taxi zu nehmen, weil es ganz in der Nähe ist. Und es sind bestimmt viele Bekannte da. In dem Laden steppt heute Abend nämlich der Bär«, überredete Bärbel mich, mit ihr loszuziehen.

Der Laden entpuppte sich als Dorfkneipe, und wir mussten erst einmal Schlange stehen, bevor wir in den zum Bersten gefüllten Schankraum reingelassen wurden. Irgendwann schob mich einer der Türsteher durch den Eingang wie ein Stück Vieh – dabei trug ich nicht einmal Peters Kuhkostüm. Das Ganze erinnerte mich sehr an ein Rockkonzert in meiner Zeit als Teenager, nur leider ohne Mick Jagger.

Als wir schließlich drinnen waren, war es dermaßen eng, dass ich mich nicht von der Stelle rühren konnte und auch noch die ganze Zeit den Bauch einziehen musste. Es war kaum möglich, einen Schluck zu trinken, ohne seinen Nebenmann mit dem Ellbogen zu rammen. Außerdem war das Bier lauwarm, weil die Kellnerin mit dem Tablett ewig brauchte, um sich durch die Menge zu zwängen. Was sich letzten Endes als Vorteil erwies: Mir wurde geraten, an diesem Abend die Toiletten möglichst zu meiden, weil sie erstens immer besetzt wären und zweitens keinen besonders schönen Anblick böten.

Ich hielt mich den ganzen Abend an einem Glas Bier und der Hoffnung fest, dass es irgendwann vielleicht etwas ruhiger werden würde. Weit gefehlt. *It was party time!*

Irgendwann begannen die Leute in der übervollen Kneipe, durch die Fenster zu klettern, statt die Tür zu benutzen. Es war unglaublich. Wo war das Ordnungsamt, wenn es gebraucht wurde? Anarchie war der Begriff, der mir in dieser Situation sofort in den Sinn kam. Wäre in dem Laden ein Feuer ausgebrochen, wären wir jetzt wahrscheinlich alle tot, dachte ich. Aber im Ernst: Wo war an solchen Tagen die Feuerwehr? Vermutlich hatte sie sich kostümiert unters Volk gemischt.

Eine Weile versuchte ich das Beste aus der Situation zu machen, indem ich, von allen Seiten bedrängt, an meinem warmen Bier nippte, mit den Füßen auf der Stelle wippte und dazu Karnevalslieder sang.

Oh ja, ich habe mitgesungen, so gut es ging. Allerdings ist es für eine Ausländerin nicht ganz leicht, Karnevalslieder auswendig zu lernen, vor allem dann nicht, wenn sie auf Kölsch verfasst sind. Andererseits hat dieser Dialekt auch Vorteile, denn in den Texten kommen so leicht auszusprechen Worte vor wie *Zick, Lück, dunn, han* oder *hammanit* vor. Das schafft man auch als Amerikanerin. Am Ende des Abends konnte ich tatsächlich den Refrain von *Die Karawane zieht weiter* fehlerfrei mitsingen. Fast hätte ich vor Stolz einen Einbürgerungsantrag gestellt.

Obwohl der Rosenmontag als der Höhepunkt des närrischen Treibens gilt, setzt da schon, wie ich finde, eine gewisse Ermattung bei vielen Karnevalisten ein. Vielleicht haben deshalb auch die meisten Geschäfte geschlossen, und man kann auch sonst nicht viel erledigen. Eine gute Möglichkeit, sich an diesem Tag die Zeit zu vertreiben, ist es, mit seinen Kindern zu einem der vielen Umzüge zu gehen.

Auch in New York gibt es jedes Jahr Ende November einen großen Umzug: die Thanksgiving-Parade. Bei diesem Event sind die mit Gas gefüllten riesigen Plastikfiguren wie Spiderman, Bart Simpson oder Snoopy die große Attraktion. Hunderttausende Menschen stehen am Broadway, um den Zugteilnehmern zuzujubeln. Die Parade ist aber schon gegen Mittag vorbei, und alle gehen nach Hause, um den Truthahn in den Ofen zu schieben, den es dann am Abend mit Soße, Süßkartoffeln und vielen anderen Leckereien zu essen gibt. Diese Parade ist im Grunde aber nicht mit den hiesigen Karnevalsumzügen vergleichbar.

In Deutschland ist es zu meiner großen Verwunderung so, dass erfahrene Zugbesucher schon sehr früh mit Campingausrüstung, Bier und Grillgut anrücken, um sich einen guten Platz am Straßenrand zu sichern. Natürlich darf der Ghettoblaster nicht fehlen, da laute Musik für gute Karnevalsstimmung sorgt. Schließlich kommt man schnell mit anderen Jecken in Kontakt, wenn auf der Straße geschunkelt wird.

Ein paar Freunde gaben mir den Tipp, mich wenigstens ein bisschen zu verkleiden, wenn ich zum *Zoch* gehe. Schließlich sollte ich in der Masse nicht unangenehm auffallen. Also zog ich bei den Karnevalsausflügen mit meiner Tochter wenigstens ein lustiges Käppi auf und malte mir rote Punkte ins Gesicht. Peter musste sich eine Pappnase aufsetzen. Er weigerte sich allerdings, das Kuhkostüm in der Öffentlichkeit zu tragen.

Erfahrene Karnevalisten sind bei den Umzügen immer mit großen Plastiktüten oder Taschen ausgestattet, weil von den Wagen alles Mögliche in die Menge geworfen wird: Schokolade, Pralinen, Bonbons, Toilettenpapier, Taschentücher, Rosen, Obst, Spielzeug, T-Shirts, Kerzen, Lebensmittel, Hundefutter und sogar Blutwurst-Scheiben (zum Glück eingeschweißt). Ich wundere mich immer wieder, was alles in der mitgebrachten Tüte landet. Hinterher vergewissere ich mich aber noch mal, was ich selbst esse und was der Hund der Nachbarn bekommt.

In Köln endet der ganze Spuk schließlich mit der Nubbelverbrennung um Mitternacht am Aschermittwoch. Der Nubbel ist eine lebensgroße, vogelscheuchenähnliche Strohpuppe. Diese Feuerbestattung kann ich jedes Mal kaum erwarten, wenn ich ehrlich bin. Vielleicht ist das der Grund, weshalb Peter, Geena und ich zufällig an Karneval immer in den Skiurlaub fahren.

Wie gerne vor allem die jungen Leute sich verkleiden und auf der Straße Unsinn machen, merke ich daran, wie populär Halloween hier seit Anfang der Neunzigerjahre geworden ist. Trotzdem lässt es sich mit dem klassischen, amerikanischen Brauch nicht ganz vergleichen.

Als Amerikanerin zerbrach ich mir in den ersten Jahren den Kopf, wie ich meine Tochter in der deutschen Umgebung mit Halloween vertraut machen konnte. Sie sollte nicht denken, Karneval wäre das einzige Fest, bei dem man sich verkleidet. Wie es eine glückliche Fügung des Schicksals wollte, veranstalteten Landsleute von mir eine große Halloween-Party, zu der meine damals dreijährige Tochter eingeladen war. Mit den Nachbarn der Gastgeber war abgesprochen, dass sie sich am *Trick or Treat* beteiligen, und da viele Amerikaner in dem Viertel wohnten, machte das die Sache einfacher. Die Kinder fanden rasch Gefallen an diesem Brauch und hatten einen Heidenspaß: Die Kleinen tingeln in den verrücktesten Kostümen von Tür zu Tür, krähen den Hausbesitzern ein lautstarkes *Trick or Treat* ins Gesicht, bekommen zur Belohnung Süßigkeiten geschenkt, und weiter geht's zum nächsten Nachbarn.

Oft sind in den USA die Häuser geschmückt, vor allem mit Kürbissen und Laternen, manchmal aber auch mit Geistern, riesigen Spinnen und Hexen.

Im Jahr darauf beschloss ich, Halloween in unserem Wohnviertel einzuführen. Ich verfasste eine kurze schriftliche Erklärung, was es mit Halloween auf sich hat und wie es gefeiert wird, kopierte sie und verteilte die Information an ungefähr dreißig Häuser in unserer Nachbarschaft. Ich legte einen kleinen Kürbis aus Papier dazu, den am Abend von Halloween jeder an seine Tür hängen sollte, der an einer Teilnahme am *Trick or Treat* interessiert war.

Ich machte einen zentralen Treffpunkt mit all den kleinen Süßigkeitensammlern aus, damit sie gleichzeitig zu den Häusern losmarschieren konnten, um dort zu klingeln. Die Kinder waren sofort hellauf begeistert. Sie strahlten in ihren Kostümen um die Wette und waren mit Feuereifer bei der Sache. Am schwierigsten war, sie dazu zu bringen, *Trick or Treat* zu sagen – vielleicht weil es Wörter sind, die in keinem Popsong vorkommen.

Alles in allem war der Abend ein voller Erfolg, und alle hatten eine Menge Spaß. Aber wer konnte schon ahnen, dass wir nach dieser erfolgreichen Einführung in amerikanische Sitten und Bräuche aus dem Viertel wegziehen würden? Eine Nachbarin bedauerte das sehr, da gerade die richtige Begeisterung für Halloween aufkam.

Inzwischen sind viele Jahre vergangen, und Halloween ist in Deutschland nicht mehr so unbekannt wie damals. In den Läden gibt es kitschige Dekorationen zu kaufen, und im Radio werben sie jedes Jahr für kommerzielle Halloween-Partys für junge Leute.

Zu meinem großen Erstaunen klingelten letztes Jahr eines Abends sechs deutsche Knirpse bei uns. Sie sagten: »Bitte was zum Naschen.«

Verblüfft erwiderte ich: »Sorry, meint ihr *Trick or Treat?*«

Die Kinder blickten mich verständnislos an und wiederholten: »Bitte was zum Naschen.«

Da neben unserer Haustür ein paar Kürbislaternen standen, fand ich es in Ordnung, den Wunsch der angehenden Halloweenprofis zu erfüllen. Glücklicherweise hatte ich einen ganzen Korb voller Süßigkeiten für das *Trunk or Treat* unserer Kirchengemeinde vorbereitet, das am nächsten Tag stattfinden sollte.

Jetzt werden Sie sich wahrscheinlich fragen: »Was bitte schön ist denn *Trunk or Treat?*« Man könnte sagen, dass es die Übersee-Version von Halloween für Amerikaner fern der Heimat ist. Wir packen dafür den Kofferraum unseres Autos, also den *trunk*, mit Süßigkeiten und Dekoration voll und treffen uns mit anderen Eltern auf einem öffentlichen Parkplatz, wo die Kofferraumdeckel dann alle hochgeklappt werden und jeder sein Fahrzeug mit brennenden Kürbislaternen schmückt. Anschließend gehen die Kinder herum, um Süßigkeiten und Geld einzusammeln. Bei unserem *Trunk or Treat* herrscht immer eine herzliche, friedvolle Atmosphäre, und die Kinder bekommen die Gelegenheit, Halloween zu feiern, wenn auch auf kleinerem Raum. Aber dennoch sind alle, Kinder wie auch Eltern, restlos begeistert.

Wie das so ist mit adoptierten Bräuchen, fügt man einiges hinzu und unterlässt anderes. Ein deutscher Kollege erzählte einmal von seiner Mutter, die einen Kürbis ausgehöhlt hatte und aus dem Kürbisfleisch eine Suppe kochen wollte, nach, wie sie sagte, uralter amerikanischer Halloween-Tradition. Der Sohn, der mal einige Zeit in den USA gelebt hatte, erklärte ihr daraufhin, dass Kürbissuppe nicht zu den klassischen amerikanischen Halloween-Gerichten zählt. Suppe wäre zwar sicherlich gesünder als all die Süßigkeiten, aber sie gehört nicht zur Tradition.

Ein anderer deutscher Bekannter sagte einmal zu mir, dass er in diesem Jahr unheimlich viele *Halloweens* gesehen habe. Er ging irrtümlich davon aus, dass dies die Bezeichnung für die Kürbislaternen sei und nicht der Name des Festes. Die leuchtenden Kürbisse heißen aber *Jack-o-lantern*.

Überraschenderweise gibt es deutsche Eltern, die Halloween ablehnen. Nicht, weil sie amerikafeindlich sind. Nein, vielmehr liegt es daran, so habe ich gelesen, dass viele Familien lieber die deutsche Tradition von Sankt Martin am Leben erhalten wollen. Das kann ich sehr gut nachvollziehen. Ich habe selbst mit Freude und Andacht an vielen Martinszügen teilgenommen und verstehe, dass diese besondere Tradition auf jeden Fall beibehalten werden sollte.

Im Rheinland veranstalten viele Gemeinden, Schulen und Kirchen Martinszüge. Diese werden gewöhnlich von einem als römischer Soldat verkleideten Reiter auf einem echten Pferd angeführt, dem viele Menschen folgen, Kinder mit ihren selbst gebastelten Laternen wie auch Erwachsene. Manchmal werden sie von einer Musikkapelle begleitet.

Als meine Mutter und meine Schwester mich einmal Anfang November besuchten, gingen wir zusammen zu einem der Züge. Die beiden waren zutiefst beeindruckt von den Lichtern in den Häusern und den strahlenden Gesichtern der Kinder, die stolz ihre selbst gebastelten Laternen vor sich hertrugen. Besonders begeistert waren sie davon, dass jeder Bewohner der Ortschaft an dem Zug teilzunehmen schien und die Martinslieder mitsingen konnte.

Am schönsten finde ich zum Schluss immer das große Martinsfeuer. Nach dem kalten und oft verregneten Marsch freue ich mich auf ein Glas Glühwein und die Kinder auf einen Weckmann, eine Figur aus süßem Teig, die einen Bischof darstellt. Im Anschluss ziehen die Kleinen mit ihren Laternen singend von Haus zu Haus, um Süßigkeiten einzusammeln. Das macht Halloween im Prinzip überflüssig. Obwohl ich andererseits überzeugt bin, dass Kinder nichts gegen noch mehr Süßigkeiten einzuwenden hätten – und es ihnen wahrscheinlich ziemlich egal wäre, ob nun ein amerikanischer oder europäischer Brauch dahintersteckt.

Nach Halloween und Sankt Martin steht meine liebste Zeit in Deutschland vor der Tür: der Advent. Das wurde mir erst vor Kurzem richtig bewusst, als eine Freundin, die zurück in die USA gezogen war, erwähnte, wie sehr sie den deutschen Advent vermisse. Es ist eine magische Zeit, und das Schönste daran ist, dass man sie einfach auf sich zukommen lassen kann. Zu Beginn spürt man keine Weihnachtshektik. Noch gibt es keine Diskussionen darüber, welche Verwandten man an Weihnachten einladen soll, kein Kopfzerbrechen, wem man was schenken soll. Die Adventszeit hat einen beschaulichen Charakter: Man trifft sich mit Freunden zu Tee und Lebkuchen und zündet Woche für Woche eine weitere Kerze am Adventskranz an.

Als ich im Dezember 1990 das allererste Mal überhaupt in Deutschland war, machte ich eine großartige Entdeckung: den Weihnachtsmarkt.

Alle ausländischen Touristen schwärmen immer nur vom Nürnberger Christkindlesmarkt, aber überall in Deutschland finden in der Adventszeit Weihnachtsmärkte statt. In den Innenstädten werden kleine Holzbuden aufgebaut, und es entstehen gemütliche Weihnachtsdörfer, in denen es nach Glühwein und Reibekuchen duftet. Die bunten Stände, an denen Nussknacker, Räuchermännchen, Weihnachtsschmuck, Kerzen, Strickwaren, Holzspielzeug und anderes Kunsthandwerk verkauft werden, ergeben zusammen ein wunderschönes Am-

biente, das ich am liebsten mit einem Becher Glühwein in
der Hand genieße. Bei unserem letzten Besuch in Minnesota
wollte ich der ganzen Verwandschaft ein wenig dieser deutschen Weihnachtsstimmung vermitteln und setzte selbst einen großen Topf mit Glühwein auf. Das wurde mit Begeisterung angenommen. Kein Wunder, dass Besucher aus der ganzen Welt in der Weihnachtszeit gerne nach Deutschland
kommen.

Meine Tochter trat in den vergangenen Jahren regelmäßig
mit dem Schulchor auf einem Weihnachtsmarkt in der Stadt
auf. Die Kinder sangen mit großer Freude überwiegend englische, aber auch ein paar deutsche Weihnachtslieder.

Meine Mutter ist der größte Weihnachtsmarktfan überhaupt. Allerdings muss ich sie immer davon abhalten, ständig neue Nussknacker oder Räuchermännchen zu kaufen. Sie
hat davon nämlich schon eine Großfamilie, die sämtliche
Vitrinen und Regale in ihrem Wohnzimmer bevölkert. In den
vergangenen Jahren hat sie geschätzte zwei Dutzend Nussknacker und Räuchermännchen von Deutschland nach Amerika geschleppt und nur wenige davon verschenkt. Zum Glück
hat sich ihre Begeisterung für Nussknacker und Räuchermännchen mittlerweile etwas gelegt.

Ich bin froh, dass ich deshalb nicht mehr ständig zwischen
meiner Mutter und den Budenverkäufern übersetzen muss,
während hinter uns zahlreiche Menschen darauf warten, endlich an der Reihe zu sein.

»Carol, kannst du mal fragen, was die Figur dort hinten darstellen soll? Ist das ein Lehrer? Oder vielleicht ein Postbote?«

»Der Verkäufer sagt, das soll ein alter Schulmeister sein,
Mom.«

»Okay. Und was ist mit der Figur dort drüben, die sich hinter der alten Großmutter versteckt?«

»Was soll damit sein, Mom? Möchtest du sie kaufen?«

»Nein, ich will nur wissen, was das sein soll.«

»Mom, hinter uns steht eine Riesenschlange!«

»Ja, ich weiß, aber schau doch mal, wie niedlich, ist das dort nicht ein weiblicher Nikolaus? Sieht sie nicht putzig aus?«

»Ja, Mom, soll ich dem Verkäufer sagen, dass du sie haben möchtest?«

»Hm, ich weiß nicht, was meinst du? Soll ich sie für Florence mitnehmen, oder soll ich ihr doch lieber den Schulmeister schenken?«

»Mom, ich weiß es beim besten Willen nicht. Entscheide dich einfach für eine. Ich bin sicher, dass Florence sich darüber freuen wird.«

»Okay. Kannst du mal fragen, wie viel der Schulmeister kostet? – Meinst du, ich sollte für Mary auch eine Figur kaufen, um ihr eine Freude zu machen?«

»Keine Ahnung, Mom, aber entscheide dich endlich. Bitte!«

»Die Figur dort drüben, ist das ein Schuster? Frag mal, ob es den nur auf einem Schemel gibt oder vielleicht auch auf einer Sitzbank.«

An diesem Punkt bin ich reif für einen Glühwein. Unter der Woche, wenn die Weihnachtsmärkte nicht so überfüllt sind, kann man solche Dinge in Ruhe fragen, aber am Wochenende fasst man sich beim Einkauf besser kurz. Dann ist es oft so voll, dass ich mir schnell wie ein Stück Vieh vorkomme, das blindlings von der Herde mitgeschleift wird.

Da die Nussknacker- und Räuchermännchenbuden mittlerweile etwas von ihrem Reiz eingebüßt haben, suchen meine Mutter und ich immer den erstbesten Reibekuchenstand auf. Reibekuchen gehören zu den Dingen, auf die sich meine Mutter das ganze Jahr über freut. Sie kann es nach ihrer Ankunft in Deutschland jedes Mal kaum erwarten, ihren Heißhunger zu stillen. Ich muss zugeben, auch ich kann Reibekuchen nicht widerstehen.

Trotzdem konnte ich es kaum fassen, dass meine Mutter – inzwischen ist sie siebzig – bei ihrem letzten Besuch mit einer Art Businessplan für einen Reibekuchenstand in Minnesota aufkreuzte.

»Carol«, sagte sie enthusiastisch, »deine Schwester Mary und ich haben überlegt, dass wir im kommenden Jahr bei der großen Minnesota-Messe eine Reibekuchenbude aufmachen sollten. Alle werden diese Kartoffeldinger lieben, ich brauche bloß noch ein gutes Rezept.«

Schon begann sie zu erklären, wie viele tausend Reibekuchen sie verkaufen wollte, welchen Preis sie sich vorstellte und welche Zutaten sie brauchen würde. Sie war der Meinung, dass man damit doch innerhalb von ein paar Tagen locker ein paar tausend Dollar verdienen könne. Ich versuchte mir vorzustellen, wie sie meine ganze Verwandtschaft davon überzeugen wollte, hunderte Pfund Kartoffeln zu schälen und zu reiben, Zwiebeln zu schnippeln, Eier dazuzurühren, um dann in lustiger deutscher Tracht an einem brüllend heißen Sommertag in heißem Fett gebratene *Potato Pancakes German Style* zu verkaufen.

»Barbara«, erwiderte mein skeptischer Ehemann, »Reibekuchen isst man vor allem, wenn es draußen eisig kalt ist, nicht im Sommer.«

»Ach, die Leute in Minnesota werden diese Reibedinger lieben, egal bei welchem Wetter.«

So richtig abbringen von ihrem Plan konnten wir sie nicht – und wir sind schon jetzt gespannt, in welchen Variationen der Reibekuchen-Businessplan beim nächsten Besuch vorgetragen wird.

Vielleicht sollten wir sie besser davon überzeugen, beim *Minnesota Winter Carnival* einen Glühweinstand zu eröffnen. Das wäre sicher ein Erfolg, denn im Winter sinken die Temperaturen in Minneapolis/St. Paul gerne mal auf minus dreißig Grad, wer würde da zu einem Glühwein Nein sagen können?

Andererseits wäre es vielleicht unvorteilhaft für mich, wenn meine Mutter auf die Idee käme, Peter und mich als vermeintliche Glühwein-Experten als Verkaufspersonal zu rekrutieren. So weit reicht die Liebe zum Klima meiner alten Heimat auch nicht …

Übrigens hat der *Winter Carnival* in Minnesota nichts mit dem Karneval in Deutschland zu tun. Gefeiert wird immer Ende Januar, wenn es so kalt ist, dass der Mississippi zufriert und die Autobesitzer ihre Fahrzeuge über Nacht an eine Steckdose anschließen, um die Batterie warm zu halten.

Trotzdem gehen die Minnesotans in dieser Zeit gerne vor die Tür. Es gibt einen Wettlauf, den sogenannten *Frozen-5-Kilometer-Run*, Wettbewerbe, wer die schönsten Eis- oder Schneeskulpturen baut, ein Schlittenhunderennen mitten in der Stadt, eine gigantische Schneerutsche für die Kinder und an einem der Karnevalsabende einen Fackelzug mit rot verkleideten Vulkaniern, die jeden küssen, der nicht auf dem Bürgersteig festgefroren ist.

Gerade wegen der erträglicheren Temperaturen ist es auf deutschen Weihnachtsmärkten kuscheliger als im Norden der USA. Auch die Auswahl an Essen ist größer. Für die Fleischesser gibt es Gegrilltes wie Brat- oder Currywurst. Für jene, die es lieber süß mögen, werden Waffeln mit Sahne oder Crêpes in verschiedenen Variationen angeboten. Mittlerweile bin ich geradezu süchtig nach Lebkuchen, dem klassischen deutschen Weihnachtsgebäck. Und selbst heute kann ich es nicht lassen, für meine Tochter auf dem Weihnachtsmarkt ein Lebkuchenherz zu kaufen und es ihr umzuhängen. Ohne Lebkuchenherz fehlt etwas an Weihnachten.

Da fällt es mir schon leichter, um die Süßigkeitenstände einen Bogen zu machen, die den Geruch von Anis verströmen. Der ist nämlich so intensiv, dass man ihm kaum entgehen kann. Ich habe kein Problem damit, zwischendurch mal Anisbonbons zu schnuppern. Hauptsache, ich muss sie nicht essen.

Die Deutschen veredeln ihr Weihnachtsgebäck oft mit Gewürzen. Das kommt bei vielen Amerikanern nicht so gut an. Auch ich musste mich langsam an diese gewürzten Kekse gewöhnen. Es ist halt alles Geschmacksache: Meine amerikanischen Lieblingskekse zum Beispiel heißen *Haystacks*, also Heuhaufen, und werden mit *Chow Mein*-Nudeln, Erdnüssen und geschmolzenen Schoko- und *Butterscotch*-Chips gemacht. Für *Rice-Krispie-Balls* braucht man dagegen Erdnussbutter, Kokosflocken, Puderzucker, Butter, *Rice-Krispies* und Schokolade. Wem das exotisch vorkommt, wird vielleicht verstehen, dass auch ich die klassischen Lebkuchen-Zutaten wie Hirschhornsalz, Rübensaft und Pottasche zunächst merkwürdig fand.

Ausgerechnet von australischen Bekannten erfuhr ich von einem Weihnachtsmarkt der ganz besonderen Art. In Siegburg, das ungefähr eine halbe Stunde von Bonn entfernt liegt, gibt es im Dezember eine mittelalterliche Zeltstadt mit authentisch nachgebauten Marktständen. Dort wird allerlei Kunsthandwerk aus naturbelassenen Materialien zum Kauf angeboten, und man kann Handwerkern bei der Arbeit zusehen. Das Essen wird in essbarem Geschirr ausgegeben; Einweggeschirr aus Plastik sucht man hier vergebens. So bekommt man zum Beispiel Reis in einem Kohlblatt serviert, und Fleisch wird an Holzspießen verkauft. Glühwein trinkt man aus Steingutgefäßen.

Peter und ich kauften bei unserem Besuch ein frisches Brot, das vor unseren Augen im Steinofen gebacken wurde. Anschließend schlug der Bäcker es in grobes Papier ein, das wie Baumrinde aussah, und der Brotlaib war noch so warm, dass man sich beim Tragen fast die Finger verbrannte.

Da der Siegburger Weihnachtsmarkt auf elektrische Beleuchtung verzichtet, brennen abends überall Fackeln, Öllampen und Kerzen sowie ein großes Feuer, an dem sich die Besucher wärmen können, während sie die mittelalterlichen Vorstellungen auf der Bühne ansehen. Je nach Wind kann es zwar gefährlich werden, wenn Funken auf die Menschen oder die in der Nähe stehenden Zelte fliegen, aber das Risiko nimmt man in Kauf. Das Feuer erzeugt eine wunderbar romantische und einzigartige Atmosphäre, die ich nirgendwo sonst erlebt habe.

Wenn mich meine Erinnerung nicht trügt, geht es in Amerika in der Vorweihnachtszeit viel hektischer zu. Zwar ist die Festbeleuchtung dort noch schöner und prunkvoller, aber die Tage spulen sich in einem viel schnelleren Tempo ab. Das macht es manchmal schwer, diese Zeit in Ruhe zu genießen.

Außerdem wird man mit Werbung förmlich zugeschüttet und muss aufpassen, nicht in einen Kaufrausch zu verfallen. Alles ist *extreme, ultimate, super* und vor allem *big*. Man kann anscheinend nie genug Spielzeug oder Kleider oder Computerspiele besitzen. Ich weiß, die Werbeleute müssen auch von etwas leben, aber warum vergreifen sie sich ausgerechnet am Fest der Liebe? Kaum ist Halloween vorüber, beginnt die Dauerberieselung mit Weihnachtswerbung in Zeitungen, Radio und Fernsehen. Die Werbung suggeriert zufriedenen Menschen, dass sie etwas verpassen, wenn sie etwas nicht besitzen. Vor Weihnachten verfällt mein Heimatvolk in einen richtigen Konsumrausch.

Auch wenn viele Deutsche es anders empfinden: In Deutschland hält sich der Kommerzwahn an Weihnachten in Grenzen. Sicher, die Kinder schreiben auch einen Wunschzettel, und vielleicht muss es unbedingt die Puppe aus der Fernsehreklame sein, die in die Windel macht. Aber die Werbung nimmt nicht überhand und lässt Kindern immer noch Raum für kreative Wünsche.

Einmal stand ganz oben auf der Wunschliste meiner Tochter an den Weihnachtsmann ein Rentier. Das hätte einen zu der Annahme veranlassen können, dass Geena ein sehr anspruchsvolles Kind ist. Aber ich war begeistert von ihrem Wunsch, denn er zeugte von ihrem Glauben an das Weihnachtswunder. Zugegeben, dieser Glaube mag sich ein wenig ändern, wenn die Kinder das Teenageralter erreichen. Aber damals träumte sie nicht von einem iPod oder einem Handy. Sie wünschte sich ein Rentier, aber nur, falls der Weihnachtsmann eines entbehren konnte. Diese Idee stammte nicht aus der Fernseh- oder Zeitschriftenreklame. Leider konnte der Weihnachtsmann ihren Wunsch nicht erfüllen. Geena reagierte sehr verständnisvoll.

Ein anderes Mal erhielt meine Tochter ein sehr schönes, aber typisch amerikanisches Geschenk zu Weihnachten: die CD *The 12 Dogs of Christmas* samt Buch. Die Musik stammt aus dem amerikanischen Weihnachtsklassiker *The 12 Days of Christmas*. In der Hundeversion dreht sich aber nicht alles, wie im Original, um Geschenke, sondern um verschiedene Hunde. Etwas Vergleichbares würde man in Deutschland niemals finden; meine Tochter war aber ganz vernarrt in die Musik.

Gemeinsam mit ihrer Freundin dachte sie sich eine Choreografie aus, in der jeder einzelne Hund imitiert wurde, der sogenannte Hundetanz. Bis zum heutigen Tag kann ich Geena mitten in der Nacht wecken, und sie singt aus dem Stegreif von lachenden Labradoren, schnarchenden Schäferhunden, heulenden Huskys und boxenden Boxern.

In Deutschland ist es nicht so verbreitet, dass Produkte speziell für Weihnachten hergestellt oder verpackt werden. So gibt es nicht wie in Amerika jede Bodylotion in der Weihnachtsedition und Schlüpfersortimente mit Rentieren drauf. Parfums sind zwar durchaus ansprechend verpackt, allerdings ohne ein Etikett mit der Aufschrift *Super-Weihnachtsangebot* und ohne obligatorisches Bommelmützenlogo.

Ganz besonders gefällt mir in Deutschland der Brauch des Adventskranzes. Vor allem, weil man hier frische Tannenzweige kaufen und selber daraus einen Kranz flechten kann. Simpel und festlich, wie das ist, finde ich es umso verblüffender, dass sich dieser Brauch nicht bis Amerika rumgesprochen hat.

Im Kindergarten, den Geena besuchte, hing jedes Jahr ein prachtvoller Adventskranz von der Decke herab. Obwohl alles in Deutschland bis ins Detail DIN-genormt und TÜV-geprüft wird, ist es merkwürdigerweise nicht gesetzlich verboten, in Kindergärten Kerzen anzuzünden. Der Brauch steht im Vordergrund. Auch wenn es meiner Ansicht nach nicht das sicherste Szenario war, hielten sich Geena und ihre Spielkameraden alle brav daran, den Adventskranz nur aus der Entfernung zu bestaunen. Wenn die Kinder den dunklen Raum betraten, der einzig vom Schein der Kerzen auf dem Adventskranz erhellt wurde, empfing sie eine zauberhafte und warme Atmosphäre. Seitdem ich hier lebe, habe ich noch nie davon gehört, dass in einem Kindergarten ein Adventskranz in Flammen aufging. Vielleicht ist der TÜV doch schlauer, als ich dachte. Kinder sind es auf jeden Fall.

Die Deutschen haben ganz allgemein die schönste Weihnachtsdekoration, die ich je gesehen habe. Kein billiger, auffälliger Plastiktinnef, sondern stilvoller Schmuck, oft aus natürlichen Materialien. Ich war rund um die Weihnachtszeit schon in vielen anderen europäischen Städten und war verblüfft, wie bescheiden das Angebot an Dekorationsartikeln verglichen mit den deutschen Märkten war. Natürlich weiß auch ich, dass Weihnachten nicht nur aus Dekoration besteht. Dennoch, der schlicht-elegante Weihnachtsschmuck, der die deutschen Heime ziert, erweckt beim Betrachten ein warmes, behagliches Gefühl in mir.

Wenn es um Weihnachtsschmuck geht, erweisen sich zu meiner großen Überraschung viele Deutsche als wahre Kunsthandwerker. Sie sammeln Kiefernzapfen, Tannenzweige, Laub und Holz im Wald und basteln daraus Tischdekorationen, Adventskränze und Schmuck fürs Wohnzimmer.

Martha Stewart, die TV-Vorzeigehausfrau Amerikas, sollte mal für ein Weihnachts-Seminar nach Deutschland kommen – dann hätte sie genug Stoff für vier Sondersendungen und ein Begleitbuch im XXL-Format.

Selbst die hier so beliebten Window Colors wären neu für viele Amerikaner. Dabei kennt sie fast jedes deutsche Kind, diese bunten Farben, die man auf eine Plastikfolie aufträgt, trocknen lässt, dann abzieht und auf die Fensterscheiben klebt.

Als Geena zum ersten Mal bei meiner Freundin Bärbel mit den Fensterfarben etwas ausmalte, war ich schwer beeindruckt – auch für mich war das etwas Neues. Den Engel, den Geena fabrizierte, schickten wir an meine Mutter, den Weihnachtsprofi.

»Wenn ich das nächste Mal nach Deutschland komme«, kündigte sie daraufhin begeistert an, »kaufe ich einen ganzen Satz dieser Farben für all meine Enkelkinder hier. Glaubst du nicht auch, dass sie sich darüber freuen würden?«

»Klar Mom«, sagte ich, »was deutsche Kinder mögen, das gefällt sicher auch den amerikanischen.«

So schleppte meine Mutter nach ihrem nächsten Besuch tatsächlich eine ganze Tüte voller Window Colors durch den deutschen Zoll, ins Flugzeug, aus dem Flugzeug wieder raus, durch den amerikanischen Zoll und schließlich zu sich nach Hause, um dann ein weiteres Stück deutscher Kultur in Amerika zu etablieren. Je länger ich darüber nachdenke, umso mehr prophezeie ich ihr noch eine späte Karriere als Export-Managerin von deutschen Spezialitäten.

In ihren Warenkatalog sollte sie dann auf jeden Fall auch Kerzen aufnehmen. Zwar findet man die grundsätzlich auch in den Staaten, vor allem parfümierte Kerzen à la Zimt-Koriander oder Honig-Apfelkuchen, doch in Deutschland werden Kerzen nicht nur wegen ihrer Duftnoten geschätzt. Gerade während der Adventszeit erwärmen sie, wie ich finde, in fast jedem Haus die Herzen der Menschen. Es gibt kaum etwas Gemütlicheres, als es sich an einem trüben Wintertag mit einer heißen Tasse Tee bei Kerzenlicht auf dem Sofa gemütlich zu machen. Oder überall im Wohnzimmer Teelichter aufzustellen, sich Freunde einzuladen und den ganzen Weihnachtsrummel für ein paar Stunden zu vergessen. Das ist ein sehr deutsches Phänomen, auf das ich mich jedes Jahr freue.

Ein weiteres sicheres Zeichen, dass die Adventszeit angebrochen ist, sind die allgegenwärtigen Adventskalender. In Deutschland ist es Tradition, dass jedes Kind einen mit vierundzwanzig Türchen hat, hinter denen sich kleine Naschereien und Spielzeug verbergen. In den USA dagegen haben diese Kalender kaum eine Tradition. Dabei ist es für Kinder so schön und spannend, im Dezember jeden Morgen ein Türchen aufmachen zu dürfen. Über den Nährwert von Schokolade vorm Frühstück möchte ich an dieser Stelle kein Urteil abgeben, in der Weihnachtszeit fällt das ohnehin kaum auf.

Das einzig Schwierige in der Adventszeit ist für unsere Familie, deutsche und amerikanische Weihnachtstradition unter einen Hut zu bekommen.

Der 6. Dezember ist kein besonderer Tag in Amerika, aber in Deutschland weiß jedes Kind: Aufgepasst, da kommt der Nikolaus! Für Geena war der alte Herr mit dem Rauschebart immer eine ziemlich beeindruckende, fast unheimliche Autoritätsperson. Sie musste erst den Unterschied lernen zwischen dem Mann mit der Rute, der hier am 6. Dezember auftaucht, und dem fröhlichen, kugelbauchigen Santa Claus, der in Amerika in der Nacht zum 25. Dezember mit seinem Rentierschlitten durch die Lüfte segelt und sich durch enge Kamine zwängt.

Was Santa Claus betrifft, so existiert er in Deutschland nur als Weihnachtsmann, der sich für ein paar Werbespots und Weihnachtsgeschichten sowie das ein oder andere Lied eignet, aber das war es dann auch. Der Weihnachtsmann kommt hierzulande nicht durch den Kamin, um den Kindern Geschenke zu bringen – außer zu Kindern, die amerikanische Eltern haben. Die deutschen Kinder bekommen ihre Geschenke vom Christkind gebracht. Für jemanden wie mich, der seine ganze Kindheit in den USA verbracht hat, ist es nicht einfach, Santa Claus in eine Nebenrolle zu verbannen.

Klar, auch ich weiß, dass es eigentlich um das Jesuskind geht, aber ganz ehrlich: Als Kind war für mich Santa *der* Held. Die halbe Nacht vorm Weihnachtsmorgen lag ich wach im Bett und horchte, um auf keinen Fall das Getrappel von Rentierhufen zu verpassen, wenn sie auf dem Dach unseres verschneiten Hauses in Minnesota landeten. Natürlich schlief ich im entscheidenden Moment dann doch immer ein. Am Abend zuvor hatten wir Kinder immer ein Glas Milch und ein paar Kekse als Stärkung für Santa Claus für seine anstrengende Reise ins Wohnzimmer gestellt. Wenn ich am nächsten Morgen wach wurde, waren die Kekse weg, die Milch ausgetrunken, und unterm Weihnachtsbaum lagen unsere Geschenke. Dabei hatten wir gar keinen Kamin, durch den Santa ins Haus rutschen konnte …

Da Peter und ich nun aber in Deutschland leben, müssen wir abwägen, nach welcher Tradition wir eigentlich feiern wollen. Da mein Mann beruflich stark eingespannt ist und er meistens erst am 23. Dezember beginnt, sich über Weihnachtsgeschenke Gedanken zu machen, bleibt mir die gesamte Organisation und auch die Philosophie dahinter überlassen. So kann ich sicherstellen, dass Santa Claus jedes Jahr durch unseren Kamin steigt.

Das Christkind dagegen macht an Heiligabend einen Bogen um unser Haus. Ich finde es auch etwas zu jung, um in der ganzen Welt Geschenke zu verteilen. Dennoch tut es mir ein bisschen leid für meinen Mann, dass er den deutschen Christ-kindbrauch nicht zusammen mit seiner Tochter erleben kann.

Wenn die Weihnachtszeit vorüber ist und das Jahr langsam zu Ende geht, ist das für viele Menschen ein willkommener An-lass, sich über die Vergangenheit und die Zukunft Gedanken zu machen. Lange Zeit machte ich mir so gut wie gar keine Sorgen über die Zukunft, alles schien, wenn auch nicht immer in geraden, so doch in geordneten Bahnen zu verlaufen. Aber das Jahr 2001 wurde für mich und unzählige andere Menschen zum Jahr des Zweifels. War unser bis dahin so sicheres und vorhersehbares Leben plötzlich Vergangenheit?

Es war 14.50 Uhr. Dienstag, der 11. September 2001. Ich wollte gerade das Haus verlassen, um meine Tochter aus der Schule abzuholen, als das Telefon klingelte. Es war Peter, der irgendwie anders klang als sonst. Mit hastiger Stimme forderte er mich auf, den Fernseher anzuschalten, ein Flugzeug sei gerade in das World Trade Center gekracht. Ich schaltete den Fernseher an und sah ungläubig und voller Entsetzen live auf CNN, wie das zweite Flugzeug in den Südturm raste. Wenige Minuten später war Peter auf Sendung. Es war der dunkelste Augenblick in meinen fünfzehn Jahren hier in Deutschland. Ich hatte Angst um meine Heimat, um meine Verwandten und Freunde, die dort lebten. Sofort rief ich meine Mutter an, um mich nach meinem Bruder zu erkundigen, der hin und wieder beruflich in New York zu tun hat. Erleichtert hörte ich, dass er an diesem Tag nicht dort war. Dann musste ich erst mal das Haus verlassen und meine Tochter aus der Schule abholen.

Jeder braucht in solchen Stunden jemanden, an dem er sich festhalten kann. Für mich war es meine amerikanische Bekannte Carolyn, die zusammen mit ihren beiden kleinen Kindern von der Schule mit mir nach Hause fuhr. Ein Glück, dass wir uns für diesen Nachmittag verabredet hatten; es wäre nämlich schrecklich gewesen, diese Stunden alleine erleben zu müssen.

Früher konnte jeder Amerikaner sagen, wo er war und was er gerade tat, als Präsident John F. Kennedy 1963 erschossen wurde. Heute können Sie jeden US-Bürger fragen, wo er gerade war, als sich die beiden entführten Flugzeuge am 11. September 2001 in das World Trade Center bohrten, und er wird Ihnen ebenso genau Antwort geben können.

Ich werde nie vergessen, dass Carolyn gemeinsam mit mir diese furchtbaren Stunden vor dem Fernseher verbrachte. Während die Ereignisse ihren Lauf nahmen, gaben wir uns große Mühe, dass die Kinder beschäftigt waren – und zwar fernab des Wohnzimmers, wo wir im Fernsehen live sahen, wie die Zwillingstürme einstürzten. Die beiden hätten vielleicht mit den schrecklichen Bildern nichts anfangen können, aber unsere schockierten Gesichter hätten sie sicherlich beunruhigt.

Angesichts des Dramas, das sich vor unseren Augen in New York abspielte, spürte ich große Sehnsucht, meinen Mann und meine Tochter einfach nur bei mir zu haben und festzuhalten. All die vielen Menschen, die ihre Liebsten vermissten, ohne zu wissen, ob sie sie jemals lebend wiedersehen würden, erweckten automatisch das Bedürfnis in mir, die eigenen Liebsten ganz fest zu umarmen und nie wieder loszulassen.

Mein Mann war an jenem Tag jedoch bis spät in die Nacht auf Sendung und kam nur für ein paar Stunden zum Schlafen nach Hause, da er am nächsten Morgen wieder sehr früh ins Studio musste. Ich hatte dafür Verständnis, schließlich habe ich selbst als Nachrichtenproducerin gearbeitet. Dennoch hätte ich meinen Mann in diesen quälenden Stunden sehr gerne bei mir gehabt, um mir Trost und Zuversicht bei ihm zu holen.

Ich litt mit den Menschen, die bei der Katastrophe ihr Leben verloren hatten oder immer noch als vermisst galten, wie auch mit ihren Angehörigen. Peter und ich haben eine innige Beziehung zu New York und seinen Bewohnern, weil wir dort eine ganz besondere Zeit erlebt haben.

Auch mit dem World Trade Center verbinde ich sehr schöne Erinnerungen: Peter hatte dort einmal an meinem Geburtstag eine Überraschungsfeier organisiert. Es war ein wunderbarer Abend. Zusammen mit unserem Kamerateam holte er mich mit einer Stretchlimousine vor meiner Wohnung an der Upper West Side ab. Während der Fahrt durch den Central Park tranken wir Champagner. Am World Trade Center angekommen, fuhren wir in den 103. Stock ins Restaurant Windows on the World, wo wir ein feudales Abendessen bei spektakulärer Aussicht genossen. New York war für mich ein Ort der magischen Momente, und ich konnte nicht fassen, dass das World Trade Center, dieses amerikanische Wahrzeichen, in Schutt und Asche lag.

Wir Amerikaner in Deutschland waren sehr gerührt von der großen Anteilnahme der Deutschen und der »uneingeschränkten Solidarität«, die Bundeskanzler Schröder dem amerikanischen Volk bereits am Tag nach der Katastrophe zusicherte.

Zwei Monate nach dem Terroranschlag begleitete ich Peter zum Berliner Presseball, wo ich meine einzige Begegnung mit dem ehemaligen Bundeskanzler Schröder hatte. Ich fasste mir ein Herz, ging zu seinem Tisch hinüber und dankte ihm in meinem besten Deutsch für seine Unterstützung, die unserem Volk sehr viel bedeutete. Der Kanzler war sehr freundlich. Er bedankte sich bei mir und erwiderte, dass er und vor allem seine Frau Doris einen besonderen Bezug zu New York haben.

Obwohl ich in unserem deutschen Freundeskreis auch persönlich große Anteilnahme erfuhr, blieb eine gewisse Unruhe bei mir zurück. Ich sorgte mich als in Europa lebende Amerikanerin ebenso um die Sicherheit meiner amerikanischen wie auch meiner deutschen Familie. Das US-Außenministerium veröffentlichte Sicherheitswarnungen und riet seinen Bürgern im Ausland zur Vorsicht. Es bestünde für sie die Gefahr, zur Zielscheibe von politischen Attentätern zu werden, die es auf Amerikaner abgesehen hatten. Sogar vor Entführungen wurde gewarnt, und es war die Rede von *soft targets*, also weichen Zielen. Aufgrund dessen fragte ich mich, ob man sich in Kirchen und Schulen noch sicher fühlen konnte. Die Tatsache, dass einige der Attentäter vom 11. September zuvor als Studenten in Hamburg gelebt und sich dort schon auf die Anschläge vorbereitet hatten, verstärkte meine Nervosität.

Trotzdem versuchte ich, weitestgehend Ruhe zu bewahren. Ich hielt es für das Beste, meinen amerikanischen Pass zu Hause zu lassen und unterwegs stets auf meine Umgebung zu achten. Die Angst, dass wieder etwas passieren könnte, ließ mich nicht los.

Ich war sehr froh, dass die amerikanische Regierung zunächst besonnen auf den terroristischen Anschlag im eigenen Land reagierte. Es war unnötig, die Situation eskalieren zu lassen. Doch dann wurde von Präsident George W. Bush der »Krieg gegen den Terrorismus« ausgerufen, und im Oktober 2001 begann in Afghanistan die Operation Enduring Freedom, bei der die USA von Deutschland und vielen anderen wichtigen Verbündeten unterstützt wurden. Zu diesem Zeitpunkt lagen Amerika und Deutschland in ihrem Denken und Handeln noch auf einer Linie.

Im Zusammenhang mit dem Afghanistan-Einsatz rückte sogar unsere Heimatstadt Bonn für kurze Zeit in den Mittelpunkt des Geschehens. Ende November bis Anfang Dezember 2001 fand die erste Afghanistan-Konferenz im Grand Hotel auf dem Petersberg bei Bonn statt. Von unserem Haus aus können wir den Petersberg sehen, und wir beobachteten an den Abenden während der Konferenz die grellen Scheinwerferlichter am Himmel. Ich spürte Zuversicht und Optimismus beim Anblick dieser Lichter. Solange das Licht brennt, sagten wir uns, gibt es Hoffnung auf eine friedliche Lösung.

In diesen Tagen wurde mir auch wieder mal bewusst, wie klein Deutschland doch aus Sicht der restlichen Welt sein muss. Vor allem aus Sicht der USA. Denn in einer amerikanischen Zeitung las ich einen Bericht über die Afganistan-Gespräche. Kurzerhand hatte der Verfasser des Artikels den Petersberg in den Schwarzwald verpflanzt. Wahrscheinlich hatte er sich gedacht: Das Hotel liegt auf einem Berg, drumherum ist viel Wald, es *muss* der Schwarzwald sein.

»Ach, sind wir über Nacht umgezogen?«, wunderte ich mich laut.

Zu behaupten, Bonn liege im Schwarzwald, kommt der Behauptung nahe, Chicago liege im Grand Canyon.

Mit der Zeit rückte Afghanistan wieder in den Hintergrund. Aber ein neuer Krieg kündigte sich an, als Präsident Bush sagte, dass er erwäge, den Irak anzugreifen. Diese Vorstellung bereitete mir großes Unbehagen, weil ich keinen Sinn in einem Krieg sah.

Als Begründung führte Bush an, im Irak gebe es versteckte Massenvernichtungswaffen und das irakische Regime unterstütze den Feind al-Qaida. Schon am 6. November 2001 hatte Bush der ganzen Welt verkündet: »Jedes Land muss sich jetzt entscheiden – entweder es steht an unserer Seite oder an der Seite der Terroristen.« Mit diesem Kurs traf er aber nicht überall auf offene Ohren.

Die deutsche Regierung hatte Bedenken gegen eine mögliche amerikanische Irak-Invasion und bekannte sich offen dazu, dass sie mit der Bush-Regierung nicht einer Meinung war. Bundeskanzler Schröder, der den Krieg gegen den Terror in Afghanistan unterstützt hatte, stellte sich dieses Mal quer und ließ verlauten, Deutschland werde keine militärischen »Abenteuer« im Irak mittragen.

Diese Distanzierung führte zu einer drastischen Verschlechterung der deutsch-amerikanischen Beziehungen, und die politische Führung beider Länder sprach nicht mehr miteinander, sondern nur noch übereinander.

Sorgenvoll beobachtete ich die wachsende Verstimmung und Sprachlosigkeit zwischen zwei ansonsten befreundeten Nationen, die jegliche Diplomatie vermissen ließ; die deutsch-amerikanische Freundschaft ging zusehends den Bach hinunter.

In jener Phase hatte ich als Amerikanerin in Deutschland immer ein ungutes Gefühl. Daher hielt ich mich während dieser Zeit bedeckt und sprach mit meiner Tochter in der Öffentlichkeit nur noch Deutsch statt wie üblich Englisch. Ich machte mir Gedanken, wie die Deutschen mir zukünftig begegnen würden. Wahrscheinlich war das eine Überreaktion, denn meine Mitbürger behandelten mich nicht anders als vorher, selbst wenn ich mich als Amerikanerin outete.

Über den Irakkrieg ist viel geschrieben worden, und es gibt die unterschiedlichsten Meinungen dazu. Ich wurde von vielen Deutschen gefragt, wie ich zu dem Krieg stehe.

Meine eigenen Landsleute beschäftigte dagegen eher die Frage, warum Deutschland sich so feindselig gegenüber Amerika verhielt. Ich saß buchstäblich zwischen den Stühlen. Folglich nahm ich mir vor, mich in dieser Sache eher zurückhaltend zu äußern, mir dafür aber so viel wie möglich an Wissen anzueignen, um wenigstens die genauen Fakten zu kennen. Ich las zu diesem Thema amerikanische, deutsche und britische Zeitungen, und einmal sogar eine irakische, die mein Mann sechs Wochen vor Kriegsbeginn aus dem Irak mitgebracht hatte, wo er mit einem Kamerateam unterwegs gewesen war, um sich vor Ort ein Bild von dem Land und seinen Bewohnern zu machen. Neben der ganzen Zeitungslektüre verfolgte ich aufmerksam Berichte über den Irak auf den deutschen, amerikanischen und englischen Nachrichtensendern wie auch im deutschen Radio und im Rundfunk der US-Armee.

Als die amerikanischen Truppen schließlich im März 2003 in den Irak einrückten, war ich schockiert, wie grundverschieden die Medien auf beiden Seiten des Atlantiks darüber berichteten.

In der amerikanischen Berichterstattung konnte man den Eindruck gewinnen, der Krieg wäre eine Sportolympiade, bei der es galt, das Team in den Farben des Sternenbanners anzufeuern. Amerika sah sich als sicherer Gewinner, und wer nicht auf seiner Seite war, konnte ihm gestohlen bleiben. Die USA waren die Befreier, die Guten, diejenigen, die hundertprozentig das Richtige taten. Die militärische Mission lautete, die Verantwortlichen für den Anschlag am 11. September aufzuspüren, die geheimen Massenvernichtungswaffenlager zu finden und das irakische Volk von seinem brutalen Diktator zu befreien.

Im deutschen Rundfunk klang das anders; es war von einer amerikanischen »Invasion« die Rede. Das traf mich sehr, weil die Amerikaner bis dato für viele Deutsche immer die Guten gewesen waren, denn schließlich hatte man Amerika seit dem Zweiten Weltkrieg viel zu verdanken. Auch andere Länder, wie beispielsweise Frankreich, standen der Kriegspolitik Amerikas äußerst kritisch gegenüber. Die USA hatten ihren Anspruch verspielt, moralische Autorität für die freie Welt zu sein.

Ich verfolgte ungläubig, welche Ausmaße die Meinungsverschiedenheiten über den Irakkrieg annahmen. Die Amerikaner waren beispielsweise über die ablehnende französische Haltung derart erbost, dass sie Pommes frites, die in Amerika *French Fries* – also französische Fritten – hießen, in *Freedom Fries* – Fritten der Freiheit – umbenannten. Feinkostläden nahmen französischen Käse aus den Regalen, Weinflaschen mit Bordeaux oder Burgunder wurden medienwirksam auf der Straße zerschmettert. Was Wochen zuvor noch als exquisiter Tropfen galt, floss in den Gully – was für eine Verschwendung!

In meinen Augen war diese Form von Protest lächerlich, aber dennoch spürte ich eine heimliche Erleichterung. Aus amerikanischer Sicht war also nicht Deutschland der größte Buhmann, sondern Frankreich. Auch in meinem amerikanischen Bekanntenkreis gab es Einzelne, die entschlossen waren, Frankreich in Zukunft zu boykottieren, so groß war der Zorn.

Allerdings gab es auch Deutsche, die mir aufgrund der aktuellen politischen Situation klipp und klar sagten, sie hätten erst mal keine Lust, in die USA zu reisen. Obwohl ich Verständnis für den Unmut über die amerikanische Regierung hatte, traf mich diese Ablehnung doch sehr.

Unabhängig von der Haltung der deutschen Bundesregierung war ich gegen den Irakkrieg. Ich glaubte nicht an die Existenz der Massenvernichtungswaffen, genauso wenig wie an eine Verstrickung der Iraker in die Anschläge vom 11. September.

Ich fürchtete vor allem die Gefahr eines Flächenbrandes, den keiner mehr kontrollieren kann. Abgesehen von den politischen Gründen, die gegen das militärische Vorgehen der US-Truppen sprachen, war für mich auch nicht hinnehmbar, dass der Krieg und die Zeit danach so viele Unschuldige das Leben kostete und so viele Familien zerstörte – irakische, amerikanische und vieler anderer Nationen. Ich fühlte mit jeder Mutter, die ihr Kind verlor, mit jedem Kind, dessen Vater oder Mutter starb.

Peter erzählte mir nach seiner Rückkehr aus dem Irak von einer Familie, die er kurz vor Kriegsausbruch in ihrem Haus besucht hatte. Der Vater sagte: »Ich habe meinem Jungen einen Walkman gekauft. Wenn es zu Bombenangriffen kommt, kann er den Kopfhörer aufsetzen und Musik hören und braucht keine Angst zu haben.« Jeder, der selbst Kinder hat, konnte sich nur zu gut in den Vater hineinversetzen.

Auch wenn ich den Irakkrieg nicht befürwortete, so störte mich doch das Bild vom schändlichen, kriegslüsternen amerikanischen Besatzer. Niemand möchte, dass seine Landsleute auf diese Weise angesehen werden. Mag sein, dass all die jungen Soldaten und Soldatinnen angestachelt worden waren, aber sie betrachteten sich selbst gewiss nicht als Invasoren. Wenn man jemandem etwas vorwerfen kann, dann vor allem den Politikern, die für diesen Feldzug verantwortlich waren.

In Gesprächen mit meinen amerikanischen und deutschen Freunden über den Irakkrieg lernte ich, mit wem ich offen reden konnte und bei wem ich mich besser bedeckt hielt. Manche Ansichten lösten ungläubiges Staunen bei mir aus und schienen auf falschen Eindrücken oder Emotionen zu beruhen. So erschrak ich geradezu über den Kommentar einer Landsmännin: »Gott ist auf unserer Seite.« War das nicht genau das Argument des Feindes, der damit seine irrationalen Taten rechtfertigte? Außerdem bin ich der Meinung, man sollte Gott aus der Sache heraushalten.

Ein anderes Argument für den Krieg lautete, man müsse unbedingt die irakischen Massenvernichtungswaffen finden, bevor diese auf Europa oder die USA gerichtet werden. Schon die Waffeninspektoren hatten bei ihrer jahrelangen akribischen Suche nichts dergleichen entdeckt. Mich überraschte nur, dass das Chemiewaffen-Argument in der amerikanischen Bevölkerung so großen Anklang fand.

Immer öfter fragte ich mich, ob mir etwas nach dem 11. September 2001 entgangen war, da ich ja seit vielen Jahren nicht mehr in Amerika lebte. Saß die Angst dort tiefer, als ich aus der Ferne nachvollziehen konnte? Oder gab es doch mehr Menschen in den USA, die ähnlich dachten wie ich?

Manche meiner amerikanischen Bekannten hielten mich sicherlich für unpatriotisch, weil ich den Irakkrieg ablehnte. Ich allerdings teilte ihre Auffassung nicht, denn ich liebe mein Land. Allerdings sah ich mit Sorge, welchen Weg es eingeschlagen hatte.

Heute wird das Thema Irak in meinem amerikanischen Bekanntenkreis vermieden, da die Meinungen zu kontrovers sind. Einer meiner Bekannten sagte schlicht und ergreifend: »Wir sollten dieses Thema besser ruhen lassen.«

Die letzten Jahre waren sehr erfolgreich für Deutschland, und ich war froh, sie miterleben zu dürfen. Besonders hervorheben möchte ich drei Ereignisse, die einen wahren Freudentaumel bei mir auslösten.

Das erste war die Papstwahl im April 2005. Als meine Tochter Geena und ich hörten, dass der deutsche Kardinal Joseph Ratzinger zum Papst ernannt worden war, ließen wir unserer Begeisterung freien Lauf. Das war besser als der Super Bowl!

Die Kommentare in den Medien ließen jedoch darauf schließen, dass nicht jeder unsere Freude über das Ergebnis der Papstwahl teilte. Es gab hierzulande viele Stimmen, die bezweifelten, dass Ratzinger als Pontifex geeignet war, da er für eine sehr konservative Haltung bekannt war. Andere stellten wiederum die Frage, ob es richtig war, einen Deutschen zum Papst zu ernennen. Selbst die Reaktion des Bundespräsidenten Horst Köhler war eher zurückhaltend, denn er schrieb in seinem Glückwunschtelegramm: »Dass ein Landsmann Papst geworden ist, erfüllt uns in Deutschland mit besonderer Freude und auch mit ein wenig Stolz.«

Was, nur mit *ein wenig* Stolz? Amerikaner oder Italiener würden auf der Straße tanzen, wenn aus ihrem Land ein Papst gewählt würde, so wie die Polen das bei der Ernennung von Johannes Paul II. taten.

Ungeachtet der unterkühlten deutschen Reaktionen war meine Familie sehr glücklich über den neuen deutschen Papst.

Kurze Zeit später konnten wir ihm sogar vom Straßenrand aus zuwinken, als er anlässlich des Weltjugendtags Bonn besuchte. Ein besonderes Erlebnis. Es passiert schließlich nicht alle Tage, dass man hierzulande einen Papst zu sehen bekommt, auch wenn er aus Deutschland stammt.

Im September 2005 folgte dann das zweite Aufsehen erregende Ereignis. Angela Merkel wurde die erste deutsche Bundeskanzlerin. Eine Frau an der politischen Spitze Deutschlands! Meine Begeisterung über diese historische Begebenheit war grenzenlos.

Ich erwartete, dass die deutschen Journalisten Frau Merkel fragen würden, wie es sich anfühlt, die erste Bundeskanzlerin zu sein. Aber in meinem amerikanischen Frauen-Freudentaumel hatte ich auch dieses Mal die deutsche Stimmung falsch eingeschätzt. Zwar wurden der Kanzlerin alle möglichen Fragen zur Politik gestellt, aber nicht die wichtigste: »Wie fühlt es sich an, als erste Frau an der Spitze Deutschlands in die Geschichte einzugehen?« Erst eine dänische Reporterin kam auf die Idee, diese Frage zu stellen.

Inzwischen hat sich Angela Merkel besonders durch ihre Bemühungen im Ausland den Respekt erworben, den sie verdient. Sie ist meiner Meinung nach ein Vorbild für viele deutsche Frauen, und ich glaube, die Geschichte wird ihr wohlgesonnen sein.

Das dritte fantastische Ereignis fand im Sommer 2006 statt: die Fußballweltmeisterschaft. Dass die WM zu einem solchen Event wurde, war zum Teil der Verdienst eines Erfolgsmenschen aus Kalifornien, Jürgen Klinsmann. Okay, Klinsmann ist kein gebürtiger Amerikaner, sondern ein Deutscher, der mit einer Amerikanerin verheiratet ist (eine gute Mischung, wenn ich so sagen darf).

Ganz Deutschland war einen Monat lang euphorisch, und

die Weltmeisterschaft bot den Deutschen die Chance, der Welt ihre Gastfreundlichkeit, ihren Humor und ihre sportliche Fairness zu beweisen. So kam es zu herzlichen Verbrüderungsszenen.

Jürgen Klinsmann und seine junge, talentierte Mannschaft brachten sogar mich als Amerikanerin dazu, einen Deutschlandschal hochzuhalten und zusammen mit meinem Mann und meiner Tochter in unseren Deutschlandtrikots lauthals *Steh auf, wenn du Deutscher bist* zu singen.

Und ich lernte endlich die Farben der deutschen Nationalflagge. Während der Weltmeisterschaft wurden hierzulande massenweise schwarz-rot-goldene Fanartikel verkauft, wie zum Beispiel Deutschlandfahnen, die stolz herumgeschwenkt wurden. In den letzten sechzig Jahren war offen zur Schau gestellter Nationalstolz in Deutschland absolut verpönt, weil man befürchtete, bei der restlichen Welt rasch böse Erinnerungen zu wecken.

Ich fühlte eine gewisse Verbundenheit zu Jürgen Klinsmann, da er amerikanischen Optimismus und Patriotismus nach Deutschland gebracht hatte, was nicht nur hierzulande, sondern in der ganzen Welt gut ankam. Er brachte aus Amerika frische Ideen, neue Methoden, ein Gespür für menschliches Miteinander und eine Riesenportion Enthusiasmus mit. Obwohl die deutsche Nationalmannschaft bei der Fußballweltmeisterschaft nur den dritten Platz belegte, fühlte er sich an wie der erste. Ich bin noch heute begeistert davon, was die Fußballweltmeisterschaft für Deutschland bewirkt hat. Großer Dank gebührt vor allem Jürgen Klinsmann! Er und sein Team haben mehr für Deutschland getan, als sie es vorher überhaupt hätten ahnen können.

Meine Hoffnung ist, dass die Deutschen den Geist dieser Weltmeisterschaft in sich bewahren. Ich wünsche mir, dass die Menschen in diesem Land öfter lächeln und weniger meckern, dass sie zu schätzen lernen, in was für einem wunderschönen Land mit hohem Lebensstandard sie leben, dass sie in Zukunft die anderen Verkehrsteilnehmer freundlicher behandeln und öfter *Bitte, Danke* und *Entschuldigung* sagen.

Was mich aber wirklich umhauen würde, wäre, wenn ich eines Tages hierzulande erlebe, dass im Supermarkt eine zusätzliche Kasse geöffnet wird und ich, statt geschubst zu werden, zu hören bekomme: »Sie waren vor mir, bitte, nach Ihnen.« Dann, *dear Germany*, wüsste ich: Der Geist der Fußballweltmeisterschaft, bestehend aus Großmut und Fairplay, lebt in Deutschland weiter.

DANKSAGUNG

Ich möchte mich zuallererst bei meinem Agenten Thomas Karlauf bedanken – dafür, dass er an mein Buch geglaubt hat und mir die Chance gegeben hat, einen Traum Wirklichkeit werden zu lassen. Mein Dank geht natürlich an den Lübbe-Verlag und dort vor allem an Nicola Bartels, ohne deren Unterstützung es nicht möglich gewesen wäre, meine Gedanken in gedruckte Worte zu fassen. Ein herzliches Danke an meine Lektorin Daniela Schuld, die mich mit ihrer freundlichen, ruhigen Art, vielen aufmunternden Worten und einem sehr guten Auge für das Wesentliche und das Unwesentliche durch dieses Projekt begleitet hat. Dank auch an die Übersetzerin Claudia Geng, die die schwierige Aufgabe gemeistert hat, mein *Minnesota-ish* zu verstehen und richtig zu interpretieren.

Das Folgende muss ich einfach auf Englisch loswerden: Thank you Geena from the bottom of my heart. You are an inspiration in my life every single day, an absolute joy to have around, and you have a kind and understanding heart. And finally, thank you to my husband Peter for your patient and good-humored love and support, and your critical journalists' eye. You have helped me in more ways than you will ever know. How lucky I am that you fell for my Rolodex!